章开沅◎著

寻梦无痕：
史学的远航

XUNMENG WUHEN
SHIXUE DE YUANHANG

北京师范大学出版集团
BEIJING NORMAL UNIVERSITY PUBLISHING GROUP
北京师范大学出版社

图书在版编目(CIP)数据

寻梦无痕：史学的远航／章开沅著.—北京：北京师范
大学出版社，2011.1
　（学术随笔）
　ISBN 978-7-303-11948-6

Ⅰ．①寻…　Ⅱ．①章…　Ⅲ．①史学－中国－文集
Ⅳ．① K207-53

中国版本图书馆 CIP 数据核字（2010）第 248446 号

营销中心电话　　　010-58802181 58808006
北师大出版社高等教育分社网　http://gaojiao.bnup.com.cn
电 子 信 箱　　　beishida168@126.com

出版发行：北京师范大学出版社 www.bnup.com.cn
　　　　　北京新街口外大街 19 号
　　　　　邮政编码：100875
印　　刷：北京嘉实印刷有限公司
经　　销：全国新华书店
开　　本：155 mm × 235 mm
印　　张：18.5
字　　数：274 千字
版　　次：2011 年 1 月第 1 版
印　　次：2011 年 1 月第 1 次印刷
定　　价：33.00 元

策划编辑：饶　涛　　　责任编辑：饶　涛　雷仕伟
美术编辑：毛　佳　　　装帧设计：国美嘉誉
责任校对：李　菡　　　责任印制：李　啸

自　序

　　我曾经是个文学青年，从高小开始就欢喜写点所谓"文章"，但无非是自娱自乐而已。进入高中以后，山河破碎，家人离散，历事渐多。特别是两次被学校开除，浪迹江湖，备尝艰辛，更有意在写作中寻求慰藉。1948年冬前往中原解放区前，曾自辑历年文稿一厚册，题曰："昼梦录"，无非是记录所见、所闻、所感、所思，也从未想过出版问世。因此，"文革"后经审查归还各类文稿、笔记，除保留"张睿传稿"外，其余文字资料均付之一炬。这种行动可能极其鲁莽而又愚蠢，但历经劫难之乱世人的复杂心情，并非常人常态所易理解。

　　其所以取名"昼梦"，多少带有一些自省、自责乃至自谑意味。我早年读过屠格涅夫的小说《罗亭》，觉得自己也有罗亭那样的性格弱点，追求真理，热爱自由，但却是"语言的巨人，行动的矮子"；勇于思而怯于行，因此才四处漂泊，一事无成。小说的结语是："愿上帝帮助所有无家的流浪者"，亦曾在我内心深处引发强烈的回响。我甚至羡慕屠格涅夫以后再版时为罗亭增添的最后结局：在1848年巴黎巷战中阵亡，临终手中还握着一面红旗；心想这未尝不是我较好的人生谢幕。

　　革命改变了我的人生道路。少年时代的梦，似乎一个一个破碎了，想当高尔基式的作家，想当雷马克式的战地记者……都成为虚无缥缈的幻影。我已成为浩浩荡荡革命队伍中的一员，并且把自己的一切奉献给革命事业。我不再有独自的打算与追求，而是把革命需要与组织分配当做自己心甘情愿的选择。我留在最后想留下的城市，从事我从来没有想干过的工作。我不再浪荡江湖，到处漂泊，就在这个城市结婚生女，成家立业，老老实实在一所大学教书，日复一日，年复一年，不知不觉已经超过半个世纪。人生似乎是平凡的，但平凡中又蕴藏着高尚与幸福，因为我仍然拥有自己的梦，这个梦不同于少年幼稚的梦，可以说是伴我成年后的终生，这就是共产主义的理想。我对共产主义有自己的理解，那就是以人的全面完善为基础的全人类最后解放，在物质文明与精神文明协调发展中实现公平分配、社会和谐与世界和平。这个梦似乎非常抽象，非常遥远，但我深信将来一定可以化为现实，因为全世界人民都在期望这个理想的实现。我已不再是少年时代的罗亭性格，我踏踏实实过好每一天，学习着，工作着，快乐着。尽管现在的世界还存在着太多的邪恶与黑暗，但我相信终究将会出现一个充满真、善、美的新世界，而贝多芬为席勒《欢乐颂》创作的巅峰之作《第九交响曲》必将响彻寰宇！

我想把这本文集取名为《寻梦无痕》，这不再有少年时代幻想破灭的消极意味。大约是在 2004 年的秋天，我突然萌生寻根的兴趣，遂与妻子去太原郊区寻找剪子湾沙河村祖坟。因为抗战前每年清明时节，家中老辈都会派人前去祭扫。非常感谢时任山西大学副校长的行龙教授，在他的周密安排并亲自陪同下，居然找到了沙河村旧址，但行政建制已经改名为剪子村。这当然是意外的惊喜。不过经过半个世纪以上的社会变迁，此处已被房地产商人开发，成为大片大片高楼大厦的住宅区，不复是当年的荒郊野外……几位年逾70 的老人都曾见过我家的祖坟，记得起还有几座石俑、墓碑，但眼前除当年"坟亲"（守墓人）后代尹才智老人所住几孔相通的传统窑洞外，已经没任何其他历史遗存可以引发思古之幽情。据说，就连这个几孔窑房亦已列入城市规划公路线内，以后再来，连这丁点历史遗存痕迹也将荡然无存。

我的祖辈从 12 世节文公开始，曾有 3 代十几口人生活并终老于太原。从 13 世怡棠公开始，继续往大西北迁徙，首先是游宦于甘肃兰州，随后又随左宗棠大军进驻酒泉。大约是在 1876 年，14 世维庸公又随大营征战于新疆各地，主要是在冰天雪地大戈壁上专司军需物资长途转运。怡棠公父子三人在甘肃生活甚久，在新疆参战与屯垦亦历有年所，直到 1881 年才随同左宗棠回到梦魂萦绕的江南故土。2006 年初秋，我与妻子在陈才俊教授的热心陪同下，从乌鲁木齐经哈密、酒泉，又登嘉峪关，从敦煌乘出租车越大戈壁，循祁连山脉寻找祖辈走过的足迹，但也只能在嘉峪关等历史遗址遥思他们的金戈铁马征战生活与遗存诗文而已。令人遗憾的是，连左宗棠的相关历史遗迹都所剩无几，兰州贡院至公堂悬挂的仅有的一副左宗棠手书木质长联已经开始腐蚀漫漶，当年西征壮士似乎已被热衷于时尚消费的当代中国人所遗忘。

时代在不断发展，现代化的大潮席卷城乡各地，城市建设堪称日新月异。历史遗存不可能也不需要全部保存，但号称文明古国后裔的我们也太不珍惜历史、守护历史，很多城镇大拆、大迁、大建，一方面，悍然毁灭本真文物；一方面又粗制滥造所谓"重建文物"，乃至历史风韵荡然无存。所谓"寻梦无痕"者，无非是有点牢骚，再加上羞于无奈。既无悲欢，更非消极。我从小就欢喜鲁迅经常引用的那句话"绝望之为虚妄，正与希望相同"，即以此语作为序言的结束吧！

目　录

寻梦无痕：史学的远航

追 求 圆 融

境　界

——追求圆融

　　我在《走出中国近代史》（《近代史学刊》发刊词）中，对于如何改进本学科的研究已有较全面的说明。文章主旨是提倡上下延伸从时间上走出中国近代史，同时横向会通从空间上走出中国近代史。"只有把中国近代史置于更为绵长的多层次多向度的时间里和更为广阔的多层次多维度的空间里，我们的研究才有可能进入一个更高的境界。"

　　古人称良史必兼有才、学、识三要素，境界应属于史识范畴。时下讨论史学革新，多着眼于理论、方法，而常忽略境界的提升。

　　境界系我国传统美学范畴。此词源于佛教用语，《成唯识论》云："觉通如来，尽佛境界"。唐代王昌龄最先借用于论诗，《诗格》云："诗有三境：一曰物境；二曰情境；三曰意境。"此后被历代沿用乃成美学范畴，而王国维《人间词话》更把境界推崇到美的本源"有境界，本也……有境界则自成高格"。

　　国维曾以前人词语说明三个境界：（1）"昨夜西风凋碧树，独上高楼，望断天涯路"；（2）"衣带渐宽终不悔，为伊消得人憔悴"；（3）"众里寻他千百度，蓦然回首，那人却在灯火阑珊处"。国维此意并不限于文学，多年以来已被引申成为治学必经之不同阶段。记得周恩来生前亦曾从上述词语勉励我们刻苦攻读，努力攀登科学高峰。

中国古典诗词素重含蓄不露，如"写境造境""有我无我""隔与不隔"之类，往往可领悟而难言传。而据我多年治史粗浅体会，就学术而言，境界不仅是营造的结果，而且是运思的过程与状态。治学虽然是脑力劳动，但也需要如运动员一样，在刻苦而又合理的训练基础上追求最佳竞技状态。此状态为何？寅恪早已点明："神游冥想，与立说之古人处于同一境界，而对于其持论所以不得不如是之苦心孤诣，表一种之同情，始能批评其是非得失，而无隔阂肤廓之论。"此语非深得史学精髓且具有深厚学养者不能发。而国维所谓："入乎其内，故有生气；出乎其外，故有高致"，说的也是一种佳妙境界的追求。这都是我们至今仍然可以体味与借鉴的。

学无大成如我，平素尝不断以融通自励，此亦梁启超所谓"贯穴熔铸"之意，而实缘起于佛家之"圆融"。天台宗有"三谛圆融"之说，认为："一心念起，即空、即假、即中"，只有实现"空谛"（真谛）"假谛""中谛"圆融，以此观察与理解世界，才能彻底领悟佛理（诸法实相）。国维所谓学者必须领悟宇宙人生方可成高格出佳句，亦属同一理路。

我之所以反复强调学术境界的追求，并非唱高调或故弄玄虚，乃是有感于现今治学者功利主义太重，或过于急切迎合社会时尚，著述遂往往异化成为晋升手段或沽名钓誉之工具。应知历史不仅是人类集体记忆之载体，而且是人类集体智慧之宝藏。我们需要着重发掘者不仅是历史真实，而且是蕴藏于史实之深处的智慧。总之，唯有智慧者始能发现大智慧，唯大智慧之发现始能出良史出大家。

是耶非耶？知我罪我？愿聆公论。

贵在通识

　　《文史通义》内篇四有"释通"一文，曾谓"《说文》训通为达，自此之彼之谓也。通者，所以通天下之不通也"。内篇五"申郑"一文又云："郑樵生千载而后，慨然有见于古人著述之源，而知作者之智，不徒以词采为文，考据为学也。于是遂欲匡正史迁，益以博雅；贬损班固，讥其因袭。而独取三千年来遗文故册，运以别识心裁；盖承通史家风，而自为经纬，成一家言者也。"章氏虽然是侧重通史体例建言，但亦不乏涉及通识之议论，因为体例与内容固密不可分也。如所谓别出心裁，自成经纬，均与司马迁"通古今之变，成一家之言"寓意相近。

　　梁启超谈史学革新亦曾强调通识之重要，指出："历史上各部分之真相未明，则全部分之真相亦终不得见，而欲明各部分之真相，非用分工的方法深入其中不可。此决非一般史学家所能办到，而必有待于各学科之专门家分担责任。此吾对于专门史前途之希望也。专门史多数成立，则普遍史转易致力，斯固然矣。虽然，普遍史并非由专门史丛集而成，作普遍史者须别具一种通识，超出各专门事项之外而贯穴乎其间，夫然后甲部分与乙部分之关系见，而整个的文化，始得而理会也。"（《中国历史研究法》）稍后，在讨论先秦政治思想史研究方法时，他又强调要把学者之著述及言论、政治家活动之遗迹、法典及其他制度、历史及其他著述之可以证察时代背景及时代意识者四类资料，"全部贯穴熔铸之"。(《先秦政治思想史》)

梁氏所谓通识，也是就通史（普遍史）而言，但同样适用于整个史学研究。他强调的要发现"甲部分与乙部分之关系"，实系一种泛指，既包括纵向的前后连续性，也包括横向的相互关联性等，只有超越相关各类专史而又加以"贯穴熔铸"始能得之。我所接触过的一些老辈学者，经常强调纵通、横通、中外古今法、东西南北法，大抵都是这个意思。而时下一些海内外学者所运用的系列研究或系统学方法，与此亦有相通之处。据我切身体会，专则易入，通始能出。若无深入的专题研究作为基础，所谓通识则如水无源，如木无本。但史家如缺乏通识，亦易流于支离破碎，乃至成为饾饤之学。

通识诚然可贵，但形成亦殊不易。章太炎在《菿汉微言》跋中曾自述思想迁变之迹，其中就特别谈到会通问题。自称少时治经，谨守朴学，只能在文字、器数之间略有疏通证明；博览诸子，只能随顺旧义略识微言，涉猎《华严》《法华》《涅槃》诸经也未能"窥其究竟"。及至1903年6月入狱，囚系上海三年，专攻法相、唯识佛学，始知其契理契机与朴学相似。由此得窥"大乘深趣"，深感佛学尤胜于晚周诸子。1906年出狱东渡，编辑、讲学之余，又复钻研古希腊与近代德国诸哲人著作，同时还向流亡日本的印度学者求教，对古代印度地区的哲学流派有所了解。其时太炎正为诸生讲解《说文解字》，历览清代各家解说均未感满足，终于在翻阅大徐本（北宋徐铉校订本）《说文解字》十几遍之后豁然贯通，理解了语言文字的本源。由是再攻古文经典，往往可知其微言大义，而所见乃与传统笺疏琐碎者相殊。以后又为诸生讲《庄子》，间用郭象等注疏多不惬心，遂深入阐析《齐物》，并与瑜伽、华严相互印证，顿觉"千载之秘，睹于一曙"，旁及荀、墨，亦能寻绎其精奥。1913～1914年被囚于京师龙泉寺，"始玩爻象，重籀《论语》"，乃知"故唯文王为知忧患，唯孔子为知文王"。又以庄证孔，居然可明"耳顺"（"六十而耳顺"）"绝四"（"毋意，毋必，毋固，毋我"）之真谛，乃悟儒、释、道三家相异而终于相通。

太炎虽系自述思想变迁轨迹，但却可视为通识形成个案之一，且对史学家亦有重要参照意义。1949 年以来，我国高校史学教育受苏联影响颇深，专业分工过细，课程设置单调，教学内容与教学方法都较划一而呆板，所以很难形成严格意义的通识，20 世纪 80 年代以后，始注意历史学科内部之中外古今相通，与历史学科同其他相关学科之相互渗透。但现今治学又多失之于功利主义太重，著述往往异化成为晋升手段，或过于急切追求社会时尚，通识之意亦唯少数学者言之，而言者谆谆，听者藐藐，通识通才之难得更甚于往昔！但今后史学之发展，仍然呼唤通识与通才，有抱负的年轻历史学者需要继续朝这个方向努力。

史学的品格

　　每个学科都有自己独立的品格，历史极为悠久的史学当然也有自己的品格。

　　史学的可贵品格首先是诚实，也就是人们常说的"求实存真"，离开实与真史学就失去其存在的价值。所以法国年鉴学派创始人之一布洛赫说得好："历史是历史学家的暴君，它自觉或不自觉地严禁史学家了解任何它没有透露的东西。"（《历史学家的技艺》）

　　求实存真很难，因为史学不能讲空话，它必须以大量的实证工作为支撑。任何史学研究如果想具有原创性，就必须首先搜集应有尽有的相关原始资料，学者甚至不无夸张地称之为"竭泽而渔"。

　　史料的重要不仅在于量，而且更在于质，即其可靠性（真实性）。这就要"去粗取精，去伪存真"，即所谓考订精详地筛选辨析。因为任何以文字著述的史料，都是出诸个别或若干人的手笔，而这就不可避免地渗入主观性，如为尊者、亲者讳之类。即令笔者态度较为客观公正，而记忆错误乃至笔误、刊误之类也比比皆是。史学研究的原创性首先就表现为要认真看原始材料，仅靠或主要靠别人利用过的"二手货"，难以获致真正有价值的学术成果。

但史料的考订与排比毕竟是史学研究的第一步，第二步也是更重要的一步还是通过对史事的审视、思考、探索，最终形成真正属于自己的史识，即所谓"成一家之言"。章太炎说："研精沉思，钩发沉伏；字字征实，不蹈空言；语语心得，不因成说。"他虽然说的是广义的国学，但对史学完全实用。更可贵的是他坦陈心曲："今日著书易于往哲，诚以证据已备，不烦检寻尔。然而取录实证，亦非难事；非有心得，则亦陈陈相因。不学者或眩其浩博，识者视之，皆前人之唾余也。"并且自我反省："往者少年气盛，立说好异前人，由今观之，多穿凿失本意，大抵十可得五耳。"（《再与人论国学书》）

其实顾炎武早就说过这层意思，而且说得更为形象。其致友人书曾云："尝谓今人纂辑之书，正如今人之铸钱。古人采铜于山，今日则买旧钱，名之曰废铜，以充铸而已。所铸之钱既已粗恶，而又将古人传世之宝舂挫碎散，不存于后，岂不两失之者乎？承问《日知录》又成几卷，盖期之以废铜。而某别来一载，早夜诵读，反复寻究，仅得十余条。"（《亭林文集》卷四）以亭林之博学多才，早夜诵读，反复寻究，一年辛苦"仅得十余条"。但慢工出细活，此乃《日知录》经历300余年而魅力仍在的缘故所在。

史学之难不仅在于要掌握大量确切可信的史料，而且更在于把握史料之间的内在联系，对史事进行认知与解释。王国维对此体会很深，他说："天下之事物，非由全不足以知曲，非致曲不足以知全。虽一物之解释，一事之决断，非深知宇宙人生之真相者，不能为也。而欲知宇宙人生者，虽宇宙中之一现象，历史上之一事实，亦未始无所贡献。故深湛幽眇之思，学者有所不避焉，迂远繁琐之讥，学者有所不辞焉。事物无大小，无远近，苟思之得其真，纪之得其实，极其会归，皆有裨于人类之生存福祉。"（《国学丛刊》序）这些话语都是大学问家的肺腑之言，而为世俗庸众所未必理解，所以观堂才劝真诚治学者不要在乎什么"迂远繁琐之讥"，并且不要逃避"深湛幽眇之思"。明乎此，才可以深入理解他所提出的三个境界，即：（1）是"昨夜西风凋碧树，独上高楼，望断天涯路"；（2）是"衣带渐宽终不悔，为伊消得人憔悴"；（3）

是"众里寻他千百度，蓦然回首，那人却在灯火阑珊处"。治学诚然艰苦，但苦中又有乐，经过锲而不舍的穷究而终至豁然贯通，那就是最大的欢悦。

史学是极为古老的学科，从总体上来说又是相当成熟的学科。正因为如此，历代史学评论对史学家都提出很高要求。唐代刘知几认为："史才须有三长，世无其人，故史才少也。三长：谓才也、学也、识也。"（《旧唐书·刘子玄传》）清代章学诚也肯定刘氏"三长"之说，但更为强调"史德"。他说："能具有史识者，必知史德。德者何？谓著书人之心术也。夫秽史者所以自秽，谤史者所以自谤；素行为人所羞，文辞何足取重？……而文史之儒，竞言才、学、识，而不知辨心术以议史德，乌乎可哉？"（《文史通义》卷三）

章氏突出史德的重要，是由于当时已出现学风败坏现象。他说："且人心日漓，风气日边，缺文之义不闻，而附会之智且愈出而愈工焉。在官修书，唯冀塞职；私门著述，苟饰浮名。或剽窃成书，或因陋就简。使其术稍黠，皆可愚一时之耳目，而著作之道益衰。诚得自注以标所去取，则闻见之广狭，功力之疏密，心术之诚伪，灼然可见与开卷之顷，而风气可以渐复于质古，是又为益之尤大者也。"（《文史通义》卷三）如果联系现今的学风状况，这段话简直是为我们说的。他所说的"自注"，不仅说明"取"材的出处，还要说明"去"材的缘由，这样才可以表现出作者真实的学养、眼界和功力。而把"自注"提高到"心术之诚伪"来看待，这与现今所讨论的学术规范更是一脉相承。

综上所述，可以归纳为以下几点：

一、史学的品格首先是诚实，这是学科的本质所决定的，也是中外古今一切真诚的学者的共识，并非任何人主观强加的苛求。史学如同一切其他学科一样，都是老老实实的学问，来不得投机取巧，更容不得半点虚假。

二、史学研究有其内在的规律和独特的途径，不管理论和方法如何演进变化，与其他学科如何渗透整合，实证毕竟是最主要的基础与支撑。如果没有扎扎实实的实证功夫，任何宏伟的"学术巨构"都会成为建立在沙滩上的大厦，或许可以哗众取宠于一时，但很难维持长久。

三、学风总是与世风联系在一起的，政治压力与金钱引诱往往会破坏学术的健康发展。君主专制的暴虐必然造成史学的忌讳乃至作伪，而商品大潮的冲击则诱发学风浮躁，粗制滥造，乃至不惜剽窃以欺世盗名。然而我却认为学风应为世风的先导，学风为社会良心之最后寄托；如果世风坏而学风未坏，这个社会还有希望；如果学风随世风而俱坏，这个社会就无可救药了，此之谓哀莫大于心死。

因此，现今学风败坏尽管有多种因素促成（包括某些错误政策导向），但一切真正的学者应该站稳脚跟，坚守规范，道德自律，以挽狂澜于既倒的大无畏气概推动良好学风的重建。

参与的史学与史学的参与

一

无论是在中国还是世界其他地方，史学已经、正在并将继续遭到冷落，这是有目共睹的不争事实。

史学的冷落有着长期的历史文化背景，其根源乃在于人类文明业已生病。

早在二十多年以前，英国历史学家汤因比即已断言 20 世纪实现了全球的技术统一，并且期望人类在其历史发展的下一阶段，追求政治与精神方面的大同。

20 世纪科学技术的迅猛发展，诚然创造了灿烂辉煌的现代物质文明，并且或多或少提高了许多人的生活水平；但就精神文明与伦理道德而言，人类付出的代价也是极为惨重的。我们经历了两次世界大战，局部战争则至今连绵不绝；由于高科技用于现代战争，造成人类生命财产的损失远远超过既往任何恐怖时代。在这一百年中，环境破坏、资源浪费、吸毒与犯罪率的剧增，在规模与危害程度两方面也是史无前例的。历史与现实都证实了中国学者章太炎在 20 世纪初呼唤的警世预言"俱分进化"，意即善与恶同时并进！

汤因比痛感西方人长期片面追求以科技为主导的现代化，

酿成自我中心、物欲横流与精神堕落的恶果。所以，他寄希望于东亚精神文明的复兴，借以弥补现代人类文明的缺失。但是，他却未曾料到，第二次世界大战以后东亚各国或先或后也走上这条重物质而轻精神的现代化道路。

人类已经处于严重的灾难之中，并且面临着更为严重的灾难，直至可能自己毁灭自己。人类不应该继续自相争斗、自相残杀，有良知的人们应该首先联合起来图谋自救，而当务之急就是如何纠正重科技轻人文的社会缺失与道德滑坡。不要相信那些诸如东西文化冲突之类的凶险预言，也不必沉溺于东西文化孰优孰劣的无止无休的争论。我们首先应该加强不同文化之间的平等对话，寻求相互沟通与相互理解；然后在人类文化总宝库发掘一切健康有益的精神资源，弘扬而又超越，熔铸以求创新，共同纠正现今人类文明的严重缺失。

我正是在这样的时代背景下，提出参与的史学与史学的参与。

二

无论中外古今，无论宫廷与民间，无论主流与非主流，史学大多具有参与意识。

司马迁《报任安书》云："仆窃不逊，近自托于无能之辞，网罗天下放失旧闻，考之行事，稽其成败兴坏之理，成百三十篇，亦欲以究天人之际，通古今之变，成一家之言。"《史记》详近略远，很大部分写的是现、当代史，而且在"究"和"通"上下工夫。其用意在于"原始察终，见盛观衰"，志古所以自镜。

法国当代历史哲学家雷蒙·阿隆（Raymond Aron）更为明确地揭示史学的参与意识。他说："法语、英语、德语等都以同一个字眼用于历史真实和我们取之于历史真实的知识。histoir、history、geschichte 既指人类的变异，又指人们为他们的变异而努力建立的科学。"总之，"历史是由活着的人和为了活着的人而重建的死者的生活"。（《历史意识的范围》）

大约在此 20 多年以前，法国年鉴学派创始人马克·布洛赫（Marc Bloch）的小儿子向他提出一个问题："告诉我，爸爸，历史有什么用？"布洛赫认为："这个问题已远远超越职业道德之类的枝节问题，事实上我们的文明总是与它的过去密切相关。"为了认真地回答这个问题，他把题为《历史学家的技艺》的一部书稿遗留给人间。

布洛赫反对以狭隘功利主义的眼光看待历史的"用"。他说："经验告诉我们，不可能在事先确定一项极抽象的研究最终是否会带来惊人的实际效益。否认人们追求超物质利益的求知欲望，无疑会使人性发生不可思议的扭曲。即使历史学对手艺人和政治家永远不相关，它对提高人类生活仍是不可少的，仅这一点也足以证明历史学存在的合理性。""因为，史学的主题就是人类本身及其行为，历史研究的最终目的显然在于增进人类的利益。"他所说的利益主要是指超物质利益的精神层面，如求知欲的满足、探幽索奇后的喜悦、历史经验的汲取、良知与历史使命感的培育等。他说："确实，尽管处在持续不断的生存危机中，每当西方社会对自身产生疑惑之时，我们都会反躬自问：西方社会曾否努力向历史学习？究竟我们学习得是否正确？请读一读战前所写的那些文字吧，同样，也请读一读可能在将来会形成文字的今天人们的见解吧！"

布洛赫认为历史之所以持续存在，就是因为它有"普遍永恒的魅力"。他说："历史学以人类的活动为特定的现象，它思接千载，视通万里，千姿百态，令人销魂，因此它比其他学科更能激发人们的想象力。"布洛赫选择了史学，并且为此奉献一生，他认为"这就是所谓'使命'和'天职'"。布洛赫自我认定的"天职"，有两层意思，一是对史学的奉献；一是对社会的奉献。在第二次世界大战期间，他作为历史学家，既拿起笔也拿起枪，站在反法西斯斗争的第一线。他未能看到自己上述书稿的出版，也未能看到反法西斯战争的胜利，但他参与了历史的创造，并且以鲜血与生命谱写了一曲回荡千古的奉献之歌。吕西安·费弗尔（Lucien Febver）不仅是布洛赫史学的志同道合者，而且又是反法西斯斗争的亲密战友。他说："我们的任务是要创造历史，因为在动荡不安的当今世界，唯有历史能让我们面对生活而不感到胆战心惊。"这里说的是史学研究最高境界，布洛赫可以说是已经进入这个境界的光辉榜样之一。

在中国近百余年的社会转型过程中，也有一批历史学家参与了创造历史，郭沫若、范文澜、吕振羽、侯外庐、翦伯赞、吴晗、尹达、黎澍、刘大年、胡绳……他们的一生同样体现出史学可贵的参与意识，并且在不同程度上促进了社会的演变。所以我好几年以前即曾有感而言："过去、现在、未来，总是前后连续的，而且三者又都是相对而言的。基于这种认识，历史学家不仅应该积极参与现实生活，而且应该成为把现实与过去及未来连接起来的桥梁，用自己的研究成果丰富与影响现实生活，并且与人民一起追求光明的未来。"（《现代化研究与中国近现代史研究——寻求历史与现实的契合》）

三

历史学家如要积极参与现实生活，首先必须积极参与历史生活，因为历史学家的最高天职就是研究人类的历史生活，不如此就不成其为历史学家。但前后两种参与含义不尽相同，如果用相近的英语词汇来表达，前者或可用 participate，意即参加，亦即亲身实践；后者或可用 enter，意即进入，亦即感悟贴近。

陈寅恪对冯友兰《中国哲学史》的审查报告早就说过：学者必须"神游冥想，与立说之古人处于同一境界，而对于其持论所以不得不如是之苦心孤诣，表一种之同情，始能批评其学说之是非得失，而无隔阂肤廓之论"。

此前，清人崔东壁早已说过类似的话，但却是从反面阐明此义。他在《考信录提要》中指出："人之情好以己度人，以今度古，以不肖度圣贤。至于贫富贵贱，南北水陆，通都僻壤，亦莫不相度。往往径庭悬隔，而其人终不自知也。……故以己度人，虽耳目之前而必失之，况欲以度古人，更欲以度古之圣贤，岂有当乎？是以唐虞三代之事，见于经者皆纯粹无可议；至于战国、秦汉以后所述，则多杂以权术诈谋之习，与圣人不相类。无他，彼固以当日之风气度之也！"见于经者是否都那么"纯粹无可议"，这自然不可流于盲从；但不可以今日之己度往昔之人，却是无可动摇的真谛。

法国当代历史学家马鲁（Henri – Irenee Marrou）也有类似说法："文献在向我们呼唤，要我们'像今天朋友了解朋友那样'去了解过去的。最机敏的考证有一个最大的优点，那就是它能够唤起潜在的共鸣。因此，我们更应当感到担心的不是被愚弄，而是不理解。"（《论历史认识》）他所说的理解当然不是“以己度人”，而是通过历史文献，特别是通过文献的考证过程来达到这种理解。因此，“理解虽不能构成一种方法，却是方法的灵魂”。(《论历史认识》)

年鉴学派布洛赫所见略同，强调理解重于评判。他认为历史学家不应该以法官自命，而“不幸的是，由于习惯于判决，也使人们对解释失去兴趣。过去的偏爱和现在的成见合为一体，人类的现实生活就变成一张黑白分明的图画”。因此他明确指出：“褒贬路德要比研究路德的思想容易得多了，相信教皇格里高利七世对国王亨利四世的看法，或赞同亨利四世对格里高利的看法是很容易的，而要揭示西方文明史上这场伟大活剧的内在原因就要困难得多。”(《历史学家的技艺》)

我特别喜欢布洛赫的一句话：“要窥见前人的思想，自己的思想就应当让位。”按照我的理解，所谓让位，即为古人设身处地，把自己设想成处于当时的历史环境，借助确凿史料分析前人思想与行为的成因与后果，这样才有可能理解其心灵深处的奥秘。这与陈寅恪所说的“神游冥想，与立说之古人处于同一境界”，寓意大体相同。这与他的本国同行马鲁所主张的“理解‘其他’（古人）即需要我们抛弃个人好恶，以便把其他作为其他”，也是一个意思，尽管他们并非同一学派。

理解的最好方法是与古人对话。其实早在400多年以前明人李贽早就有过这样的体会，而且阐述得比西方史学家更为深切。其《与焦弱侯书》云：“山中寂寞无侣，时时取史册披阅，得与其人会睹，亦自快乐，非谓有志于博学宏词科也。尝谓载籍所称，不但赫然可记述于后者是大圣人；纵遗臭万年，绝无足录，其精神巧思亦能令人心羡。况真正圣贤，不免被人细谪；或以浮名传颂，而其实索然。自古至今，多少冤屈，谁为辩雪？故读史时真如与百千万人作对敌，一经对垒，自然献俘授首，殊有绝致，未易告语。”（《续焚书》）刘东星为《藏书》作序亦云：“予为左辖时，获交卓吾先生于楚。先生手不释卷，终日抄写，自批自点，自歌自赞，不肯出以示人。予因异而问焉，先生曰：‘吾镇日无事，只与千古人为友。彼其作用，多有妙处，其心多有不可知处。既已觑破，实不与旧时公案同，如何敢以语人也？以故特书而藏之，以俟夫千百世之后尔。’”

“与古人为友”“与古人会睹”，以及我们现今常说的“与古人对话”，与其说是一种方法，倒不如说是一种境界，一种进入融通领悟的研究层次。朋友与朋友的对话应是平等对待关系，史学家在研究初始阶段是求知者而不是裁判员，在相当程度上应持价值中立态势，这样才能作客观冷静的理性探索。真实性是历史的生命，正如马鲁所言："当历史具有真实性的时候，其真实性是双重的，既包括往事的真实性，又包括历史学家提供的证据的真实性。"（《论历史认识》）而只有让理解融汇于真实性之中，这样才能实现史学的客观性与主观性的统一。或许也可以借用保罗·利科（Paul Ricoeur）的话来表述："历史必须由历史学家加以重新体验和赋予生命才能成为真正的历史。"（《法国史学对史学理论的贡献》）

四

历史学家不应单纯埋怨社会冷落历史，而首先要问自己是否真正理解历史的价值，自己是否已被历史的永恒魅力所吸引。

面对当代人类文明的严重缺失，历史学家不应该保持沉默，更不应该无所作为。我们必须和其他人文科学、社会科学乃至广大科技专家中的有识之士一起，共同纠正现今文明的缺失，并且用自己的学术精品，用自己的智慧与热情，营造健康向上的使人类免于继续沉沦的精神文明。

历史学家毕竟是历史学家，我们的主要"天职"乃是研究历史而非其他。我们参与现实社会生活，主要是以史学来参与而非其他。正因为如此，我们首先就需要参与历史，亦即走进历史，理解历史，把自己重新体验并赋予生命的真正历史奉献给人类！

走进历史原生态

我将时下流行的"原生态"一词借用到历史研究中来，无非是强调历史资料的原始性、完整性对历史研究的重要。如果说商会史的研究是近二十余年来中国近代史研究领域中的一个亮点的话，那么，这在相当程度上应该归功于"原生态"的商会资料。我从中产生一些联想，"原生态"的提法切中时下学术界某些论著不重视发掘史料、不重视运用原始资料的浮躁之风。

现在我们用史料最大的缺陷、当然也是最方便的就是用电脑。电脑储存、电脑检索，确实很方便，但不一定容易消化。由于没有弄清楚史料在整个历史资料中的位置，往往不了解上文和下文，它的来龙去脉没有弄清楚，就凭这样按自己的框架、自己的思路去拼凑，结果使得写出来的论著与真实的历史相去甚远。史学的价值及其品格首先就表现为要认真看原始材料，仅仅依靠或主要靠别人利用过的"二手货"，是难以获致真正有价值的学术成果的。现在学术界弥漫着急功近利之风，有些人写文章根本不注意收集原始资料，往往自己先有了结论，再去找材料印证，有的甚至不是自己掌握一套完整的材料，而是从别人那里将材料转引过来。先有观点，后找材料，不仅忽视了史料的原生态，而且颠倒了史学研究中论点与史料之间的逻辑关系。我们提倡对于一些重要的史料必须读原文、读原本，文本是必不可少的，尤其要考虑文本的完整性，必须知道这些材料是从哪儿来的、背景是什么。

只有充分运用了原生态的史料，史学著作才能经得起时间的检验，保持它的生命力。顾炎武曾用"采铜于山"形象地比附对资料的考订与排比。他在致其友人信中说："尝谓今人纂辑之书，正如今人之铸钱。古人采铜于山，今日则买旧钱，名之曰废铜，以充铸而已。所铸之钱既已粗恶，而又将古人传世之宝春挫碎散，不存于后，岂不两失之者乎？承问《日知录》又成几卷，盖期之以废铜。而某别来一载，早夜诵读，反复寻究，仅得十余条。"以顾炎武之博学多才，早夜诵读，反复寻究，一年辛苦才"仅得十余条"。但慢工出细活，此《日知录》历经三百余年而魅力仍在之缘由所在。

我们要继承并发扬古人"采铜于山"的精神，搜集应有尽有的相关原始资料，虽不可能"竭泽而渔"，但要确保重要的史料不漏网。苏州档案馆把3 500卷商会档案全部扫描，既快又好，好就好在它保持了商会史料的原生态，这比出史料选编好得多。当然，史料选辑、汇编在历史研究中起了很大作用，新中国建立初期出版的《中国近代史资料丛刊》对推动近代史研究的发展发挥了极大作用。但是，作为一个对自己有更高要求的史学家来讲，对诸如此类的史料汇编应有一种不满足的感觉。因为，任何史料选集、汇编都在不同程度上破坏了史料的原生态。史料编纂的本身都有一个框架，一种导引，编辑本身就有一个思路，选什么，不选什么，都是建立在这个思路基础上的，你一看就知道里面的内容。很清楚，编辑者是根据他自己的判断，但是，编者的判断不能代替研究者的判断；否则，研究者便只能跟着那位史料编辑者，根据他导引的路前行。

我们一方面要重视史料，尽量利用原生态的史料；另一方面，也要重视解释，追寻研究对象的原生态。我不是史料至上的学者，我也经常做一些解释，做一点宏观的判断，也作若干评判的工作，但是不管怎么样，历史研究的本身首先是求真求实，历史的真实就是历史对象的原生态，尽可能的不作不着边际的评论，不带任何偏见，保持价值中立。任何人都有主观，但是要努力做主观因素较少的人。过去我常想，历史究竟应该研究什么？简单地讲，就是要探索历史的原生态。历史事件、历史人物的原生态，就是其本来面貌，就是它们的真实面相。

但是，时下有些学者似乎偏离了历史研究的求实存真的学科品格，将方法、模式、范式之类的东西置于首位。当然，对学术史的总结有助于我们了解已经走过的路，避免重复，使现有的研究在已有的基础上取得新的突破。新中国建立以来，我们史学研究的方法在不断更新，有人从范式的角度总结出 1949 年以后、尤其是改革开放以来，历史研究从革命史范式，到现代化范式、市民社会范式的转换。一方面，我们要允许这种探讨，新的范式不一定就是对已有范式的颠覆；另一方面，又要警惕它的泛滥，动辄某某范式、某某模式，好像只有某种范式处于最高位置。其实，你自己就可以创造某种范式，在研究的中间自然就会形成自己的路径，而很多范式就是在研究中间成就的。

当前不少年轻学者容易轻信外来的东西，以为只要是西方的都是好的。实际上，西方的东西也不一定就是新的，有些是很老旧的。即使是新的东西，里面也有不同的层次，有些层次比较高，有些层次比较低，也还要有所区分。要看是不是好货，好货我们就借鉴。就是借鉴，也不能当作"拐杖"，像过去那样，离开了经典作家的话语就不能写作，那叫做"拐杖"。我们现在对很多西方书籍进行译介，西方的学术思潮大量涌进中国，这对促进中西学术交流本是一件好事，但交流是双向的，不能认为凡是西方的就是好的、就是新的，这只能使中国学术界永远跟在西方的后面，社会甚至完全用西方的范式来指导中国历史的研究，用中国的历史来证实据之于西方的所谓模式的普适性。我们不应有中国过去半殖民地那种民族自卑感，要有自己的分辨力，首要的一条就是把自己的东西保存、利用好。我曾经大声呼吁，走自己的路！

因诗悟史

诗人不一定是史学家，正如史学家也不一定是诗人。但诗中有史、史中有诗，即非史诗佳作，昔人诗词中亦有富于史识、史感者，读之可以增添治史悟性。

唐朝孟浩然有《与诸子登岘山》五律一首："人事有代谢，往来成古今。江山留胜迹，我辈复登临。水落鱼梁浅，天寒梦泽深。羊公碑尚在，读罢泪沾襟。"此诗即富于史识、史感。

孟浩然是湖北襄阳人，岘山在襄阳以南九里，一名岘首山，为风景佳胜之地。晋武帝时，羊祜镇守襄阳，风流儒雅，颇得民心。《晋书·羊祜传》云："祜乐山水，每造岘山，尝叹曰：'自有宇宙，便有此山。由来登望如我者多矣，皆湮灭无闻，使人悲伤。'"祜既卒，襄阳百姓为之立碑于岘山。杜预称之为"堕泪碑"，盖以读其碑者莫不流泪，可见感人之深。孟诗中"羊公碑尚在，读罢泪沾襟"，即用此典，且甚贴切。

江山永在，人事无常。"人事有代谢，往来成古今"，孟诗固脱胎于400多年以前羊祜的慨叹，但又富于哲理且形成超越。羊祜之悲伤在于登望如我者皆湮灭无闻，浩然之觉悟则在于时间流转与人事代谢均为永恒。历史正是如此，过去、现在、未来，总是前后连续，而且三者又都是相对而言。过去亦曾为现在；现在于过去为未来，于未来则为过去；而未来又必将有其未来之未来。先我登临岘山者固已湮灭，后我登临岘山者将世代相续，则我之湮灭又何足道哉？但浩然读羊公碑仍然落泪，此即所谓未能免俗，盖虽有所悟而仍有窒碍，尚未进入彻悟境界。

浩然诗句之佳在于"代谢""往来"，有此两词，历史遂有生命，时间顿呈鲜活，表现为运动中之绵延。后此300余年，苏东坡《题西林壁》则以空间的视角为史学提供借鉴。诗云："横看成岭侧成峰，远近高低各不同。不识庐山真面目，只缘身在此山中。"诗人并非不可知论者，他不仅承认庐山真面目的客观存在，还找出"不识"的原因，无非是由于人们主观认识的局限。而欲识庐山真面目，又必须横看、竖望、远眺、近观、俯瞰、仰视，然后才能经过比较、分析，综合成为比较切近真实的总体形象。我常爱说"治史犹如看山"，即系脱胎于东坡此诗。

识山固然不易，识史恐怕更难。因为史学决不限于形貌的观察，它还需要透过历史现象把握内在联系，最终达到本质的、带规律性的认识。而这又需要借助理论思维，并有赖于各种认知方法与手段的不断改善。

辛弃疾词慷慨纵横，不可一世，亦具深沉史感。杨慎《词品》云："辛词当以《京口北固亭怀古·永遇乐》为第一。"但我则更喜爱《京口北固亭有怀·南乡子》一首。前者以"千古江山，英雄无觅孙仲谋处"起始，以"凭谁问：廉颇老矣，尚能饭否"结尾，于沉郁苍凉中显示英雄迟暮。但用典用事较多，略显滞碍。后者仅用孙权一典，情景交融，明快流畅，于豪迈之中寓深沉，堪称千古绝唱。词云："何处望神州？满眼风光北固楼。千古兴亡多少事，悠悠，不尽长江滚滚流。年少万兜鍪，坐断东南战未休。天下英雄谁敌手？曹、刘。生子当如孙仲谋。"1903年《江苏》杂志第五期刊载金松岑《陈君去病归自日本，同人欢迎于任氏退思园，醉归不寐，感诗因作》长诗一首，其中有"娶妻当娶韦露碧，生儿当生玛志尼"一句，显然是借鉴辛词而略显生涩。

此词通篇洋溢史感。"千古兴亡多少事，悠悠，不尽长江滚滚流。"与孟诗"人事有代谢，往来成古今"寓意相同，均为通晓世事，看透人生，富有历史哲理之言。无所谓消沉，亦无所谓悲观，只能以达观与超越视之，因为诗句传达了不以个人情意为转移的永恒信息。

即令是咏叹身世之感，亦不乏寓有凝重历史意蕴者。唐人陈子昂《登幽州台歌》云："前不见古人，后不见来者！念天地之悠悠，独怆然而涕下。"作者把自己置于历史绵延的长河之中，而又超越于世俗庸众之上，因而呈现出卓绝千古的孤寂，令读者心灵为之震撼。这是此诗得以长期流传的重要原因之一。清人魏源《悼鹤》诗云："月前孤唳为谁哀，无复双栖影缘苔。岂是孤山林处士，只应花下一雏来。"以鹤寓人，以景写情，作者内心的孤寂也是浓郁而又深沉，但读者的回应只有共鸣而无震撼，因为它缺少时间纵深的力度。比较贴近陈诗者，倒是晚清张维屏一诗："沧桑易使乾坤老，风月难消千古愁。多情唯有是春草。年年新绿满芳洲。"

仅仅"千古"一词，并不一定就能产生史感。柏格森曾将时间概念区分为两种，一种是纯粹而无杂物的，一种则是偷偷引入空间观念的，而时间的绵延只属于有意识的心灵。（《时间与自由意识》）张诗的"千古"与陈诗的"悠悠"一样，都是已经引入空间与世事"杂物"的时间，而且潜藏于其心灵的绵延已经外化为深情感人的词语。但两诗苍凉的色调则有异，陈诗流于黯然的伤感，张诗则结尾于充满生命活力的新绿。世人但知传诵张氏《三元里》长诗，而此诗反受冷落，可叹！

史感并非与生俱来。许多人治史十余年乃至数十年，却始终未能捕捉到真正属于自己的史感，其中有些人则是根本不懂史感为何物，尽管他们也经常强调什么"一切以时间、地点、条件为转移"，但历史在其笔下往往成为枯燥的史料堆积，或者竟是抽象的理论图谱。其所以如此，原因比较复杂。有客观困难，也有主观局限；有思维格局问题，也有认知方法问题；还有资质禀赋与学术素养方面的差异。

时下若干年轻学者常用西方"同情的理解"（sympathetic realization）一词，其实陈寅恪对这层道理早就说得极为深透。他在对冯友兰《中国哲学史》的审查报告中强调，学者必须"神游冥想，与立说之古人处于同一境界，而对于其持论所以不得不如是之苦心孤诣，表一种之同情，始能批评其学说之是非得失，而无隔阂肤廓之论"。此语非深得史学神髓且具有深厚学术素养者不能发，观《元白诗笺证稿》即可知其言不诬。多年以来我常劝人治史要"设身处地"，亦即继承阐发陈氏此义。

　　清人崔东壁则从反面阐明此义，即治史不可"以己度人"。他在《考信录提要》中指出："故以己度人，虽耳目之前而必失之，况欲以度古人，更欲以度古之圣贤，岂有当乎？是以唐虞三代之事，见于经者皆纯粹无可议；至于战国秦汉以后所述，则多杂以权术诈谋之习，与圣人不相类。无他，彼固以当日之风气度之也！故《考信录》但取信于经，而不敢以战国、魏、晋以来度圣人者遂据之以为实也。"今之学者如能深入领会此正反两面议论，当可增添"一切以时间、地点、条件为转移"一语的内在意蕴。

文化危机与人性复苏^①

一

20世纪科学技术的发展，诚然创造了灿烂辉煌的现代物质文明，并且或多或少提高了亿万人的物质生活水平；但就精神文明与伦理道德而言，人类付出的代价也极为惨重。我们曾经历了史无前例的两次世界大战，局部战争则至今连绵不绝；而由于高科技用于现代战争，造成的人类生命财产损失更远远超过历史上任何恐怖时代。在这一百年中，环境破坏，资源浪费，吸毒与犯罪率的剧增，在规模与危害程度两方面也是史无前例。

1968年英国史学大师汤因比以85岁高龄与日本学者池田大作进行长时间的谈话，即已对现代文明的严重缺失表示深沉的忧虑。他说："近代初期的乌托邦理论，几乎都是乐观的。这是因为，没有明确地把科学进步和精神上的进步，看成是截然不同的两回事。他们错误地认为，累积科学和技术上的进步，会自然地累积精神上的进步。……近代西欧的这种幻想，被第一次世界大战所动摇。接着，又为第二次世界

---

① 在台北"海峡两岸三地教会史研究现况"研讨会上的主题讲话。

大战末期制造和投下的两颗原子弹所粉碎。长寿的 H. G. 韦尔斯，他有幸看到了这种幻灭，尝到了这个苦果。因而韦尔斯以后的乌托邦理论，就变成了带有讽刺味道的反乌托邦思想，这些乌托邦理论发展到极端，就变成悲观的了。这是因为，从近代初期到 1914 年，四个世纪期间发表的乌托邦理论，都过于乐观，反而成了对于这种过于乐观情况的一种反动。"①

汤因比进一步论述了科技与伦理的关系："科学的进步，通过技术的应用，给人带来统治别人，统治人以外的自然力量。所谓力量，在伦理上是中性的，可以用于善的方面，也可以用于恶的方面。力量只是增加善恶行为所带来的实质性影响的程度。……原子弹如果用于恶的方面，一瞬间就可以杀死几百万人。然而，人的力量在一对一的战斗中，即或使用金属武器，一次最多也只能杀死一个人。相反，医学的进步给医生带来力量，现在可以拯救几百万人免遭细菌和病毒的戕害。这同一科学力量，如果被用于细菌战，就会像原子弹一样，使几百万人丧生。如此看来，科学技术力量对人生命的影响，取决于使用这种力量的人的伦理水平。"②

汤因比自我剖析，他作为西欧人，在某种程度上接受了德国哲学家、历史学家施本格勒的影响，相信 20 世纪注定人类要目睹"西欧的没落"。施本格勒《西方的没落》（ *Der Untergang des Abendlandes* ），其第一卷《形式和现实》和第二卷《世界历史的透视》，先后出版于 1918 年和 1922 年，正好是在第一次世界大战之后。作者认为西方已处于机器控制之下，金钱主义与追求享乐成为时代的特征，因而无可避免地要走向衰落。其实早在这部名著正式出版前 12 年，中国著名学者章太炎在《民报》第 7 号（1906 年 9 月 5 日出版）发表《俱分进化论》一文，即已发表过类似的见解。此文是对在中国风靡一时的进化论的深刻反思。章太炎并非全盘否定进化，而是告诫人们不可盲目迷信进化，把进化变成一种绝对的信仰。他认为：（1）进化终极未必能达于"尽美醇善之区"；（2）其所以如此，是由于进化"非由一方直进，而必由双方并进。"以道德而言，"善亦进化，

---

① 《展望二十一世纪——汤因比与池田大作对话录》，408～409 页，北京，国际文化出版公司，1985。

② 同上书，410 页。

恶亦进化"；从生计而言，"乐亦进化，苦亦进化"；（3）而且，随着经济、文化的发展，以及智识与科技水平的提高，善恶、苦乐亦将不断同步增长，"曩时之善恶为小，而今之善恶为大；曩时之苦乐为小，而今之苦乐为大"。这与 60 多年以后汤因比所说的"（科技）力量只是增加善恶行为所带来的实质性影响的程度"，可谓英雄所见略同。

在对于现代文明弊端的批判方面，章太炎或多或少受到日本维新思想家中江兆民的影响，他在《俱分进化论》中甚至誉中江为"东方师表"。正是在 20 世纪初，中江怀着对文明发展前途的深沉忧虑离开人世。他在临终前发表的名著《一年有半》，颇为生动地描述了日本近世文明发展中相互伴随的两种趋向：明治维新以后，一方面是社会进步、经济发展与生活水平的提高；一方面则是物欲泛滥、习俗败坏与社会道德的沦丧。他说："人人都希望追求超过自己的经济力量以上的娱乐，千方百计想得到它。于是乎做官吏的人，就接受礼品及贿赂以养肥自己。经营工商业的人，就钻营奔走，投靠背景，互相勾结，寻找牟取暴利的机会。再加上日本西部的武士，数百年来，受尽了苛刻死板的法律与制度的束缚，到了日本明治维新的时候，忽然做了大官，参加国家的政治活动，好像放射出去的箭一样，急速地趋向骄奢淫逸，大大地造成和煽起了城市的荒淫和糜烂的风气，成为日本全国的吃喝玩乐的样板。从官僚资本家、富商大亨，到其余的中产阶级以下的人们，也都相继沉沦，以为这是自己的阔气。这就是现代我们日本帝国的官民上下，贵贱贫富，一般人等所以造成了奢侈、淫逸的习惯的历史。"①

这些先贤当时都是站在时代潮流的前面，为社会进步和国家富强发挥了思想先导作用。他们并非盲目地排拒现代文明，而是清醒地看到现代文明日益暴露的弊病，并且为人类文明发展的前途感到忧虑。如果说是悲观，那就是一种深沉的悲观；而深沉的悲观比肤浅的乐观，在思想境界上至少要高一个层次。

二

汤因比曾经寄希望于东亚精神文明的复兴，借以弥补人类现代文明的

---

① 中江兆民：《一年有半》，62 页，北京，商务印书馆，1982。

严重缺失。但是他却未曾料到，第二次世界大战以后，特别是 20 世纪六七十年代以后，亚洲一些国家和地区或先或后也走上了这条重物质而轻精神的西方现代化道路，且其负面影响所造成的危害有愈演愈烈之势。正如池田大作所说的那样："从根本上用长远的目光来看，不能不令人痛切感到现代人在经济方面，犯了多么愚蠢的错误，日本人对 GNP（国民生产总值）的信仰，可称之为最。众所周知，第二次世界大战后的日本，把 GNP 的成长看成绝对的东西，以实现赶上欧美发达国家的水平为目标，然而，结果如何呢？人民始终在完全无视人性的条件下劳动，情况一直没有好转的征兆。在狭长的国土上，公害到处像火山的岩浆一样喷发出来。还有，日本产品打入世界市场，最初使人惊叹，可是最近倒不如说在加剧人们的反感。"① 汤因比对 GNP 的抨击更为激烈，他进一步发挥说："GNP 连作为衡量一个国家中人们的经济繁荣程度的指标，都不能算。统计工作者用一个国家人口去除 GNP 所得的商数作为'国民每人平均收入'，这种想法是没有意义的。把这件事数字化本身就是难以想象的错误。毋宁说，把这作为'每人平均物质上受损'的指标，可能还有些意义吧。因为在经济上自由竞争的社会，随同 GNP 的增长而受害的分布，虽然在住宅方面是不平等的，而在空气、土地、水及其他自然环境的物质污染，一个国家的人民都是同等受害的。污染，无论对贫穷母亲的孩子，还是富裕母亲的孩子，都是同样有害的。"② 汤因比的批判相当深刻，但他却忽略了一个事实，即这些国家的人民并非同等受害。受害最大的还是贫苦民众，至于那些显贵豪富，无论自己国家的环境污染程度如何严重，他们却可以住在阳光充分、空气新鲜、山清水秀的佳胜地区，并且充分享受供应的有益于人体健康的各种真正绿色食品。

汤因比与池田大作并非绝对反对 GNP，他们承认 GNP 有其应有的意义，但其弊端却是以平均数字掩盖了贫富悬隔，而且是只看重物质利益而忽略了精神利益。所以池田试图提出一种新的国民经济的基本指标 GNW，W 即 Welfare（福利）。这种指标应反映一个国家的经济力量为国民福祉作出多大贡献，而且还要"把比重放到了提高精神福利水平上"。汤因比则

---

① 《展望二十一世纪——汤因比与池田大作对话录》，117 页。
② 同上书，117～118 页。

对衡量福利的尺度提出四点考虑："第一，社会成员的协调程度和相互间的亲切程度。第二，平均每人的精神福利，这决定协调程度和相互间的亲密程度。第三，自我克制的平均水平，这是精神福利的关键。第四，社会为防止物质和精神污染而对追求利润的控制程度。这最后的尺度是检验一个社会在使精神福利优先于物质福利方面，在多大程度上取得成功的试金石。"①

但是，GNP迄今仍是许多人的至爱，特别是被某些高官看作是自己政绩的集中表现。现代文明的弊病于是泛滥全球，愈演愈烈。

古人说："仓廪实而礼义足"。就存在决定意识而言，礼义足固然需要仓廪实作为基础，但仓廪实并非必然导致礼义足。因为"足"与"不足"是相对而言的，而人的物质需求总是很难完全满足。如果缺少良好的制度与机制，特别是缺少足够的思想教育与健康的文化氛围，就有可能出现饱暖思淫欲，乃至如上所述物欲横流的严重社会病态。市场经济诚然优越于自然经济，也优越于旧时的计划经济，而改革的潮流也不可逆转，但市场经济毕竟是以个人利益为主要驱动力，而这就不可避免地要带来拜金主义和损人利己行为的泛滥。"资产阶级在它已经取得了统治的地方把一切封建的、宗法的和田园诗般的关系都破坏了。它无情地斩断了把人们束缚于天然尊长的形形色色的封建羁绊，它使人和人之间除了赤裸裸的利害关系，除了冷酷无情的'现金交易'，就再也没有任何别的联系了。它把宗教的虔诚、骑士的热忱、小市民的伤感这些情感的神圣发作，淹没在利己主义打算的冰水之中。""资产阶级抹去了一切向来受人尊崇和令人敬畏的职业的神圣光环。它把医生、律师、教士、诗人和学者变成了它出钱招雇的雇佣劳动者。"② 马克思、恩格斯在150多年以前所作的描述并未过时，他们对资产阶级的刻画仍然可以用于对市场经济的刻画，而150多年以前在西方呈现的图景，如今又在新的条件下和不同基础上重现于亚洲若干新兴国家和地区。

个人利益的追求是没有止境的，如果没有合理的制度给以规范，没有健全的机制给以调节，没有正确的道德风尚给以导向，则建立在贫富悬殊

---

① 《展望二十一世纪——汤因比与池田大作对话录》，118页。
② 《马克思恩格斯选集》，第1卷，253页。

基础上的社会不平等现象势必愈演愈烈，而所谓社会稳定也就缺乏起码的保障。市场经济的发展有两个杠杆：一是社会需求的增加，一是为满足日益增长的社会需求而不断提高的生产力水平。一般说来，社会需求总是不断增长的，因为人们对物质生活的追求永无止境，加上各种各样商业广告的诱惑与刺激，形形色色所谓高消费的奢靡导向，很容易造成物欲横流的现象，以及与之相伴随的贪污腐化等等社会病态。但对于许多见利忘义的投机者来说，这却是发财的大好时机，他们并不在乎自己发财的后果究竟是为社会造福还是造祸。正如恩格斯早曾说过的那样："在资产阶级看来，世界上没有一样东西不是为了金钱而存在的，连他们本身也不例外，因为他们活着就是为了赚钱，除了快快发财，他们不知道还有别的幸福，除了金钱的损失，也不知道还有别的痛苦。"① 于是这些人变成金钱的奴隶，而更多的人不仅饱受金钱匮乏之苦，还要经受这些金钱奴隶的巧取豪夺之苦。为满足社会需求增长而提高的生产力水平，其福祉并未真正为社会所共享。我这样说绝非是提倡平均主义，而只是对于贫富悬隔造成的社会严重不公平提出警告。揭露社会病态并非都是理想主义者的道德说教。

为满足社会需求日益增长，在当今社会更为依仗生产力中最活跃的因素——科技，而所谓知识经济的科技含量之大更属有目共睹。科技是人类智慧高层次的结晶，但必须经过开发投入市场才能形成社会效益。科技本身是中性的，但它既经纳入市场运行之后，则既可以为善也可以为恶，因为它只能从属于掌握者（或集团）的意志，是掌握科技的人决定其价值取向。高科技由于能为掌握者（或集团）赢得滚滚而来的财源，因而便顺理成章地成为社会的骄子，受到极大的尊重与优厚的回报。这种社会效应反过来更为加速高科技的发展，各大资本集团之间的激烈竞争，各个国家的国力之间的激烈竞争，使高科技发展的速度使人目瞪口呆，应接不暇，其负面影响便必然是重科技轻人文与重物质轻精神的短视功利主义的恶性泛滥，而更为严重的后果则是社会伦理的急剧低落乃至人性渐趋泯灭。

人文学者并非反对科技的迅速发展，我们所担心的乃是社会病态的日益严重和人类自身的堕落。汤因比说："迄今为止，人的伦理行为的水准

① 恩格斯：《英国工人阶级状况》，《马克思恩格斯全集》，第 2 卷，564 页，北京，人民出版社，1957。

一直很低，丝毫没有提高。但是，技术成就的水准却急剧上升，其发展速度比有记录可查的任何时代都快。结果是技术和伦理之间的鸿沟空前增大。这不仅是可耻的，甚至也是致命的。……面对这种现状，我们应感到耻辱。同时，我们不要失掉这种耻辱感。为确立尊严（没有它，生命就没有价值，人生也不会是幸福的）必须做进一步的努力。人所熟悉的东西，的确是在技术领域，但那里是不会确立尊严的。评价是否达到这种伦理上的目标，要看我们的行动在多大程度上不受贪欲和侵略心所支配，在多大程度上把慈悲和爱作为基调。"① 汤因比把生命的尊严看作是一种绝对的最高的价值，或是"普遍的价值基准"。不仅人有尊严，宇宙整体及其中万物，包括大地、空气、水、岩石、泉、河流、海等，都有自己的尊严，不容许任意侵犯。而人只有在没有私心的、利他的、富有怜悯的、有感情的、肯为其他生物和宇宙献身的情况下，才会有自己真正的尊严。

其实，具有这种认识的不仅是人文、社会科学学者。爱因斯坦早就说过："青年人在离开学校的时候，应是作为一个和谐发展的人，而不作为一位专家。否则，他连同他的专业知识就像一只受过训练的狗，而不像一个和谐发展的人。而要成为一个和谐发展的人，要培养全面的自我辨别力，而这取决于自由而全面的教育。"按照我的理解，所谓"和谐发展的人"，就是我们一贯主张的德、智、体、美、劳全面发展的人，而这就意味着决不能片面侧重科技教育，必须加强人文、社会科学教育。如果不尊重自然的尊严从而也失去自己的人的尊严，那些只具有狭隘专业知识的"专家"，便可能如同"一只受过训练的狗"。他们只能为雇用自己的老板服务，而不能从社会伦理的层面辨明自己工作的方向。

现今的科技专家对于这个问题可能体会更深，他们更多地是从自身与科技的关系发表独特感受。今年8月21日《今日美国》曾发表一篇著名文章《技术专制激起人们的反抗》，反映了硅谷一部分科技工作者对于科技泛滥的强烈不满。他们虽是因特网的高级专家，但对那些"不断发生嘈杂的噪音、闪着亮光的仪器"渐感厌倦，而宁愿远离无处不在的因特网的影响以及越来越数字化的生活方式。他们承认"高科技的进步推动了经济

---

① 《展望二十一世纪——汤因比与池田大作对话录》，431～432页。

发展，提高了劳动生产率，并且使很多人过上富裕的生活。然而它的阴暗面也正在渐渐失去控制，对我们产生强大的影响。它成日成夜地侵犯我们的生活，把我们束缚在计算机跟前，并且不断消磨我们的人性。"有位在大公司担任顾问的心理学家说得更为坦率："技术本来是解放我们、使人们生活得更轻松的工具。然而现在它却起了相反的作用。它给我们的生活带来了灾难。每个人都被它征服了，不堪重负。幸运的是，人们最终觉醒了，他们正在高喊'停止吧，我们受够了！'"

当然，我们不是复古主义者或文化保守主义者。科技的高度发展是当代不可阻挡的潮流，人们生活水平的进一步提高和落后地区的脱离贫困，都需要科技日新月异的发展。犬儒主义式的返璞归真，不仅是荒诞的，而且对大多数人来说也是做不到的。但更为严重而又更为迫切的问题是，环境不能再继续污染，资源不能再继续浪费，贫富不能再继续悬殊，社会不能再继续缺乏公正，人类不能再继续互相残杀，道德不能再继续沦落下去……一句话，我们不能再盲目干那些既对不住祖宗也对不住子孙后代的蠢事。我们这样慷慨陈词，决不是悲观失望，而是急切吁求更多的人赶快醒悟过来。

三

历史与现实都清楚地表明，物质文明与精神文明，科学技术与人文科学，仿佛车之双轮、鸟之双翼，缺一不可，单纯依靠科技决不能建立合理而完善的社会。现今的人类社会，自然还不能说是缺一轮或缺一翼的社会，但至少可以看作是跛足的或倾斜的社会。如果任其恶性发展，也许有一天人类将会走上自己毁灭自己的道路。

时代呼唤人文精神，精神文明急需健康发展，而关键仍在于人类的自我完善，首先在于人性的复苏。正如汤因比所说的那样："我们人类自命为灵长类（Homo Sapiens），可并没有自命为技长类（Homo Faber），如果我们能通过目前科技革命的考验，我们才配得上灵长类的称呼。"这当然是针对 20 世纪 40 年代兴起的科学技术决定论（Scientific and technological determinism）而言，因为科技决定论者把生产力仅仅归结为科学技术，认为历史发展的动力只有单一的科学技术要素，而只有科技专家才能掌握人类的历史命运。汤因比反对这种观点，他所说的灵长类并非等同于哺乳动物的分类，而是突出人类所独有的智慧。他把人类的才能分为两大部类：所谓"技长"指的是科技才能与管理才能，而"灵长"则是艺术才能与宗教才能。汤因比对才能层次的区分是否精当，自然大可商榷：但他希望人们不要把科技绝对化，应该加强人性的复苏并培养德、智、体、美全面发展的新人，则是显而易见的。

我们没有必要害怕科技的发展，更不应在新世纪的严峻挑战面前束手无策。科技决不是从潘多拉盒子中释放出来的妖魔，人类既然能够创造科技，便必定可以掌握科技。关键仍在于人，在于由健全的人组成的健全的社会，只有这样的社会才能保证科技为人类造福而非造祸。

所谓健全的人，首先就要认识人的价值与人的尊严，而这种价值与尊严又是在人与人相处的过程中体现的。维新志士谭嗣同在《仁学》一书中早已指出："仁从二从人，相遇之义也。元从二从儿，儿古人字，是亦仁义。无许说通元为无，是无亦从二从人，亦仁义。故言人者不可不知元，而其功用可极于无。能为仁之元而神于无者有三：曰佛，曰孔，曰耶。"又认为仁充满宇宙之间："孔谓之仁，谓之元，谓之性；墨谓之兼爱；佛谓之性海，谓之慈悲；耶谓之灵魂，谓之爱人如己，视敌为友……"谭嗣同对基督教的理解虽然不尽确切，但他把基督教与孔、墨、佛相提并论，力图发掘其相通相近的精义以谋救人救世，在当时历史条件下却是极为难能可贵。我认为，现今为了复苏人性和纠正人类文明偏失，就应该具有这种兼容并包的博大胸怀，努力发掘包括基督教与其他优秀宗教在内的历史文化遗产中有益的精神资源，营造人与人、人与自然和谐共处的新文化，共同挽救整个人类的沉沦！

如同世界上其他那些历史悠久的大宗教一样，基督教本来就不属于某一国家或某一民族。它由东而西又由西而东，向全球逐渐传布的过程也就是不断移植于一个又一个新的社会文化环境的过程；而教会人士世世代代梦寐以求的非基督教地区的"基督化"，实际上也就包含着基督教在这些地区的本土化。正常的文化交流本来就是一种双向的互动过程，即使是先进文化与落后文化的交流，也不会完全没有这种互动，只不过程度与形式有所不同而已。以历史学家的眼光来看，基督教的普世性，不仅在于它的神学内核，而且也是千百年来各种各样语言和文化的诠释发挥，逐步磨合融通而形成的。

对于中国来说，基督教诚然是外来宗教，但经过明清以来，特别是20世纪二三十年代，经许多中外基督徒的不懈努力，基督教在教会与神学两方面的本土化都已取得有目共睹的进展。尽管国内外众多的基督徒与非基督徒学者，特别是宗派林立的外国教会人员，对本土化这一概念的理解与态度各有不同；但无论如何，对于流传如此长久，信徒如此众多而且影响如此深远的基督教，再也不能笼统地称之为外来宗教了。在历经磨难数十年之后，基督教之所以能够在城乡各地迅速发展，在一定程度上满足了社会转型期许多迷茫的人们寻求精神家园的需要，弥补了他们在现实生活中的失落感与飘零感，自有其内在的原因。

因此，在大陆、中国台湾、香港地区乃至海外各地对于中国基督教研究的蓬勃发展，现今更加显示出其学术意义与社会意义。由于好几位学者即将就各地研究现状作详尽的专题报告，我只从背景方面作上述阐发，希望得到各位同行的指正。

寻梦无痕：史学的远航

杂感随笔

寻梦无痕

我从小到大，籍贯都是跟随着父亲填写为浙江吴兴（今湖州）。根据《吴兴荻溪章氏家乘》四修本及其续编，我家世居荻港（原属菱湖镇，今归南浔区和孚镇），属清芬堂一支。荻港章氏系明末清初从绍兴迁来，其始只有一家，佚名且人丁不旺，可能是垦荒之农民或乡村手工业者。五世以后人口渐增，六世始有少数科举入仕。九世已渐成当地望族，且长期重子弟教育，因而在清末民初英才辈出，为全省乃至全国所罕见。

我家是个移民家庭，从小就听长辈讲山西洪洞大槐树的故事，并说章家子孙小脚趾外侧均有赘肉，系当年逃荒离别时父母有意咬伤，留下疤痕以便他日团聚相认。最近几年，经检阅家乘并据亲友口碑，已可肯定从 12～14 世有三代人曾迁居于太原，而且有好多位先辈死后葬于城郊剪子村。

一、北迁之始

首先离开菱湖并往北方求发展的，是 12 世祖石庵（亦作实庵）公。据《荻溪章氏家乘》卷十三，由他三个儿子（楠、棣、桐）合撰的《石庵府君行述》记述："府君讳节文，字石庵。貌清奇，长身鹄立，言笑不苟。幼好读书，长即潜心经世之学。论政事得失，下笔千言，悉中时弊。书法具体欧阳。历赞两江、东河幕府，专司笺奏，名动一时，尤为陶文毅公、林文忠公所推重。胪陈盐政、河工、夷务各折，半出府君手，俱合机宜。以河工议叙，选河南按察司司狱，未数年，迁滑县县丞，授固始令。为政以爱民清讼为首务，凡赴诉者，无不立予剖断。案无留牍，而嫉恶如仇，不畏强御。有巨室戚友横暴，人发其事，廉得实。贿属关顾，府君弗许，立下诸狱。由是巨室衔怨，以他事中府君，落职。时林文忠公督办粤西军务，闻公被议，叹曰：刚正如章某，使得尽其所长，政绩必可观焉。今乃以微罪去官，天下少一良吏矣。因专弁赍书慰藉，并邀赴粤，仍司奏牍。君感知遇之深，应召前往。遂蒙奏请开复原官洊升直牧，并专折特荐堪任道府，请旨擢用。未几，文忠薨，府君乃以直牧筮仕山右，历署隰、绛、平、定等州，皆有政声。同治己巳，补授代州直隶州。"

由此可知，节文公系因游幕而离开家乡。起初在两江、东河督署专司笺奏，先后受知于陶澍、林则徐，稍后至河南，历任滑县县丞、固始县令，以得罪地方豪强而免职。与文忠交谊甚厚一事，林则徐日记曾有记述，据萧致治教授函告：其一是道光十七年二月十九日，林则徐由北京赴湖广总督任途中，"又二十里郑州，住西关外行馆。罗丞、蔡令皆随到此，赖通判（安）、章实庵（节文）亦来见。桂中丞复遣弁来送馔，张心阶观察亦然。……留实庵共饭。"地方官员随行或谒见者中，独留节文公共饭，可见宾主情笃。其二是道光十八年十月二十三日，林公奉诏晋京再次路经郑州，"馆于西门外，开归道张心阶来此晤谈，上南厅施丞（熙）、署中河厅赖倅（安）及抚辕巡捕金（梁，即观业）、章（节文）、满副将（承功）俱来见。"节文职卑位低，而林公两次过郑均召晤谈，亦可见两人关系之密。过去我家珍藏林公书赠节文公的对联与条幅，内有"顾曲周郎"等语，说明相知之深，故能在其危难之际授与援手。

如果没有林则徐的特荐，实庵公可能长期蹉跌；如果林公不是猝逝于广西军中，实庵公也许要继续随军转战桂、湘、鄂、赣等地，而不会到山西出任地方官多年。这也是时也，命也！

节文公出生于嘉庆戊午（1798 年）八月二十八日，为独生子。父名岳佑，系获港普通村民，能够允许独子远走异乡谋生，思想应属比较开明。节文公到山西任职的时间，应在林则徐死后不久，即道光三十年（1850年）或咸丰元年（1851年）。他历任隰、绛、平、定等州知州，所至各地均有较好政声。同治己巳（1869年）又补授晋北要地代州直隶州知州，时晋豫捻事粗定，西陲军事正繁，雁门为入陕孔道，大军络绎，民多逃亡。公莅任后，历陈差徭苦况，详定章程，有纵兵扰民者严议，军士入境知儆。市廛不惊，招抚流亡，疮痍遂复。壬申（1872年）冬，以游勇滋事，曾冒雪清查，因致寒疾。癸酉（1873年）六月卒于官，寿七十有六。节文公在山西任地方官前后约20年，最后死于北宋名将杨业的故乡，离号称"三关"之一的雁门关只有20公里。

节文公虽宦游山西多个州县，但病逝后却与夫人胡氏合葬于山西阳曲县沙河村。节文公有三子：长子棣、次子楠、三子桐，均随父在山西生活、工作多年。除棣逝世后由其长子维藩迎葬于杭州郊区章家园外，楠、桐及其妻均安葬于太原东门外剪子湾沙河村。棣之次子世恩（兼祧楠、桐），亦伴祖、父安葬于太原自家墓地。

二、剪子湾寻梦

《家乘》"谱牒"七，对十三世棣、楠、桐及十四世维藩、世恩兄弟均有简略记载：

棣，字怡棠，号仪吉。道光辛卯（1831年）十月初六日生。历任山东布政司经历，署临清直隶州州同，剿办山东捻匪，总理新疆后路粮台等职。光绪癸未（1883年）四月初三日卒于天津，归葬钱塘章家园。

楠，字子和，道光癸巳（1833年）正月初二日生。历任盐运司经历，署山西河东西场大使。光绪己亥（应为乙亥，1875年）六月二十一日卒，葬阳曲沙河村。

桐，字听蕉，号廷嘉，道光甲午（1834年）五月十五日生。曾任山西候补知县。光绪戊戌五月二十日卒，葬沙河村。

维藩，字印生，号干臣。咸丰戊午（1859年）十二月二十九日生。历任安徽无为州知州，调署怀宁、宣城等县知县，花翎盐运使衔题奏道，农工商部员外郎等。甲午以后陆续创办芜湖益新面粉公司与宝兴铁矿公司。民国十年（1921年）九月一日卒，葬杭州章家园。

世恩，字锡侯，号叔振，咸丰辛酉（1861年）十月十四日生。光绪癸巳（1893年）科顺天副贡，历任河南候补直州判，四川候补道兵工厂、造币厂总办，常备军统领，奏派美国圣鲁易赛会专员暨考察欧美各国军政。光绪丙午（1906年）五月初一日卒，葬沙河村。

维藩、世恩均为棣子，因楠、桐无后，遂以世恩兼祧。

棣父子均喜咏诗。棣存诗有《井陉》一首："河流虢虢石离离，指点淮阴尚有词。城下谈兵惊汉主，水边列阵出奇师。崇冈耸阁人行怯，骇浪冲沙马渡危。从古兴亡宁在险，每经关塞一嗟咨。"这是现今可以看到的他对晋地景物史事的仅有描述。

维藩生前曾辑印《铁髯诗草》，惜现今流传者多为南归后晚年所作。世恩遗著有《运甓斋诗草》《环游管见》《环游日记》等，诗作中不乏反映对山西这片热土的缱绻。如"秋色晚苍苍，征车指太行。村深闻犬吠，岁熟羡农忙。云过不成雨，月明微有霜。遥怜诸弟妹，此夕侍高堂。"（《归陵川道中》）。"凤昔浮家地，重来感独经。花争今日艳，山送旧时清。题句寻书舍，开尊忆小亭。临风神一怆，骨肉几凋零。"（《过蒲州旧宅感怀》）。这些朴素的小诗，至今仍然散发出丝丝缕缕的乡愁。

正是这丝丝缕缕的乡愁，把我们牵引到太原郊区剪子湾，那是我梦魂萦绕的祖辈安息之地。

2004年9月14日，在山西大学行龙副校长热情陪同下，我与内人怀玉驱车前往太原市杨家峪剪子湾村。到达村委会办公室，老支书薛银宝等候已久。他对杨家峪剪子村的沿革稍作介绍后，就引导我们前往祖坟原址，即原来的沙河村。此地与东山相距30里，沿途均为连绵山坡，可以想见当年多为荒凉的坟地。但现代化的商业大潮迅速淹没了原先的农村，整个剪子湾已与太原市区连成一片；原先的杨家峪公社已经演变为街道办事处，人烟稀少的沙河村也被房地产开发商建设成为颇具社区规模的高层住宅群，并且改名为很有气派的"富康苑"，人口稠密，熙熙攘攘，真是时过境迁，面目全非。"沧桑易使乾坤老，风月难消千古愁。"眼前的急剧时空转换，对我的心灵产生巨大震撼，片刻间几乎失语，失忆，脑际一片茫然。幸好老支书指点章氏坟地大概的方位，怀玉急忙为我摄影留念，这才又使我回到清醒的现实。

老支书又带我们拜访剪子湾村的老会计，他曾亲眼见过原沙河村墓地，这样的老人在当地已经为数不多了。原来行龙副校长，早已亲自到过村委会，为我们这次寻觅祖先的足迹做了充分的准备。

老会计名为尹才智，名如其人，是村里少有的粗通文墨者。他的家是幸存的好几座相通的窑洞，采光充分，窗明几净，庭院里花木甚多，更显出有几分不俗的风雅。为了欢迎远方前来寻根的客人，他们全家都动员起来，不仅老俩口殷勤送上茶水、点心，连儿子、媳妇也请假在家帮忙照顾。我们就坐在两老住的那孔窑洞的窗边，听尹老娓娓叙谈往事，底下是他的发记纪录：

1949 年我 9 岁，已读小学。每天上学、放学，都经过这片坟场，乡人称之为"大墓地"，不仅规模大，还有四根大石柱、石羊、石马等，比其他坟墓引人注目。（所述地址，与薛支书指引者相同，想必事先两位老人已去过现场考察核定。——沅）

剪子湾早先很荒凉。据说有一外地磨剪人最先定居于此，因而称为剪子湾。初期全村只有五六户人家，我家为其中之一，到我已住了六七代。我家几代人都以帮人"打坟"（筑坟）为业，章家的祖坟很可能就是我的先辈建成。我曾在城里读过小学，是村里唯一的文化人，所以土改后领导上把我叫回来当村会计。当时我是村干部中年龄最小的，以后还管过拖拉机站。

"大墓地"是 1955 年"合作化"时被平掉的，事先曾登报通知亲属迁坟。因为这片坟墓已经多年无人祭扫，又没有任何亲友可以出面联络，遂由村民自行迁葬。详细情况已记不清，只知道那 4 根石柱与石羊、石马曾上交县文物保管部门，现今是否仍然妥为保存就很难说了。

另据为我们开车的山西大学司机赵师傅说，他也是剪子湾村人，且曾在老会计领导下开过拖拉机。他曾向尹家邻近的一位 72 岁老太太打听过，这位老人也曾亲眼见过大墓地，所述情况与尹会计相类似。但她曾听长辈说，这些坟墓由于亲属久已离开太原，所以大多委托附近居民代为照料，墓边土地亦归其耕作，无须交租，逢年过节送点新粮、鲜果，"意思意思"就可以了。这种情况与杭州"章家园"祖坟情况相同，我们习惯把代管祖坟的农家称为"坟亲"，意即如同亲戚。但杭州祖坟虽然已在"公社化"期间推平改为茶园，1987年我前往遗址凭吊时还能有幸找到当年的"坟亲"，一位80多岁的老太太充当向导，并且还出示一本记录代为保管各处祖坟方位、面积、建筑等相关资料的折叠账本。至于谁是剪子湾祖坟的守望者（坟亲），则早已无可考察了。也许就是尹家的先辈吧？谁知道呢。

但短短的相聚，已经把近百年的间隔与几千里的距离大为缩减，尹、章两家后代的心迅速贴近，临别时两对老年夫妇竟然握手相望依依不舍。我们在村中仅存的这座代代相传的连体窑洞庭院花木中摄影留念。汽车开行后，尹老全家仍不断挥手惜别。据老支书告知，这几孔窑房亦在市规划公路线内，将与整个剪子湾村同时搬迁。以后再来，连这丁点历史遗痕也将荡然无存。

近乡情怯，寻梦无痕。回武汉后，重温世恩公居晋遗作一首：

"家书久不至，望书如望榜。本期佳音来，偏作不堪想。吾亲笔素勤，训必月三两。吾兄每思弟，濡笔代鼓掌。缄封可置邮，最易通音响。胡迺双鱼滞，安问堕苍茫。客中本不乐，比来益悁悒。陟岵复陟屺，以次念少长。颇知天相人，万事虑其悦。忽若有所失，欢语意亦强。旦夕竹报来，神气庶几爽。"（《客洪洞盼家书不至》）

我只能从诗文中想见这先辈三代二十几口人的音容笑貌，喜怒哀乐，亲情乡思。历史毕竟是存在过的，难以磨灭的唯有是记忆。最近，年近九十的大哥还向我追述祖父（维藩之子）生前向他说过的话："太原的坟亲最笃实，有年带信来说送点枣子给章家孩子们尝尝，结果竟扎扎实实送来两大车。"

三、关陇西域久奔驰

石庵公把家从烟雨江南挪到北国齐鲁，这三代人都有移民先驱者的根性——"宦游四方，随地占籍"。他们断然扬弃安土重迁，血液中永远流淌着披荆斩棘、开疆辟土的冲动。正如同当年美国西部开发者一样，他们奔驰的走势也是朝向大西北，只不过前者携带的是牛车犁锹，而章氏一门则是"跨马按吴钩"，奔驰在西域征战途中。

不知是否有遗传基因？这怡棠、维藩、世恩父子三人，都不安于走科举仕途的老路。怡棠公"生而沉毅，读书不事帖括，昕夕手通鉴一编，好驰马，习韬钤"。少年时代随父亲宦游河南，即已在光、固平叛中稍露身手。维藩公也是"生而岐嶷，读书目十行下。幼侍其父宦游齐、鲁、晋、陇间，习韬钤，好骑马"。世恩公亦"自幼好治兵略，山川形胜，阨塞之区，靡不留意。……究心政治，慨然以天下为己任"。他虽属随营攻读，但却有《从军古意》一诗明志："勒马啸西风，壮心拔剑起。莽莽祁连山，黯黯临洮水。男儿一出门，长征几万里。"这首诗大体上可以看做是章氏父子豪情壮志的真实写照。

他们早年建功立业之地都是在甘肃与新疆。

怡棠公以河南军功议叙，前往山东历署广储库大使、临清州等职，迨僧格林沁督师齐鲁，知其能军，调赴行营，咨谋军事，颇为器重。旋荐擢州牧，前往直省，督催军饷。僧王殁后，又值鲁抚张曜率豫军进攻关陇，再次应召赞襄戎幕，屡建奇功。"既而兵出玉门，平沙万里。中丞（张曜）深虑转运维艰，留守酒泉，总理粮饷，府君（怡棠公）首议增台站，募民驼于哈密、吐鲁番等处，分设转运。由是轇粟飞刍，得以无阻。时晋豫各省连年旱祲，额饷解不及半，孤军远出，时有哗溃之虞。府君筹借商款，并请相国左恪靖侯按月接济，卒使豫军立功西域，士饱马腾。"新疆肃清后，经左宗棠保荐升郡守，以道员遇缺题奏，并赏带花翎，授正二品封典。及左公于光绪辛巳（1881年）移督两江，首先奏调怡棠公前往江南襄佐。至此"始交粮台整辔南返，在甘已十有二年矣"（见《家乘》）。左宗棠以钦差大臣出任陕甘总督是在同治丁卯（1867年），怡棠公随豫军入陇是在同治己巳（1869年），前后相距仅两年，而从此受左公知遇之恩，遂得于暮年随左公回归江南，诚为家族史上一段佳话。

怡棠公的两个儿子（维藩、世恩）都是出生于山西而成长于关陇。世恩有《随家君赴陇西》一诗："金城玉垒旧曾游，万里重来待白头。胸次欲吞沧海日。眼前又见灞陵秋。廿年身世劳车马，一剑光芒烛斗牛。不有勋名能盖世，男儿反怕说封侯。"但世恩在陇时间不算很长，他是这个家族三代男姓成员中唯一坚持科举应试者，所以常往返于京师与兰州酒泉之间。他在试场屡遭蹉跌，怡棠公南归后，他因已双祧楠、桐两位叔父，遂回太原侍奉双亲。时楠已死，应归桐家，桐以候补知县在太原谋职，仕途似不得意，家庭生计亦颇艰窘。世恩归晋后曾有《辛卯除夕感怀》一诗，自注："时年三十一岁，落第后作。"诗云："已过员俶上书年，文阵犹难敌五千。贫耻媚人甘俗谤，傲能得友悟前缘。举戈意气思挥日，咒柱功名不问天。自笑儒生家食久，中霄偏梦勒燕然。"辛卯是1891年，生父怡棠公南归不过两年即以公务出差病逝于天津，并由已在安徽任地方官的维藩迎葬于杭州。但世恩依然梦萦塞外勒马啸西风的豪迈往昔，那是多少血性男儿终身难忘的征战情结啊！

不过两年以后（光绪癸巳），世恩"应顺天试，中副车"。他原本是淡漠视之，但因其后家益贫，"遂以州牧赴豫浮沉下僚"。幸好又得到热河都督锡良的赏识，檄调督治垦务，成绩卓著，想必与随怡棠公在酒泉、哈密屯垦积累经验有关。锡良移督四川，檄调世恩偕行，并派往欧美购买兵工机器。"事毕，偏游英、法、美、日本、比利时诸国，归至上海复购铸钱币各机器。凡经历七万里，为行四百八十余日，司出纳为银二百七十余万，无毫发私。"（《章叔振家传》）回蜀后，"即以考察各国政怡所得者汇册进呈，并条具立宪事宜。锡心重之，而不敢以上闻，仅客荐君才堪大用"。因此郁郁不欢，加以官场人际关系复杂，光绪三十二年以血管破裂暴卒，年仅46岁。

从甘肃最先往新疆发展的应是维藩公，他是在光绪二年（1876年）投效西征大营，时年17岁。《赣岑府君行略》称："弱冠从明公镜泉（春）于新疆，时天山南北路尚未肃清，回汉羼杂，动生龃龉，明公依府君如左右手，事无洪纤，悉以咨之。府君亦殚智竭虑，于剿抚事宜，洞烛无隐。哈密等城设屯垦，筹善后，府君综其大纲，为百年闳远之计。故左文襄公督师出关，谂府君贤，委以转运军实，往来冰天雪窖之中，飞挽储胥，士马饱腾，其坚忍勤勚，有人所不能胜者。……文襄凯旋，叙府君劳，以知州上荐，拣发安徽。"其后历任安徽怀宁、无为等地州、县官，并于甲午战争前后辞官转而投身实业，先后创办芜湖益新面粉厂与宝兴铁矿公司，成为中国近代民营企业家的先驱者。现今电视系列历史文献纪录片《百年商海》已制作他的专辑，可惜只限于面粉厂的创业史，而缺漏更为重要的当涂凹山（今马鞍山）铁矿开发。

四、追寻祖辈的足迹

去年暑假，承蒙兰州大学邀请讲学，这才实现了多年梦寐以求的追寻祖辈在大西北生活踪迹的心愿。不过，为了旅行的便捷，我们走的却是与祖辈正好相反的路线；他们是从山西到甘肃，最后到新疆；我与妻却是先到乌鲁木齐，然后再经大戈壁、嘉峪关直奔兰州。

在乌鲁木齐仅逗留两天，只能说是走马看花。但与1982年首次入疆相比，乌鲁木齐已有极大的变化，堪称是一座美丽而又整洁的现代化都市。由于行程紧迫，我们只能通过坎儿井、左公柳等遗址、古木，想象当年林则徐、左宗棠等先贤对于大西北开发的筚路蓝缕之功，却很难追寻自己祖辈在新疆生活、工作将近五年的任何遗迹。

哈密本来是怡棠公与维藩公兄弟居住较久的故地，因为此乃当年左宗棠西征军大本营的所在地，而维藩公又担负着军需物资转运与组织部队就地屯垦的重任。但由于所乘火车是半夜经过，我虽利用短暂停车时间下车，但除车站外看不见任何哈密市容，这是此行最大遗憾。

早晨抵达柳园车站后，改乘出租车到敦煌。上午参观莫高窟，由于文物极为丰富，陪同讲解者又极为热情卖力，直至下午2时始离去。回市内宾馆稍息后，驱车至鸣沙山、月牙泉。风沙虽大，但繁花与绿树相映成趣，仿佛塞外江南。月牙湖畔又有左公柳数株，均百余年以上古木，而仍郁郁葱葱，遂留影纪念。遥想当年维藩公兄弟颇爱骑马远游，也许有可能在湖畔诗文吟和……

为追随先辈足迹，从敦煌到兰州改乘出租车。9月3日晨起出发，经安西、玉门，下午2时许到达嘉峪关。登城墙，参观城楼，然后又考察仅存的烽火台。这是可以确知的先辈曾游故地，世恩公早年有《题嘉峪关城楼》诗云："跨马按吴钩，闲为出塞游。河分中外险，日照古今愁。败鼓余残垒，悲笳动戍楼。男儿须努力，几辈此封侯。"此诗未注写作时间，但可以断定是在1873年11月左宗棠军收复肃州（今酒泉）以后，因为1874年10月左宗棠奉旨督办西征粮饷转运事宜，随即将粮台移设肃州。怡棠公本来常驻兰州，具体执行筹措粮饷事务，自然会随粮台与西征军大本营一同向前推进。维藩、世恩想必也随营进驻肃州。嘉峪关位于肃州城西，相距不过 10 余里，军营少年骑马佩剑，登关一游应属轻而易举之休闲。

"河分中外险"应指过赖河，因此河正好横贯于嘉峪山（祁连山支脉）与嘉峪关之间，而嘉峪关又控扼着河西走廊南北山系拱合处的咽喉津要。"日照古今愁"则暗寓国势日颓，边疆危急之意。败鼓残垒，遥闻营中悲笳，更增添了几分凄凉。但少年诗人却不乏军营子弟的英武，"天下兴亡，匹夫有责"，西征又正好为有志之士提供建功立业的难得机遇。维藩、世恩兄弟正是胸怀壮烈地随着左军大营，由兰州推进到酒泉，终于在哈密为西征大展身手。

星转斗移，时过境迁。百余年前的败鼓残垒之地，现在已修缮成为绿树成荫、繁花似锦的旅游胜地。嘉峪关以酒钢为依托，升格为甘肃省直辖市并成为全国先进花园城市。抚今思昔，感慨良多！

强忍辘辘饥肠，在市内草草进餐后继续驱车疾行，循祁连山脉驰骋于大戈壁上。平沙千里，渺无人烟，想见先辈当年乘马骑驼跋涉于风雪征途之艰苦。夜宿张掖甘州宾馆，张掖旧称甘州，亦为祖辈西征必经之地。

9 月 4 日晨起参观鼓楼后继续前行，途经山丹、永昌、武威、古浪、天祝、永登等地，沿途均可见祁连山连绵不绝之雄姿。"莽莽祁连山，黯黯临洮水"，在怡棠父子诗文中最常见的就是对祁连与黄河的咏叹。愈进陇东，林木、庄稼愈见丰茂，而人烟亦稍稠密。晚 6 时半抵兰州，但因市区堵车，至 7 时半始到达兰州大学。

兰州是怡棠公父子居住最久之地，但却无多少遗迹可以追寻。只有贡院旧址，原考官阅卷之处（"至公堂"）尚存，门口有左宗棠所书木质长联两幅，可惜没有任何防护措施，首联末端已磨损，字迹漫漶无可辨识。不过最使我们流连忘返的却是流经兰州市区的那一段黄河，此前我一直自命为长江之子，但经过这番西北寻根之行以后，很自然地对黄河萌生了浓郁的亲情。从石庵公到怡棠公父子，我的直系祖先整整有三代人是靠黄河水养育滋润的啊！我的血管里流有西北人的血性，西北汉子憨直粗犷的基因，也遗留在我这生于江南长于江南的后代身上。因此，在兰州期间，尽管讲学、交流颇为繁忙，只要有空闲我与妻子必定前往黄河岸边，亲近黄河，观赏黄河，阅读黄河，仿佛偎依在母亲身边，享受那无边无际的温馨亲情。

寻梦无痕，但是感受却颇多。例如，左宗棠收复并开发新疆，通常只归功于湘军，有所谓"三湘子弟满天山"之说，但其实也有许多外省人参与其间，如来自河南张曜率领的嵩武军。由于左宗棠此前曾任闽浙总督，所以又延揽了一部分浙江精英协赞军务，如胡雪岩即主要帮助筹款。章氏父子三人虽无赫赫战功，但也曾为西征的物资转运与屯垦自给作出重要贡献。兰州大学友人对我此次寻根之旅极为关切，临别时叙谈兴味甚浓，遂以研究课题"浙江人与左宗棠西征"奉赠，大家都认为很有意思，并愿今后加强钻研。也许这就是此行的意外收获吧！

湖笔文化与章氏家族

一、从"瑞典王子"湖州寻根谈起——介绍有关
获溪章氏的若干宗谱

一年多以前，承王立嘉先生寄来1998年11月29日《钱江晚报》"彩色人生"版剪报，题为《瑞典王子湖州寻根记》。因为此文主人公罗伯特·章源出获溪章氏，而获溪也是我的家族源远流长的根，所以读后倍觉亲切而有兴味。现根据舍间有关获溪章氏的文献资料，略述读后心得如下，或许可供乡梓热心人士参考。

能够说明罗伯特·章身世最重要的文献应是家谱。幸好获港村沈家璠老人还保留一本章氏家谱，上面有罗伯特的祖父祖申和父亲宗启的名字，所以一查便清清楚楚。按章氏家谱有好几种，目前收藏较多的可能是日本东洋文库（在东京）。最早的是明朝章冠等重辑《会稽偁山章氏家乘》，包括正集31卷、首1卷、初集2卷、汇集6卷，崇祯七年会稽章氏刊本，清前期增补重印。与此相关的则为清朝章贻贤等重辑《会稽偁山章氏家乘》6卷，首1卷，光绪二十二年会稽偁山章氏世德堂木活字印本。清朝章贻贤辑《章氏会谱德庆编》，有2编4卷、3编16卷、4编10卷，民国初年会稽偁

山章氏排印本。清朝章广朝、章怀福等重辑《会稽傅家墺章氏宗谱》6卷，包括章氏宗谱与章氏家乘，光绪二十二年会稽傅家墺章氏永锡木活字印本。这4种乃是荻溪章氏的源，因为他们正是从会稽迁来，是会稽章氏的流（支脉）。另外三种则与荻溪章氏直接相关。最早的是清朝章绳曾、章福基等重辑《章氏家传族谱》（不分卷），即《章氏荻溪支谱》，道光后期湖州归安荻溪章氏抄本。然后是清朝章文熊、章乃吉等辑《湖州荻溪章氏三修家乘》14卷，即《荻溪章氏家乘》，光绪十八年（1892年）至二十三年（1897年）《湖州归安荻溪章氏》刊本。到民国年间，族人重修家谱，于是又有章奎、章祖佑等四辑《吴兴荻溪章氏四修家乘》15卷，民国十三年吴兴荻溪章氏于上海大中华印刷局排印本，线装8册，这是目前所见荻溪章氏家乘中较为完备的一种。

据日本历史学家山根幸夫了解，以上7种章氏家谱都是1940年从北京购买的，现在中国反而罕见。但是，我大哥开平保存的一本《吴兴荻溪章氏家乘补编》（铅印线装一册），东洋文库却未曾收藏。四修家乘补编叙言云："我章氏族谱佑庵公创其端，崐圃公继其绪，至芸伯公始修订成书。兹事体大，成功盖若是其难也。阅三十年，觉庐老人重修之，以旧藏宗佑木版剥蚀不堪复用，易为聚珍，参以石印，岁一周而成，是为四修家乘。四修迄今，忽忽又二十年矣。癸未孟夏，仲和驰书，力主谱牒续修事，伯初复邮致续修条议。余乃亟与爱存、伯初、仲和商定办法，先采访，次编纂，次刊印。由伯初总其成，而以季和（乃佐）（季和月前病故，竟未及见本编出版）、商贤、辛铭佐之。京沪荻诸族人出力，荣初、朗西、述均、仲和出赀，未及七八月而功竟成，讵非创者难而因者易乎！惟丁此百物腾踊之秋，工料之贵方诸曩日修谱时，高出数十倍以上，整部重印，力固不逮。且旧谱之毋庸更动者什之八九，全印不免叠床架屋，徒靡巨金，甚无谓也。李申耆先生云夹山熙河王氏修谱，析全谱为前后编，前编一成不易，而以后编为易日续修之地，可为修谱者法。爱参用其例，将应修者刊订一册，附诸四修家乘后，以备他日五修时取资焉。民国三十三年一月一日乃炜记。"叙续修始末甚详。

乃炜为荻溪章氏第13世，可能为当时辈分最高者，亦有可能为族长或章氏宗祠的主要负责人。同治甲戌（1874年）年生，清附贡，南洋公学师范生，员外郎衔农商部矿政司主事，历充商务官报局总编辑，故宫博物馆文献馆科长，著有《清宫述闻》六卷，又补编六卷。叙中提到的仲和就是民国初年曾任司法总长、驻日公使且为"二十一条"挨打的章宗祥。伯初是他的胞兄宗元，民初曾任财政部次长、唐山工业专门学校校长等职。宗元是四修家乘补编的总纂，宗祥则为对此事最为热心且捐助最多者，前后共计捐中储券 11 750 元。其次则为荣初（增骅），共捐中储券 6 750 元；我祖父朗西（兆奎）、叔祖述均（兆彬），也合共捐助中储券 6 750 元。当时兆奎、兆彬都避难住在上海法租界，宗元兄弟与荣初亦有可能在上海，所以与荻溪联络比较方便，共同资助家乘续编的刊印。

罗伯特的祖父祖申，续编谱牒有简要介绍："字莅生，号无可。母周氏。光绪丙子（1876 年）正月初八日生。廪生，光绪壬寅（1902 年）补行庚子、辛丑恩正并科举人，甲辰（1904 年）进士，翰林院编修。出使俄国二等参赞官，荷兰一等参赞官，驻比代办公使。民国外交部参事，署次长。驻瑞典、挪威特命全权公使，二等大绶嘉禾章，三等文虎章，二等宝光嘉禾章。民国十四年五月十六日即乙丑四月二十四日卒，火葬北京阜成门居士塔。"祖申为荻溪章氏第 15 世，与兆奎兄弟同辈。他的妻子姓钱，另有侧室邓氏。一子一女，女名复宝，已许配沈家未嫁而卒；子宗琦，是第 16 世，与宗元兄弟及我父学海同辈。谱牒对他的记载，只有"母□氏，民国八年十月十八日生"寥寥 10 余字，可能因为祖申已死多年，宗琦一直侨居在欧洲，加以战乱频仍，遂与族人音讯隔绝。宗琦应是邓氏所生，因钱氏在民国六年即已病故。

祖申兄弟二人，弟弟祖纯谱牒亦有记载："字子山号钝盦，母周氏，光绪癸未（1883 年）三月初六日生。庠生。美国加利福尼大学农学士。民国农林部佥事，农商部技正，历充统计科科长，农林司第四科科长，中央农事试验场场长，棉业试验场场长等职，兼任北京大学、农业大学等教员。三等嘉禾章。民国十六年任农工部技监，十七年后历任浙江省建设所技正、科长、秘书，浙江省蚕丝统制委员会委员兼秘书，中央实业部专门委员，经济部专门委员等职。"他是曾经留学美国的资深科技人员，与海外联络较多，所以在祖申病故后曾写信给宗琦寄养的家庭，建议让这个 7 岁儿童回归故土。祖纯有 5 子 1 女，前面 3 个儿子宗瑛、宗璜、宗瑗都早殇，只有宗社、宗炎存活下来，女儿宗琇嫁给沈氏，不知是否就是其复宝曾许配的那一家。据谱牒简略记载，宗社生于 1921 年，宗炎生于 1932 年。他们是罗伯特血缘最近的父系亲人，而且有可能仍然健在，但愿他们能有机会与这个 50 多年素未谋面的海外骨肉团圆。

在《补编》的末尾还附有祖纯撰写的《莑生公行略》，除叙述祖申简要经历外，尤注意说明其个性与品格。文云："民国肇建，甲辰同登第者多跻显要，往往植党以自重，汤化龙、王揖唐诸人，尤为众所趋附。及先兄归，争致之，悉谢却，独就外交部参事。退食余间，读书自娱，屏绝酬酢，寂处寡俦。滞部六年，始出任公使。他人之任参事者，不过藉为进身之阶，不久迁擢。而先兄不忮不求，坦然任运，盖亦天性使然也。先兄使瑞典时，距丁母艰未期年，先是庶母周、先嫂钱，及祖纯长子宗瑛，皆已相继殂化。比履任数月，长女复宝又病瘵殁于京师。自此颓丧不振，旋病归国。归则病益甚，而礼佛益虔。病革时语祖纯曰：'吾自三十通籍，作官十六年，清廉奉公，幸免殒越。顾吾分应尔，弟毋搜我政绩以示人。今大梦已醒，还我明镜，生前尘埃，幸知拂拭，何可执着过去，重自缠缚？速持佛号，助我往生。'祖纯谨受教，于是家人绕床合颂。须臾其师广济寺现明方丈至，付嘱数语，先兄口已不能言，领首而已。自町芒至日午，呼吸仅属（续），而神色镇定，虔听佛号而逝。从先兄志，丧葬不讣告，不受吊，今且不敢述其政绩。遗著有《箫心剑气楼诗文集》如（若）干卷。遗孤宗琦才七岁，滞欧洲未归，鞠育成人，以绍其先，后死者之责也。"罗伯特远渡重洋回乡寻根，可以说是实现祖纯未了的心愿。据《寻根记》称，罗伯特曾去下昂斜鱼潒祖坟深情祭扫。我不清楚下昂斜鱼潒的具体位置，但这确实是有可靠文献根据的。四修本《家乘》卷十三"事略四"补遗，收有祖申兄弟为其父恩陛撰写的《山稼府君行略》，内称恩陛病故于光绪壬辰（1892 年），享年四十有六。恩陛长期在上海城北新闸巡防局任巡官，所以死后暂厝于沪郊，"越二十余年祔葬于荻港斜鱼潒先茔。"恩陛是罗伯特的曾祖父，为荻溪章氏第十四世。恩陛往上追溯到第十世，有念祖（聿斋）、光祖（霁岚）兄弟，四修本家乘对他们的墓地有简略记载，念祖墓在归安 176 庄沈塔村，光祖墓在德清西门外一区平阳岭，似乎都与斜鱼潒不在一处。据我初步考订，斜鱼潒先茔的购置可能在第十一世见龙（竹友，恩陛之曾祖）另行创立鸿仪堂之后。鸿仪堂在荻港人丁兴旺，为荻溪章氏较大的分支，另行设置本堂公用墓地是很自然的事情。①

不过祖申的骸骨却决不会归葬斜鱼潒，因为他是虔诚的佛教徒，业已屏弃世俗家族观念。四修本《家乘》补编收有无锡侯士绾撰《无可居士塔铭》，内称祖申（无可）自使欧病归，即"奉北京广济寺住持现明和尚为本师，受优婆塞戒，易名悟念，屏绝外缘，专修净土。"所以他临终要求家人齐诵佛号以助往生，并且是"面西而逝"。祖纯刚"遵遗命为受沙弥冥戒，行荼毗礼，丧葬不赴告，不受吊，建塔广济寺，塔院在阜城门外五里许白堆子。"这些年北京地区变化太大，塔院不知尚存与否？罗伯特如有兴趣，不妨前往探寻，或许又将有新的发现。

二、《荻溪章氏家乘》四修本及其补编

日本东洋文库收藏会稽、荻溪章氏家乘为数最多，但《荻溪章氏家乘》四修本之补编则尚缺。补编原意为五修，只因工料昂贵，无力全部重印，只有改为单出补编，以续四修本之后，并"以备他日五修时取资焉。"补编刊印于1944年，其时日本侵略者在第二次世界大战中已呈败象，所以也顾不上继续收罗新出章氏家乘了。

就目前所知情况，荻溪章氏家乘最早纂辑者，应为章绳曾、章福基等重辑《章氏家传族谱》（不分卷），即《章氏荻溪支谱》，道光后期湖州归安荻溪章氏抄本，东洋文库收藏至今者可能已是孤本。所谓重辑，应是清前期增补重印的《会稽俍山章氏家乘》为底本，其所以称为《荻溪支谱》者亦因此故。绳曾为荻溪章氏第十世，《家乘》四修本卷六谱牒二记云："字辅，号珊渔，又号墨林。母郑氏。乾隆乙酉（1765年）三月十二日生。廪贡，候选训导。咸丰辛亥（1851年）正月十六日寿终，年八十有七，葬长趋山。"福基为第十一世，四修本卷六谱牒三记云："字养泉，号平田。母韩氏。乾隆乙酉（1765年）四月十一日生。太学生。道光壬午

---

① 《家乘》四修本卷六谱牒三记云："见龙字映初，号竹友。母闵氏，乾隆己卯（1759年）十月二十二日生。附贡。嘉庆乙丑（1805年）九月十七日卒，葬下昂斜鱼潒口。"

（1822 年）七月二十六日卒，葬堂六堡。"他们在道光初年编成这本支谱，乃是《荻溪章氏家乘》的发端。

从会稽最先迁来荻溪的章氏一世祖乃是章家独户，而且连名字都未能流传下来，可见是普普通通的老百姓。二世祖在宗祠的牌位上仍缺名字，大概也没有什么文化。三世名纲（又名允发，字维明），四世祖名世德（字棣桥，号西翘），五世祖名良荣（字思乔，号斯巢），总算都有了名字。但五世之前多为一线单传，人丁长期萧条。到五世良荣才有三个儿子（嘉猷、嘉祉、嘉闻），于是六世分为三支。嘉猷读书小有所成，四修本《家乘》卷六谱牒一记云："字宸献，又号霞梓。母陈氏。崇祯丁丑（1637年）六月初六日生。太学生，康熙庚寅（1710 年）举乡饮介宾。康熙辛卯（1711 年）五月初八日寿终，葬钞田村。"据云郡志县志均曾列传，可以看作是荻溪章氏迁居百余年才出现的第一个稍稍知名的知识分子。嘉猷有子二女三，嘉祉有子一女一，嘉闻有子二女一，合共有十个子女，加上父母和每人的妻子，便是十五人的大家庭了。所以七世在谱牒上留名的男丁增至五人，八世更增至十二人。这两代人读书做官者渐多，其中较为显达者是八世的有大。谱牒一以较多篇幅记云："原名允明，字容谷，号祐庵，又号临门。母沈氏。康熙戊寅（1698 年）九月十一日生。庠生，雍正己酉（1729 年）科中式举人。庚戌（1730 年）科中式进士，殿试二甲，朝考二等，赐进士出身，福建即用知县，升用主事。历官工部都水司、虞衡司主事，记名御史，营膳司员外部，都水司郎中，山东道御史兼贵州道御史，礼科给事中加一级。历充雍正乙卯福建乡试正考官，乾隆丙辰会试同考官，广东乡试副考官，丁巳会试同考官，甲子四川乡试副考官，庚午顺天乡试监试，两窑监督，督理五城街道事务，稽查旧太仓事务，纂修《大清会典》工部则例。诰授朝议大夫。乾隆己丑（1769 年）四月十八日寿终，葬逸村埠长嶍山。郡志县志列传。著有《息匀诗文集》、《列郡志》，艺文略入《两浙辅轩录》。"《瑞典王子湖州寻根记》说："市侨办得知菱湖荻港章家是望族，曾出过不少显赫的子孙。"所谓望族云云，大概只能从八世开始。

据《家乘》谱牒一记载，九世男丁增至三十一人，十世增至七十二人。可能就是由于人丁的繁衍，遂产生编辑荻溪章氏家乘之想。不过当时聚族而居，总共人口不过四五百人，编辑家乘大概并非甚难。《荻溪章氏家乘》四修本序一为嘉庆丁卯（1807年）体仁阁大学士朱珪所作，内称："湖州章氏自明季由会稽道墟里播迁于归安县之荻港村，屡经兵燹，家渐式微。传至五世，讳思德，三龄失怙，赖母丁氏鞠之。琐尾流离，仅存一线，以至记籍荡然，世次莫考。至六世赠朝议公讳嘉猷，敦孝友，尚德义，乡里之誉籍籍播在人口，而家道亦渐昌焉。其孙给谏讳大有，始以进士官于朝。长君讳宝传，亦以进士官给谏。自是簪缨相继，里中推为望族，而食指亦繁，自始迁祖以下，现计以数百人矣。有孝廉名耀曾者，赠朝议公之裔孙也，品学端粹，拳拳以尊祖敬宗为心，去年偕其族人编辑宗谱。其家本有给谏公手定草谱，成于康熙乙巳（1665年），叙次详明，规模美备。孝廉复为之搜访参核，裒集成书，将以锓板，传之永久……考廉嫡弟名汝金，为余门下士，成乙丑进士，入词馆。今年六月，携其家乘求序于余，"因为之序。

这篇序言不长，但是却让我产生了几个问题：

一是东洋文库所藏《章氏家传族谱》（《章氏荻溪支谱》），并非最早的荻溪章氏家乘，最早的应是（康熙乙巳）1665年"给谏公"手定的草谱，其后是嘉庆丙寅耀曾偕族人所编且已正式成书的家乘。但是我们现在只能看到朱珪替它写的序，却无从发现原书。因为耀曾虽然想"将以锓板，传之永久"，却似乎并未刊印。光绪辛卯（1891年）工部尚书祁世长为《三修家乘》所写序也说："自康熙乙巳、嘉庆丁卯两修，而后久未锓板。"不过丁卯本确实流传下来，因为它是四修本的依据。至于如何流传，唯一的办法就是手抄，因为当时族人不多，家乘分量单薄，抄起来似乎并非甚难。现在需要考虑的是，东洋文库所藏道光后期手抄本家乘，与耀曾所编家乘未刊本究竟是一种还是两种？这还有待作进一步对照考订。

二是耀曾与绳曾同为十世，耀曾生于乾隆己卯（1759年），绳曾生于乾隆乙酉（1765年，福基同年生），相差不过六岁。编谱时族人甚少，且又聚居一村，何须分头编两种族谱？也有可能是绳曾等对耀曾所编谱稿不大满意，或是事后又有所增补，道光后期抄本或系其后裔传抄于耀曾（带碧堂）、福基（墨耕堂）等支脉。不过，这毕竟不影响耀曾所编家乘的正统地位，因为三修本已经明确交待系以此稿为重修底本。

三是朱珪的序存在一处纰漏，他说："给谏公手定草谱，成于康熙乙巳（1665 年）"，却未说明是哪位"给谏公"。因第七世"朝议公"廷宏长子有大（八世）曾任山东道御史兼贵州道御史，是荻溪章氏第一位"给谏公"；其长子宝传（九世）亦曾任福州道御史，是荻溪章氏第二位"给谏公"。宝传生于康熙丁酉（1717 年），草谱肯定不是他"手订"的。而有大也不可能手订草谱，因为他生于康熙戊寅年（1698 年），比手订草谱之时也晚了 3 年。因此，手订草谱的便不会是"给谏公"，而可能是第一位给谏公的父亲"朝议公"廷宏，但他生于康熙丙辰年（1676 年），也比草谱手订之时晚了 11 年。那么只有再往上推到六世嘉猷，他出生于明崇祯丁丑年（1637 年），手订草谱之时他已将近而立之年，而且又是文化程度较高的太学生。如果我的推断能够成立，朱珪序文中所说的"给谏公"便应该改为"朝议公"，因为嘉猷与廷宏都是因为以子孙有大官而得朝议大夫的恩封。不过那时荻溪章氏人丁甚少，一至六世连妻室子女加在一起也不过 30 多人，这样的草谱手订起来也不过薄薄一本，但可惜我们已无从目睹其真容了。

不过，四修本以丁卯本作为底本却是毫无疑义，因为祁世长为四修本所作序已说得很清楚。四修本的总纂是十二世文熊。谱牒六记云："字寅伯，号芸伯。母沈氏。道光丁亥（1827 年）九月十四日生。廪生。丁丑岁贡，候选训导，敕授修职郎。光绪甲辰（1904 年）十二月十九日寿终。著有《恰受航文稿》二十四卷，《经说》十六卷，《丛钞》四十二卷，《诗集》二卷，《杂识》二十卷，《家谱》十四卷。以子震福官诰赠朝议大夫。葬葡萄港东北东大章路。"祁世长称之为"其族之有道能文者"，殆非溢善之言。文熊等所辑家乘堪称完备，光绪十八年（1892 年）开雕，二十三年（1897 年）告成，称为《湖州荻溪三修家乘》。内有祠宇二卷、遗像一卷、土贡墓二卷、祭产二卷、世系三卷、谱牒十卷、文集六卷，总二十六卷，约之为十四卷。助谱捐助者为：源远公堂二百千文，介宾公堂陆十千文，桐岚公堂一百二十千文，月葭公堂一百二十千文，杨庐公堂六十千文，乃缙十五元，镜清十五元，鸿森三十元，维藩一百元，缜二十元。维藩是我曾祖，是个人捐助最多者，因为他当时已弃官下海，在安徽芜湖创办益新面粉公司且赢利颇丰也。

东洋文库所藏四修家乘为民国十三年重印者，对光绪刻本增补较多，但凡例完全沿袭其旧。其后有十二世奎（曾桐）所作序，文云："清光绪间续修家乘，迄今垂三十年，岁月递迁，子孙蕃衍。族兄咸文、彬堂、侄震福曾有增修之议，未果而先后物故。奎以频年作客，未遑从事此举。癸亥（1923年）春，族侄辈乃焜、增森、洪钧、祖佑、祖申、兆奎提议续修。余闻之而喜，惟以各支之侨寓远处者实繁有徒，遂由祖佑担任总调查之职，而以承恩、鸿恩、增霖、鸿钧、祖慰分任之。今祖佑以调查事毕，函索序言。奎以三修时自光绪壬辰以迄丁酉，六阅寒暑，始克告竣。今于一年之内即观厥成。曩时虽系创始锓版，一切规模几费斟酌，事之繁简固属悬殊。而今之调查采访，散焉而使之聚，非有人专理之事，何能提纲絜领，举重若轻，是祖佑之有功于谱事，拟诸堂兄文熊、族侄乃吉，无多让焉。而付印校勘之事，仍由祖佑董承之，乃梅、宗元襄任之。哀然成帙，以垂弈禩。题曰四修家乘，盖继三修而言也。后之人一再续修，循绪而增，当亦如岁月之无穷期焉。"文中所云祖申，即所谓"瑞典王子"罗伯特的祖父，兆奎则是我的祖父（维藩长子），他们都是积极倡议续修者，宗元是祖佑之长子，宗祥之兄，属十六世晚辈，所以只能任襄助付印校勘之事。

此次重印，改用聚珍版参以石印，且篇幅更为扩充，所以花费亦甚大。上海大中华印书局承印一百六十部，童氏付给一千四百〇五元七角。这笔钱也是由族人共同集资，除源远、介宾、桐岚、月葭四个公堂提银五百八十元外，个人捐助较多者，祖佑带头捐三百元（估计大部由宗元兄弟承担），祖申、祖纯弟捐一百元，兆奎、兆彬兄弟捐二百元，其他洪钧、祖僖各一百元，还有鸿钊也捐五十元。鸿钊是荻溪章氏族人中第一个著名科学家，为十四世。谱牒九记云："字仪声，号演群，又号爱存。母郑氏。光绪丁丑（1877年）正月二十七日生。庠生。日本帝国大学、理科大学地质学科毕业。宣统辛亥科进士。民国工商部技正，历充农商部地质研究所所长，地质调查所股长兼会办，矿政司第四科科长，北京农科大学、北京高等师范学校、北京农业专门学校、北京女子高等师范学校教员。著有《师弟修业记》《三灵解》《石雅自鉴》《蠹余集》等。"

祖申、祖纯除热心捐助外，还为家乘提供了两篇传记。一是《山稼府君行略》，叙其父恩陛生平。恩陛字山稼，生于道光丁未（1847 年）八月十七日。其父乃宪曾官江苏常州府知事，但恩陛幼丧父母，且赢弱多病，家道遂中落。太平军攻占湖州后，辗转流徙上海，授徒自给。同治壬申（1872 年）以试用从九品保升主簿，自此在苏沪间作小吏。光绪庚寅（1890 年）春，自上海小东门城守汛，调补城北新闸巡防局巡官。新闸是时尚未辟为租界而与租界毗连，辖地数十里而居民流品甚杂，又有租界可为逋逃薮，是以积劳成疾。光绪壬辰（1892 年）病故于上海，二十余年后始归葬故土。另一篇是《周太淑人行略》，简述其母生平。周氏京兆宛平人，也是由于咸同之际战乱随寡母流徙到扬州，同治庚午（1870 年）嫁给恩陛，可以说是境遇相似的患难夫妻。壬申（1872 年）以后迁居上海，祖申、祖纯都是在上海生的，属于"各支之侨寓远处者"。民国初年又为祖申兄弟迎养于北京，此后祖申子宗琦侨居瑞典，祖纯长期供职京师，离湖州更为遥远，但思乡情结则萦绕终身。宗琦子罗伯特从欧洲回湖州寻根，可谓履行祖先遗愿，为荻溪章氏门风增添新的光彩。

三、随寓占籍——《荻溪章氏家乘》的传统

我国家谱大多重视门第地望，而《荻溪章氏家乘》却强调随寓占籍，不愿勉强攀引往古那些辉煌的世系。

清嘉庆丁酉朱珪为《荻溪章氏家乘》所作序，一开始就说："章氏之先，本出姜姓，为神农氏之裔。齐太公支孙，受封于鄅，厥后去邑为章，遂称章氏。自秦汉迄于后唐，人才迭出。浦城人讳仔钧，撰战攻守三策，御敌有功，官至太傅。其夫人练氏贤而多识有恩，曾全活建州一地民命，遗爱在人，难可殚述。生一十五子，六十八孙，先后显达，皆列于朝，文武各称厥职。由是子孙蕃衍，布于东西，宦游四方，随地占籍。至宋中兴时，章氏分七十有二派，本固而枝茂，源深而流长，推其谱牒，皆太傅公之苗裔也。"这都是套用《会稽偶山章氏家乘》的现成文字，其原始根据已无从查考。

说是神农氏后裔，南方汉人各氏族大多以为如此，无非是把神农氏作为一种远祖的象征，正如黄河流域的汉人大多把黄帝认同为自己的老祖宗一样。至于姜子牙与以后的章氏有无血统关系，这应该是很难加以稽考

者。不过这种说法对后世姓章的人家影响甚深，我小时候就听老辈说过章姜同源，因此世世代代都不能通婚；还有什么我们的祖上是从山西逃难出来的，洪洞县的老槐树就是历史见证；还有什么家庭离散时，母亲把每个孩子的右脚小指头都咬一口作为印记，因此后世章氏族右脚小指甲的右上侧都多一小块硬肉……至于章仔钧其人，则从未听说过，可能因为他毕竟没有姜子牙伟大。再则他和太太生下十五个儿子，还有六十八个孙子，很像苏联的母亲英雄，与荻溪章氏最初四世的一线相传相距太远。

光绪辛卯祁世长序亦云："章氏系出齐太公支孙，至五代之始，泉州人有讳仔钧者，官太傅，其夫人有全城功，子孙多为显官。降至炎宋，有讳得象者，为仔钧之后，生时母梦庭横象笏，因以得象名之。官翰林学士，承旨同中书门下平章事，封郇国公，谥文简。子孙蕃衍，或迁皖之铜陵，或迁浙之宁绍，皆随寓占籍。"与朱序相比，祁序多提出一个宋代的得象，大概亦属仔钧后裔的七十二派之一支，而且明确指出是章氏"迁浙之宁绍"的先人。但《荻溪章氏家乘》对这些古老的世系似乎都不大在意，因为确实很难一一考订精详。他们颇有一点实证精神，最重视的是真凭实据。他们追溯既往，只能说是从会稽道墟村迁来荻岗（港），再不愿作任何攀扯，因为连迁荻港的一世、二世连名字都失传了。一世、二世大约都是一线单传，三世、四世是否有兄弟姐妹也说不清楚，所以在家乘谱系出现的仍然是一线单传，这说明他们确实恪守实事求是的原则。《荻溪章氏家乘》从三修开始，其凡例第一条就是："欧阳氏、苏氏诸谱，皆远溯本源，吾族先世无考。今仿法氏谱例，谨以迁荻始祖为第一世。"祁序把"以迁居之祖为荻鼻祖，远代世系，慎而阙之，不妄引他族"，作为这部家乘"三善"之第一善，就是说谱传的价值首在真实可靠。祁序还夸奖"章氏自明季迁荻及今十有余世，三百年来，科第接踵，绵绵延延，蝉联无间，虽乏骇人闻誉与震世功名，而登仕籍者克守清白家声，居家者亦洵洵有士君子之行。"这大概就是章氏老辈常挂在口中的所谓"清清白白做人，老老实实做事"之意，尽管并非人人都能说到做到。

"随地占籍"或"随寓占籍"，体现了一种移民文化。浙江地少人多，各地人口增长到一定程度，必然会向外寻求生存和发展的空间，所以并非那么安土重迁，而有冒险犯难开拓进取的精神。荻港以水域宽阔芦苇丛生得名，可以想见四百多年间必定颇多荒芜之地，所以有一章姓人家从人口稠密的绍兴迁居到此。这一世、二世两位章先生大概都是没有文化的农民或渔民，否则决不会连自己的名字和生卒年月都没有留下来。三世、四世的文化程度也不会有多大提高，他们虽然留下了名字，但生卒年月也无从查考。我想他们属于移民先驱（Pioneer）那种类型，披荆斩棘，开疆辟土，筚路蓝缕，胼手胝足，为后世章氏家庭的繁衍奠定了最初的基础。

关于荻溪章氏初期生活情况，最早略有记述的文献应是七世廷宏与八世勋合写的《霞桴公行述》。霞桴公即六世嘉猷，生于明崇祯丁丑（1637年）六月初六日，卒于康熙辛卯（1711年）五月初八日，享年七十五岁。他的一生正好经历了明末清初的由大乱而大治，并且在晚年还被地方官员荐举，享受了"乡饮介宾"的荣誉。《行述》说："府君曾祖讳纲（三世），祖讳世德（四世），父讳良荣，俱隐居不仕。"所谓隐居不仕乃是后代对先人社会地位的含糊描述，不一定是可仕而不仕，更有可能是以耕渔为生。纲的父亲早死，连名字都没有留下来，母亲丁氏"毁容截发，以立孤自誓，"可见乱世乡民（特别是孤儿寡母）的艰难困苦。嘉猷少年时代，"会当明怀宗之季，四海兵乱，而曾王父家（世德）故贫窭"。嘉猷虽聪颖好学，但为家计所迫，十四岁就"奔走四方"经商，幸好赢利尚丰，家庭经济状况才有明显改善。世德晚年"藉是优游田园，间或以余赀结方外缘"，可见至少已是小康人家。其后随着康熙盛世的到来，章氏家庭经济渐趋富裕。《湖州府志·孝义传》记云："章嘉猷，字退乎，归安人，太学生。少时父为盗掠，嘉猷伏林莽，伺盗醉，亟负父宵行四十里，得脱。所居荻冈，泥涂蒿径，嘉猷捐金甃石，悉成坦途。康熙戊子（1708年），岁大饥，诸乡设粥厂。嘉猷独计路之远近，口之大小，给以米，民得实惠，当事咸取法焉。"据此可以看出，嘉猷不仅为章氏此后的繁衍发达奠定了最初的经济基础，而且对荻溪的经济繁荣、社会稳定与风气改善，也做过某些贡献。

荻溪章氏的"随寓占籍"似乎有两重性，既有落地生根的移民精神，又有落叶归根的乡土情结。《美国精神》一书的作者康马杰，把移民精神比喻为："决不会把自己的帆船驶入安静的港湾，那是因为他能够领略在狂风巨浪中驾驶一叶扁舟的乐趣。"或许可以说，正是这种移民精神，给北美的辽阔荒野灌输了蓬勃的生机与活力。我觉得，荻溪章氏族人很多也具有这种可贵的移民精神，他们不屑于单纯从先辈的辉煌中寻求精神慰藉，更不愿株守在祖宗遗留的有限基业上为生存而挣扎，他们宁可走出家乡，走向未来，在荒芜的土地上开创新的基业。清朝中叶以后，不仅是由于人口的过于密集，而且还因为吴兴地区这片狭隘的空间，已经容纳不了移民精神的猛烈涌动，荻溪章氏于是又出现一拨往外地寻求发展的热潮，或经商、或游幕、或投军、或远仕、或留学。正如《中国商业史》的作者王孝通早曾指出："浙人性机警，有胆识，具敏活之手腕，特别之眼光。"他们在海内外的创业竞争中具有一定的优势，不少人都取得比较显著的成就。及至清末民初留学潮兴起，荻溪章氏在海外留下足迹者亦渐增多。如十三世晋循即曾奉学部命赴日本考察实业教育。十四世世恩曾奉派美国圣鲁易赛会专员暨考察欧美各国军政；鸿创毕业于日本帝国大学理科大学地质学科；鸿宾曾任驻日本公使馆主事，调升驻菲律宾馆随习领事等职；鸿春毕业于日本陆军士官学校骑兵科，曾任驻日大使馆武官；鸿业毕业于法国巴黎大学政法系并获法学博士学位。十五世祖申曾出使俄、荷、比、瑞、挪等国；祖慰毕业于日本明治大学商科；祖纯毕业于美国加州大学农学系；经芳美国哈佛大学硕士，曾任留美学生监督；祖琪毕业于日本陆军士官学校；祖涵曾在日本农林省园艺试验场研究。十六世宗元美国加州大学理学士，曾任驻外财政员；宗祥毕业于日本帝国大学法科，曾任驻日全权公使，特派瑞士通商订约专使，并著有《日本游学须知》《东京之三年》《欧游琐记》等书；宗琦自幼在瑞典受教育并定居，尸骨亦葬于瑞典；十七世德慎香港大学电机工程学士，曾在英国工厂实习……①值得提出的是章氏家族女性成员中出国者亦渐多，如十六世宗祥的六个女儿都受过很好高等教育，长女德馨上海圣约翰大学医学博士，德珊金陵女子大学文学士、美国密歇根大学文学硕士，德温沪江大学文学士，德和适美国爱

---

① 因《荻溪章氏家乘补编》刊印于1944年，十七世大都未成年，且更多未出生者。按宗留族大排行，我大哥居第二，我居第七（时年17岁），所以除十七世龙头老大德慎（宗元子，时年30岁）有学、经历介绍外，其他大多在谱牒上只有名字和出生年月。实际上这一代人先后出国者更多，惜无法统计。

欧瓦大学硕士李炳鲁。十七世德慎的妻子李名玉，光华大学文学士并曾在英国留学。

获溪章氏自清末以来，受新式教育、高等教育者甚多，因此在向外发展时具有明显的优势，并且能够在浙江以外的南北各地，特别是在许多大城市落地生根，形成一个又一个新的支脉。但是他们无论离乡多少年，繁衍多少代，始终保持着吴兴的籍贯，牢记着获溪这个根。作为章氏十七世的罗伯特，虽然母亲是瑞典人，又出生在瑞典并成为一个瑞典亲王的继子，却能不远万里远渡重洋到湖州来寻根，实现了祖辈的遗愿，这正是落叶归根心理的潜在传承。

我家属清芬堂一支，十一世岳佑以前大多生活并安葬于故土。十二世节文（1798—1873 年）长期游幕在外，其子棣、楠、桐所撰《石庵府君行述》说他："历赞两江、东河幕府，专司笺奏，名动一时。尤为陶文毅公、林文忠公所推重，胪陈盐政、河工、夷务各折，半出府君手，俱合机宜。以河工议叙，选河南按察司司狱。未数年迁滑县县丞，授固始令。为政以爱民清讼为首务，凡赴诉者，无不立予剖断，案无留牍。而嫉恶如仇，不畏强御。有巨室戚友横暴，人发其事，廉得实，贿属关顾，府君弗许，立下诸狱。由是巨室衔怨，以他事中府君，落职。时林文忠公（则徐）督办粤西军务，闻公被议，叹曰：刚正如章某，使得尽其所长，政绩必可观焉。"节文大约是在道光十一年（1831 年）至道光十七年林则徐先后任东河、两江总督时入其幕府，宾主关系堪称融洽。去年肖致治教授在重新编辑《林则徐集》时，无意中在林之日记中发现有两则与节文有关记述。一是道光十七年（1837 年）二月十九日，林则徐由北京南下赴湖广总督任，路过郑州时记云："住西关外行馆。罗丞、蔡令皆随到此，赖通判（安）、章实庵（节文）亦来见。……留实庵共饭。"长途跋涉，刚到住宿处就单独留节文共饭。还有一则是道光十八年（1838 年）十月二十三日，林则徐奉诏晋京，两次路过郑州，又是"馆于西门外"，日记中又提到"章（节文）、满副将俱来见。"当时节文大概仍在河南按察司任职，所以林则徐每过郑州他都赶来谒见。过去我家曾保存林则徐书赠给节文的一副对联和一张条幅，都写得很有情意，可惜"文革"时毁于火，连词句也都忘记了。

当年林则徐正是在节文最困厄的时候援之以手，在军书旁午之际，"因专弁赍书慰藉，并邀赴粤，仍司奏牍。府君感知遇之深，应召前往。遂奏请开复原官，洊升直牧，并专折特荐堪升道府，请旨擢用。未几，文忠薨，府君乃以直牧筮仕山右，历署隰、绛、平、定等州，皆有政声。同治己巳，补代州直隶州"。他最后就是由于冒雪清查"游勇滋事"，病死在代州任内，葬于山西阳曲县沙河村。节文有三子。长子棣少时侍父于河南任所，正逢上"光固土匪不靖"，棣居然"督壮丁立擒其渠"，因此得到河南巡抚陆应縠的器重，"委带练勇驻归德等处"，战功颇著。以后又随山东巡抚张曜（字朗斋）出征关陇，并奉命留守酒泉总理新疆后路粮台。遂以军功累保知州、同知、知府、江苏尽先题奏道。及至光绪八年（1882年）左宗棠总督两江（从陕甘转任），"首先奏调奉旨发往江南差遣委用"，此前在甘肃工作近十二年。棣在南京奉旨"会同司道清理庶狱"，事竣又奉派总办海运事宜。终以积劳成疾，于光绪癸未（1883年）死在津沽出差途中，三年以后始归葬于钱塘章家园（今杭州第二制药厂后山），这是我家在杭州另辟的墓地。但是他的两个弟弟楠与桐，却生于山西，长于山西，工作于山西，永远安息在山西的土地上。楠曾任五品衔盐运司经历署山西河东西场大使，葬阳曲县沙河村，与父亲永远相伴。桐以直隶州用山西知县，葬太原东门外剪子湾沙河村，可能亦与父兄之墓为邻。

楠有二子六女。长子启瑞曾任山西解州直隶州吏目，亦葬于太原东门外沙河村，永伴自己的祖父和父亲。次子世恩曾任四川候补道兵工厂、造币厂总办、常备军统领，并曾赴欧美各国考察军政。亦葬于太原东门外剪子湾沙河村。六个女儿中有两个出嫁在山西，一在陕西，一在甘肃，一在河北，只有一个回到南方（江苏）。桐无后，以世恩过继。但启瑞两子均夭折，遂以世恩子兆春兼祧。兆春陆军大学毕业，亦曾出国考察军事，长期在河南工作。死后以后人祭扫不便，归葬杭州章家园与伯祖相伴。妻言氏归养我家，其子学源一支则长期侨寓于河南。

棣的长子维藩是我的曾祖父，幼随其父（棣）"宦游齐鲁晋陇间，习韬钤，好驰马，弱冠从明公镜泉于新疆。"除参议军事外，负责在哈密等城安排屯垦。左宗棠督师出关，"委以转运军实，往来水天雪窖之中，飞挽储胥，士马腾饱，其坚忍勤勚，有人所不能胜者。"后经左宗棠以知州上荐，曾任安徽无为州知州，先后调权怀宁、宣城等地。甲午战后绝意仕途，才38岁就"陈情乞养"，转而投身实业，先后创办益新面粉公司（芜湖）、宝兴铁矿公司（当涂），其三子诸孙遂定居于上海、芜湖等地，基本上以上海为各自新的创业的出发点。

我家虽迁于山西三世，再迁于皖、沪亦三世，但世代谨守族训、族规，对湖州、杭州三处祖坟仍然每年祭扫未曾稍辍，直至1949年以后情况才有所变化。维藩和兆奎兄弟是荻溪章氏家乘四修本与补编的主要捐助者，保俶塔下西湖边上的上善庵以前亦是我们的家庵，系维藩逝世后其爱妾（我们称之为大老师太）创建与主持。

维藩虽然终生劳碌，但诗作亦有可读者，曾辑为《铁髯诗草》。其中有《北固山人寄赠西湖图帐簪赋此以谢》一首，诗云："一幅吴绫远寄将，龙眠妙笔胜倪黄；知余时做思乡梦，为画湖山旧草堂。相约蒹葭白露天，六桥三竺共留连；何修结得犹龙侣，杖履追随亦是仙。同官同志早悬车，更得同骑湖上驴；四世同堂同叙乐，两家佳话有谁如。我家昔住圣湖东，烽火频惊草阁空；愿构孤山三架屋，四时常作主人翁。"诗中提到四世同堂，其长曾孙开平（我大哥）生于1919年，而维藩卒于1921年，可以推知此诗当作于1920年左右。诗中乡情浓郁，但维藩孤山构屋的愿望已无法实现，只有他的骸骨葬于杭州章家园，永远与家乡的湖山相伴。

国学家的精神世界

——对章太炎与《苏报》案的再认识

历经戊戌政变、八国联军之役与自立军起义失败，章太炎终于与康、梁决裂。壬寅（1902 年）三月，他在东京举办"支那亡国 242 年纪念会"，表明反清革命决心。癸卯（1903 年）早春二月，太炎到上海爱国学社任教，并与蔡元培、章士钊等在《苏报》上鼓吹民族民主革命。《苏报》言论日趋激烈，特别是太炎先后发表《驳康有为政见书》及评介邹容《革命军》等文，直斥皇帝为"载湉小丑，未辨菽麦"，更引发一场文字狱——《苏报》案。章太炎、邹容因此入狱服刑。

从癸卯（1903 年）闰五月初六被捕，到丙午（1906 年）五月初八刑满释放，太炎被囚整整三年。作为一代国学大师，其狱中生活亦颇有可圈可点之处。南社诗人柳亚子称赞说："泣麟悲凤佯狂客，搏虎屠龙革命军。大好头颅抛不得，神州残局岂忘君。"（《癸卯冬日有怀太炎、慰丹》）

诗中"佯狂"一词颇有深意。因为太炎性格古怪，常被人讥称"章疯子"。"疯"即是"狂"，但并非狂妄和轻狂，而是性情自然流露的真率，可能有所张扬，却无丝毫虚伪，所以称之为"佯狂"，可见诗人遣词用字的功力。

狂还可以理解为"狂狷"。在孔夫子还未成为神圣的那个年代，儒本来有"狂狷"与"乡愿"之分。《论语·子路》就有此一说："不得中行而与之，必也狂狷乎！狂者进取，狷者有所不为。"太炎重视国学，并不独尊孔子，他敢于把孔子放在与其他诸子平等的地位而品评其短长。但就其品格而言则颇近于儒之"狂狷"，无论是进取还是有所不为，都显现出几分真率。

太炎自视甚高，因此自责甚严。他在狱中感叹："上天以国粹付余，自炳麟之初生，迄于今兹，三十有六岁。凤鸟不至，河不出图。……至于支那闳硕壮美之学，而遂斩其统绪。国故民纪，绝于余手，是则余之罪也。"人们可以非议太炎以国粹存亡续绝系于一身之谬误，但却不能不尊重这"泣龙悲凤"之佯狂背后的厚重历史责任感。其实，既往的真正国学大师们，有谁不是把自己的生命与国粹融为一体，并且把维护、继承、发展民族文化作为最高天职。

太炎在狱中仍不忘国学的延续，他把年轻的邹容视为接班人，经常给以关爱和指点。读经需要从识字开始，因此小学（语言、文字诸学）乃是经学的基础。邹容在狱中认真诵读540部首说解，是为进窥经学作必要准备。邹容聪明绝顶，在狱中还学习写诗，吟得一首《狱中答西狩（即太炎）》："我兄章枚叔，忧国心如焚。并世无知己，吾生苦不文。一朝沦地狱，何日扫妖氛？昨夜梦和尔，同兴国民军。"太炎大喜，和诗中有"天为老夫留后劲，吾家小弟始能诗。"并且每天都为邹容讲解经书、佛典乃至因明学，认为"学此可以解三年之忧"，不仅可以治学，而且有助修养。

但邹容毕竟年少气盛，加以不耐狱中饥寒之苦与各种凌辱，终于猝然病逝。据太炎回忆，入狱之第二年（1904年），"仲春三月，时近清明，积阴不开，天寒雨湿，鸡鸣不已，吾弟以亡。"前往视之，"目犹未瞑"。作为生死相依的兄长与老师，太炎的悲愤与失望，难以言说。

先是，《苏报》案起，报馆主事者多逃亡外地，但太炎却坦然入馆待捕并掩护他人。太炎与邹容"相延入狱，志在流血"；不仅勇于承担文责，而且期望以自身牺牲唤醒亿万国民。太炎在狱中曾绝食抗争，但七日未死。恢复进食后又多次奋勇抗击狱卒凌辱，虽屡战屡败，多受酷刑，甚至被棒击昏绝，但仍然表现出士可杀而不可辱的大丈夫气概。先贤说过：

"孔曰成仁，孟曰取义，读圣贤书，所为何事?"章太炎的"佯狂"乃是伸张正义，反抗邪恶，决非乡愿式的作秀，而是表里如一的狂狷!

太炎珍爱国粹，但决不泥古。他已经涉猎西学，吸收进步学理与思想。他不仅以新的时代精神，重新审视并整理国学，而且还试图创建新的中国通史体例，推动史学革新。他在爱国学社教中文，不仅在课堂上宣传进步思想，而且故意以"×××本纪"为题，布置学生写自传体文章，否定皇帝对"本纪"一词的垄断，公开向君主专制挑战。入狱以后，清政府指控为"立心犯上，罪无可逭"，理应处以极刑。太炎在法庭上坦然答辩："所指书中'载湉小丑'四字触犯清帝圣讳一语，我只知清帝乃满人，不知所谓圣讳。"他还以国学知识幽清方承审员一默："'小丑'两字本作'类'字或作'小孩子'解，《苏报》论说，与我无涉。"皇帝与老百姓在租界法庭打官司，太炎以一介布衣，而抗衡君主威权，这也是当时千古未曾一见的大变局，所以引起中外媒体关注，造成深远影响，有力地推动了革命思潮与革命运动的发展。多年以后，孙中山在追述辛亥革命的历程时，特别指出《苏报》案的意义："此案涉及清帝个人，为朝廷与人民聚讼之始，清朝以来所未有也。清廷虽讼胜，而章、邹不过仅得囚禁两年而已（原文如此）。于是民气为之大壮。"

宋明以后，儒学发展到极致，但从精神层面而言，道学却逐渐走下坡路。正因为道学维护皇权，皇权利用道学，便出现了许多道学家的堕落。狂狷渐少，乡愿日多，不仅是国学的衰微，而且也是国运的衰微。所以，我希望今天的国学提倡者，应该真正从精神层面着眼着手，努力继承并发扬传统文化中可贵的民族精神。千万不可把国学变成一种时尚，甚至变成商品，袭其皮毛，弃其精华，无异买椟还珠。

温故知新

——《教育哲学》读后

这些年，国内教育界侈言"创新"者日多，但一般都属人云亦云，并非真正理解创新真谛并且实实在在创新。坦白地说，有些人无非是赶时髦，满足于空泛的话语创新。因此，我经常用"温故知新"一语与年轻同事共勉。此语出于《论语·为政》，原文是"温故而知新，可以为师矣"。故与古通，所以王充《论衡·谢短篇》对此曾有所发挥："知古不知今，谓之陆沉。知今不知古，谓之盲瞽。温故知新，可以为师。"《汉书·成帝纪》也有类似解析："儒林之官，四海渊源，宜皆明于古今，温故知新，通达国体，故谓之博士。"可惜现今许多从事乃至主管教育者却忘记了这句亘古而常新的古训，因而往往流于数典忘祖，在创新热潮中迷失了方向。

"温故知新"古训对于为人师者之特别重要，是教育的根本属性所决定的。我曾多次强调："对于教育的发展通常不宜用'日新月异'一语来表述，因为教育毕竟是一种塑造人的慢工细活。教育在任何时代都不能忽略前后传承与相对的稳定，因为教育本身具有人所共知的长期性与持续性的特点。教育必须适应社会的变迁，但是教育的发展又具有自己相对的独立性，有其绵延千年衔接古今的内在规律。当然，教育决不是孤立的存在，教育的发展与校园以外的各种社会因素紧密相牵连，教育的任何重大变革都是一桩繁密细致的系统工程，都需要经过多少次的实验与不断修正完善。因此，教育的革新在更多时间经常表现为渐进式的积累以及作为其结果的'水到渠成'。动辄以政治威权和'群众运动'推行的粗暴'教育革命'或所谓'改革大举措'，不仅难以实现短期速成的预期目标，反而严重伤害了教育本身，特别是挫伤了众多教育工作者的积极性。"

即令是在武汉一地，与我持相同看法者亦大有人在。记得 2004 年 9 月 20 日，华中科技大学前校长朱九思教授，向该校现任领导及相关资深学者郑重推荐一篇评论文章，即刊载于《比较教育研究》杂志 2003 年第 3 期的《论大学的保守性——美国耶鲁大学的文化品格》（作者：王英杰）。这篇文章不仅介绍了耶鲁大学保守文化品格如何形成，还深入剖析了该校保守的管理、保守的教育理念，以及由此而引申的"大学保守文化品格的合理性"。文章的结语尤其令人感动，作者坦陈心曲："当我们沉下白日躁动之心，秉烛夜读耶鲁大学的发展史时，我们就会被耶鲁清新的文化品位，深厚的文化积淀所打动：它几百年来不为躁动的社会变迁所动，始终如一地坚持自己的社会职责，如同人类社会漫漫路上的一盏明灯，星光闪烁，为世人所瞩目。它在静谧中发展，在稳定中前进，以其保守的文化品格营造出一所循序渐进的世界一流大学，创新型人才和重大科研新发现如清泉从中汩汩流出，永不干涸，永不浑浊"。

九思先生是我最为敬仰的教育界前辈之一，我们在教育理念方面相知甚深。所以，他在向华中科技大学领导推荐的同时，也将此文以及附函一并影印示我，其用意无非是促我思考，共矫时弊。正好去年夏季，牛津大学友人安排我与妻子前往享受学术休假，遂有闲暇对这所比耶鲁还要古老的大学从容进行一番考察。回国后在《同舟共进》杂志发表《泰晤士河源头的思考——从"牛津现象"谈起》一文，大概可以作为交给九思老师的作业。我认为："牛津的特点是政治上偏于保守，文化上善于守旧。""牛津就是这样悠然自得地经历了几百年的沧桑巨变，旧貌并未完全换新颜，却又不紧不慢地跟上时代的步伐。无论是人文还是科技，许多学科仍然处在世界前沿，人才与成果之盛有目共睹，遑论诺贝尔奖获得者之绵延。"我对牛津的评价也许有所溢美，但用意确实是强调教育创新必须有深层思考。现代与传统并非截然两分，创新与守旧本应相生共存，否则创新便必然会流于浅薄的时髦，甚至流于单纯的形式创新乃至话语创新。多年以来，如此这般的现象难道还少见吗？

我丝毫无意贬低这些年中国教育的迅猛发展，但是无可讳言，中国的教育改革正处于十字路口，在教育理念的深层存在着迷失方向的危险。对于这一严重缺失，已经有为数不多的现任高校领导坦诚表露过自己的忧心。也许是巧合，在这样关键的时刻，传韬兄专程从台北来汉，将其尊翁遗留的讲义手稿《教育哲学》交我阅读，并商请华中师范大学出版社近期付梓问世。因此，更为促进了我对于教育改革必须温故知新的思考。

家菊先生是我校早期著名校友，因为他不仅是我校前身中华大学的优秀毕业生，而且还曾断断续续在中华任教多年。这部讲义就是他于1942年秋季，在重庆中华大学讲授"教育哲学"课程期间撰写供教学所用。全稿共5章，分别为"教育之向上性""思索""知止""人格之发育""人性论"，乃是教育哲学必须探讨的重大问题。由于是课堂讲义，必须突出重点，所以好像是若干专题的整合。但由于作者长期从事教育科学的教学与研究工作，既有丰富的实践经验，又有深厚的学理探究积累，而且此前已经出版过《教育原理》《孔子教育学说》《孟子教育学说》《荀子教育学说》《陆象山教育学说》等教育专著，早已形成自己完整的思想体系与理论框架。因此这部讲义乃是家菊先生教育学说的精华，取精用宏，画龙点睛，往往于细微处显精神，于平淡中发光华。1942年正是抗战进入最为艰苦的时期，重庆虽属后方，但已是物资匮乏，物价高涨，人民生活极为困苦。中华大学与其他西迁高校一样，房舍简陋，图书设备欠缺，虽教授亦未能免于贫寒。但是，即令在这样艰难的岁月，家菊先生依然殚精竭虑，刻苦经营，字斟句酌，一笔不苟地撰写出这部言简意赅的高水平讲义。虽然已是五十六年以后，作者辞世亦已三十二年，作为后辈的我们，目睹这部毛笔正楷写成的严整手稿，仍然可以想见当年前辈学者安贫乐教的高风亮节。

由于梁尚勇、魏荨两位先进已有序在前，而且都对这部讲义作了全面精辟的评析，所以我只就读后所感补充两点浅见。

一是作者的学术境界。

讲义第一章"教育之向上性"，一开始便引用了《孟子·尽心上》的那段名言："君子有三乐，而王天下不与存焉。父母俱存，兄弟无故，一乐也；仰不愧于天，俯不怍于人，二乐也；得天下英才而教育之，三乐也。君子有三乐，而王天下不与存焉。"然后便提出极具启发性的问题："统治世界，小之则个己之经纶得展，大之则一世之太平可期，此其乐宜莫与竞矣。然而古人谓其可乐之量小于得天下英才而教育之。果教育之价值高于政治乎？抑二者之本质，原不可同日而语乎？请试思之。"

问题一经提出，学生想必立即启动积极思维。

老师把学生的思维引向"二者之本质"，开门见山就明确指出："政治之特质为强力，其方法为支配；教育之特质为爱护，其方法为感化。"所以孟子说："善政民畏之，善教民爱之；善政得民财，善教得民心。"（《尽心上》）然后又进一步从正面申论："教育事业发源于爱他之心"；"教育之特质为向上，以臻真善美圣之境"；"国家教育必具立国理想以伸人类向上之性"；"教育之可能，实由于人类之可塑性与向上性"；"向上之性必求发展"；"向上心之强弱，决定人生成功之大小"；"向上心之展示在立志、勤奋、有恒"。

家菊先生无意比较政治与教育两者价值之大小，以及两者地位之高下，其着眼点在于从特质、方法、功能诸方面把教育与政治区分开来。教育有自己的独立品格，教育不应成为政治附庸，更不应与政治相混同。面对当时国民党政府极力推行的党化教育，他在课堂上慷慨陈词："自'目的圣化手段'之说兴，愈求崇高之目者，每采取毒辣之手段以赴之。间谍学校，诲盗诲淫；党团训练，造谣假祸。教育之事，不尽以正义博爱为帜，益彰明矣。斯诚人生之大忧，而教育思想之难题。"他把这种党化教育称之为"恶性教育"，并且严正斥之曰："吾人不以教育视之矣。"余生也晚，无缘亲聆先贤教诲，但我也曾是这种"恶性教育"的受害者。就在家菊先生发表这番宏论的次年（1943 年）夏季，我被学校开除学籍，其原因正是反对党团的"造谣假祸"，把我视为"思想不纯"的叛逆分子。因此，我对家菊先生上述"正义博爱"的呼声，特别感受亲切。

坚信人类本有向上之性，"故教育为爱人之业，而其爱之法，则为使人向上。"此之谓大爱，这不仅是家菊先生的理论，而且是他终身服膺的信仰，于此可见其学术境界之不凡。

二是作者的学术品格。

讲义第二章集中讲解"思索"，首先从本质上认定"思索为人生之向上表现"，尤其强调"向上性强者勤于思索"。而在有关心物（即精神与物质）之思索方面，作者着重论其"渊源于人生之实际"，"亦有关于人生价值之观念"。作者的理念是："人生诚欲向上，其精神对于物质必须具有控制之力，或弃或取，或损或益，全由己意。即令于某种程度下，全由己意为不可能，最少限度，亦当勿使'心为形役'。淡泊始能明志，乃必然之理也。"参悟人生，说理通达，对大学师生应当可以产生很大感染力。例举颜渊一箪食、一瓢饮，在陋巷不改其乐，"所贵不在饮食居处也"，俨然为那一代人师在抗战艰苦岁月安贫乐教之真切写照，我本人在少年时代就从他们的身教汲取了终身受用不尽的精神营养。

作者从教育哲学层面论述思索，给我印象较深的是治学风格的通达。通即会通，达为豁达，如此才能形成恢宏的气象。譬如多少世代哲人穷究苦思的"一多问题"，即一元论与多元论的分歧，作者并未偏执一端，而是从"推究其所以然"的源头，分析歧义产生的原因。作者从"人群组织"（政治体制之一多）谈到真理之一多。讲义提示："又如所谓真理者，果独一无二乎？抑为数非一可并存而不悖乎？使真理而果独一无二者，则有权要求独尊，而排除其他号称真理者。思想专制，缘是而获其理由。使真理而非独一者，此亦一是非，彼亦一是非，人我之间，将无共同规范之可循。思想界陷于无政府状态，而多元论有其不可成立之当然。此又实际问题使人不得不考量之为一为多也。"老师只提出问题，只提出分歧之所以产生，以及思考问题的理路，并非简单提出或暗示自己的结论。这才是真正的启发式教学，而与旁征博引以自炫的满堂灌大异其情趣。我想余教授的课堂内外，必定会引发生动活泼的讨论，还有那无穷尽的个人思索。

回想起来，1941 年以后，国民党政府加强党化教育，重庆地区的学校受控更为严格。家菊先生在课堂上公开反对"思想专制"的"恶性教育"，这需要多大的学术勇气。他虽然参与青年党活动，但是在思想上仍然与曾琦、李璜之流政客有所区隔，最重要的一点就是他始终追求学术思想自由。他认为哲学思索有一特点，"即其思索活动之无边性是也"。讲义中有许多精彩议论，如"哲学的思索无远弗届，无微弗入，彼实无有界域。此其原因，乃由于哲学思索之横扩性……科学之终点，正是哲学之起点；哲学所终，在无可涉思处。故曰哲学的思想为究竟的思想。以究竟一意，区别科学与哲学，本无不可。惟察究竟之所由起，实仍起于思索之横扩活动。科学思索自限于一定的封域，故可恪守其最高之假设。哲学思索横扩无止，每一假设，必思其反；反无可反，斯乃扩无可扩也。有新境可扩，则旧假设必有可反；假设本只适用于原有封域之内；境界既扩，旧假设即不可冒然适用于新境地，更不可冒然用为新旧境地之统一说明。境地开扩一次，旧假设即须修正一次。如何修正？曰：思其反而是已，不思其反，一认为是，将何有修正之可能？反而又反，达于究竟；是即扩而又扩，以达于无垠。无上即无边，横扩即思反，状其进展，则曰横扩；状其动态，则曰思反。果思其反，夫何无上无边之不可反哉？"

"无上"乃自主，"无边"乃无禁区，唯思索空间的无限，才有真正哲学中的自由与创新。这不仅是一种学理，也是一种信仰与追求，其中还包括作者自己在"横扩"思索中的体验与感悟。能够聆听这样的课堂教学，想必能获得如同醍醐灌顶一般的享受。

讲义体大思精，精彩之处难以逐一缕述，因为作者探讨的范围已经超越课程本身。通常认为，教育哲学乃是从哲学角度探究人类学习活动的规律，并以此指导教育实践的一门课程。一般教育哲学家也多半着眼于"符号探索""学习动机""学习能量""学习复活""才智、情感、体力、意志一体"等比较具体的层面与视角立论。但家菊先生的讲义内容则颇多涉及哲学主体的终极与人生价值的深层感悟，真所谓"无远弗届，无微弗入"，对读者有更多也更为真切的启发。因此，我为此书能在母校出版庆幸，希望有更多的教育工作者认真阅读家菊先生的佳著并汲取教益。

怀念业师陈恭禄先生

陈恭禄先生遗著《中国近代史》（简约本）经华中师范大学出版社再版问世，我作为现今仅存的少数受业于陈先生者之一，确实感慨万千。

金陵大学仿行牛津导师制，新生从入学之始就有一位指定导师。陈恭禄先生是我的导师，照例要找我谈谈话，介绍校、系情况。陈先生话不多，主要是帮助我选课，但也只不过说说而已，让我自己随意选定。他给我的印象很像一位冬烘塾师，一袭旧布长袍，还不到 50 岁就已经"谢顶"，显得有点老态龙钟。

说来惭愧，我当时三心二意，痴迷于文学写作，并未认真攻读历史专业。所以除听课交作业以外，我从未主动利用课余时间向他请教。倒是贝德士夫妇对学生非常热情，常在家中举行 Party，作为课堂教学的补充，而且还帮助我向美国新闻处与英国文化委员会的阅览室借阅最新出版的印第安文学书籍。我在金大历史系就读时间不到两年半，加以性格比较内向，所以与老师关系比较疏远。直到 1954 年在华中师院主讲中国近代史后，这才感到未能完成历史系本科学业的遗憾，并且多次通过信函向恭禄老师请教有关教学、科研方面的问题。尽管当时他的处境已经日趋艰难，但仍热心为我指点治学门径。

事后我才知道，就是因为陈伯达在《四大家族》一书中直指他是"反动历史学家"，恭禄老师在南大历次政治运动中成为当然批判对象，甚至连中国近代史这样的主干课程都不能担任，只能讲点史料学之类辅助课程。他本来是南京地区的知名教授之一，在商务印书馆出版的两册《中国近代史》堪称开山之力作，许多中外著名学者如钱存训、程千帆、吴天威、牟复礼（Frederick Wade Mote）、陈大端等，都曾先后受业于他的门下，眼界甚高的顾颉刚也充分肯定他的中国通史与中国近代史著作。可是，自从1952年金陵大学并入南京大学以后，他却始终未能志气发舒，充分发挥自己的聪明才智，直至1966年10月病故。人们对此感触颇深，如果仅凭一位权威人士的一句话，就可以决定一个人一生的命运，很难认为这种社会是正常的。

不过，"文革"以后情况总算有了明显变化，他的主要遗著陆续出版或再版，学校与社会对他也逐渐恢复了尊重。中国社会科学院近代史研究所，经过三四代学人共同努力，编写出版的500余万字的《中国近代通史》巨著，对陈恭禄先生及其《中国近代史》一书如此评述："代表自由主义知识分子的陈恭禄，作为一名教会大学的教授，受西方影响很大。他的政治理想以欧美发达国家的政治为楷模。他的《中国近代史》以进化史观为指导，以英雄人物为核心，这种学术方法使他对中国近代史的总体评价和对具体的历史事件、人物的评价与当时社会主流知识分子观点非常接近。在涉及现实时，他在某些问题上认同于国民党政权，但在内心，对中国社会的出路，既不寄希望于国民党也不将理想寄托于共产党；他希望走一种两党之外道路。作为一个无党无派的学院派知识分子，他从自己的学术立场得出了中国社会走向的结论，表征着中国社会中间势力的代表——自由派知识分子共同的政治取向，这是时代在他著作中投射的结果。"

即令是这么简略而又概括的评语，已经使另一位少数仅存的陈氏弟子茅家琦先生感叹不已。他在2007年发表于《近代史研究》的《百年研究成就的总结——十卷本〈中国近代通史〉笔谈稿》一文，着重指出："我个人认为，这一段分析是作者以历史唯物主义精神深入考察的结果，从这个个案可以看出这本书作者对百年来近代历史著作的总结是科学的，因而具有学术价值。"我也同意上述评语"具有学术价值",因为它至少反映了一部分历史学者现今对于陈恭禄其人其书比较客观公正的看法。但经过反复琢磨,我觉得这些话语多少有些类似干部鉴定或平反结论的套话,说白了就是还有若干阶级斗争与政治挂帅的痕迹。

实事求是地说,陈恭禄是一个安分守己的学者,而且是一个不大过问政治的旧式学者。不幸却被曾经红得发紫的"大理论家"陈伯达随意给以政治定性,才给他带来后半生那么多政治苦难。根据我的记忆,无论课堂内外,他都不谈政治,更没有发表任何政治主张。说他是"自由主义知识分子的代表",可能有拔高之嫌,因为无论在理念上或行动上他都没有达到这个水平。在我的印象里,与其说他是自由主义,不如说他是马尔萨斯主义。他对人口问题极为重视,不仅常以人口问题解析社会动乱之源,而且身体力行服膺节制生育。每逢海外节制生育专家来南京演讲,他必定前往聆听,而且确实只有一个独子。金大历史系学生人数很少,1948年前后不过30多人,但却是藏龙卧虎,好几位重要中共地下党员都栖身于此,学生运动的骨干更多。陈恭禄、王绳祖相继担任系主任,对这种情况心知肚明,但从未给以任何干预,师生关系颇为融洽。政治归于政治,学术归于学术,对学术人物何必人人事事都与政治挂钩。新中国建立前夕,由于对共产党政策缺乏最起码的了解,恭禄老师曾有过离开南京以避祸的想法,经进步学生私下劝慰后终于留下来为新中国高等教育继续服务。但他却未料想到,此后竟被迫离开自己平生所最热爱的中国近代史课堂。

说他"作为一名教会大学的教授,受西方影响很大",其实情况也并非完全如此。他在金大教书,但也曾经在武汉大学、西北大学教过书,其服装、言谈、举止与一般国立大学的老派教授没有什么差别。他能够运用外文资料,但从未听到他讲英语。作为贝德士的早期得意门生,他确实受到西方某些史学影响,但也没有完全突破传统史学模式,顶多只能说是略具现代化意识,并且运用若干现代化话语而已。有的论者把他与蒋廷黻并列为以"近代化话语"陈述中国近代史的先驱,可能有些"溢美"。但他对贝德士感情较深,因为贝德士是他的亲密业师,也是金陵大学历史系的创办者。他在学生时代开始撰著的《日本全史》,就是由贝德士执笔作序,贝德士为他和王绳祖的成长倾注大量心血。曾在1948年前后的家信中,说自己心甘情愿牺牲自己，轮换讲授教育部规定的必修而又缺乏师资的课程，让陈、王分别成为中国近代史与世界近代史的专家，而自己却成为没有什么专长的"万金油"。1950 年由于中美关系迅速恶化，贝德士被迫离校返美，在一片打倒"美帝"的呼声中，只有王绳祖、陈恭禄等金大历史系教授为这位美国老师举办送别茶话会。当然，嗣后的历次政治运动中，他们都难免为此付出代价。

说"他的政治理想以欧美发达国家的政治为楷模"，这恐怕也说不上是教会大学的影响，因为五四运动倡导的民主本来就是欧美式民主而不是俄式"民主"。全国解放以前，在国民党统治区，除共产党和马克思主义者外，一般稍有进步意识的高校师生，大多想念的也是英美式民主，无论是教会大学还是国立大学莫非如此。硬要把自由主义知识分子单独与教会大学挂起钩来，最早恐怕是受了苏联老大哥的影响。《历史研究》2008 年第 4 期刊载张盛发《中长铁路归还中国的历史考察》一文，曾经提及一段往事：1950 年 7 月，苏联哲学家尤金作为斯大林私人代表来到北京，10 月 9 日至 12 月 3 日至外地考察并举办座谈会，借以了解中共政策走向与社会状况。1951 年 1 月 20 日，尤金向斯大林报告，把中国知识分子分为三类：一类为马克思主义知识分子；二类为愿学马克思主义但所知甚少的知识分子；三类是非马克思主义知识分子。他特别强调指出，第三类知识分子"几乎公开敌视马克思主义，不承认马克思主义并且不想承认马克思主义"。还怒气冲冲地批判说："我在杭州和广州的传教士大学遇到过这类知识分子。他们公然认为，美国的文化是最高水平的文化，他们认为，中国人民最需要的是这种'文化'。他们就是以敌视共产主义和新中国的方式培养大学生的。……我无法判断，有多少所传教士大学在培养中国所需要的专家，但是，有一点是没有疑义的，它们培养的是共产主义的有文化的敌人和新中国的政治反对者。"与此相呼应的便是中华人民共和国政务院同意郭沫若副总理提出的《关于处理接受美国津贴的文化、教育、救济机关及宗教团体的方针》报告，确认这些都属于美帝"文化侵略活动"，应"实行完全自办"，必须"把一百年来美帝国主义对中国人民的文化侵略，最后地、彻底地、永远地、全部地加以结束"。教育部随即于 1951 年 1 月召开处理接受外国津贴的高等学校会议，决定由中央政府完全接办。

教会大学从此绝迹于中国大陆。

尤金所说的"第三类知识分子"，大体上可以看作就是毛泽东所耿耿于怀的民主个人主义者。这一共识可以看做是向苏联"一边倒"国策确立的思想基础之部分内涵。在20世纪50年代，个人履历表上的教会大学之前规定要加"伪"字，可能正是与此有关。我一贯拒绝填写"伪"字，因为同在南京且为国民党直接统辖的中央大学反而无需冠以"伪"字。而恰好在南京沦陷期间，汪精卫政府霸占了金陵大学校园并且建立名副其实的"伪中央大学"。金陵大学中外留守人员从未向日伪屈服，并且一直为救援南京数十万难民作出卓越贡献。民主个人主义者，或自由主义者，并非仅仅存在于教会大学，国立西南联大此类重要代表人物更多。陈恭禄也不是什么合格的自由主义者，但他却偏偏要为教会大学受更多的牵累，直至身后还为此受到某些学界人士不必要的联想，真是时也命也！

恭禄老师学术上早有所成，1933年8月至1936年在武汉大学任教时即曾主讲中国通史、中国近代史、日本史、印度史等多种课程，而且都是用自己编写的教材。当时，中央大学教授萧一山凭《清代通史》上、中两卷声望正隆，得到蒋介石的赞誉并资助他赴英国游学。恭禄老师如初生牛犊，率先向这位如日中天的权威挑战，从1932年到1934年不断在《大公报》上激烈辩难。陈所批评者多属晚清中外关系部分，问题涉及史料运用及史实真伪。萧一山虽然多所反驳，但实际上已经认识到此乃其清史巨著的软肋，所以1934年结集双方辩论文章，经由北平中华书局出版。这既体现萧氏的豁达大度，也可看出陈氏的执著真率与书生本色。也正是在1934年10月下旬，陈先生应邀在武汉大学总理纪念周上演说，题目是"教育的功用"，其中已经提到基础知识广博的重要："如学历史的，对于经济学、政治学、社会学等，必当学过。"他认为"教育不是灌输知识，乃是要有判断的能力，对于一个现象或问题，将其分析，辨别轻重利害，有个适当的解决。"他还奉劝学生要有"虚心与自信心，近代学术发达，但个人的知识和能力有限，研究学术的人，必当虚心。遇着困难的问题，须请教前辈，遇有错误当即承认。错误是人们不易免去的，护短辩护，是学术进步的大阻碍。如同我们研究中国近百年史，近几年来，公布了不少新史料，许多重要史迹的叙述必须修正；如有其他重要史料的发现，我们仍当虚心地改正。关于自信心，就是利用科学方法，继续研究一个问题，必有相当成绩，无庸怀疑的。"演说的结尾，再一次谆谆嘱咐学生："我们现在的环境，和古人不同。应付新时代的问题，研究学术的方法，必须根本转变。受过高等教育的，都当有判断力，应付或解决社会上的问题和事变。"

上述这些史事，都说明恭禄先生虽然外貌好像一位冬烘塾师，其实是一个颇为开明而又谨严的新型学者。但是，他在1949年后的南京与改制以后的南京大学，却苦于无力"应付或解决社会上的问题和事变"；特别是对于无止无尽的批判与压抑，他只能保持沉默，无法像当年与萧一山之间那样激烈争辩。因为在"新时代"他已经失去为自己辩护的权利与能力，这是他个人的悲剧，也是时代的悲剧。

平心而论，陈恭禄先生是中国近代史学科草创时期重要的先驱者之一，他不仅培养了一批中国近代史学者，还撰写了好几部颇有影响的教材，这是他留给我们的一笔学术遗产。我们理应给以珍惜并从中吸取一些有益的治学经验，至少它们可以作为进一步完善中国近代史学科的参考。明年是他的110岁冥诞，出版他撰写的《中国近代史》就是最好的纪念。

望重士林，泽惠江汉

——忆密老

　　我虽然 1949 年就随中原大学来到武汉，但与密老直接接触却是在 10 年以后。

　　大约是在 1959 年，我刚从草埠湖农场回到华师。由于荒废学业已久，加以又值年少气盛之际，突发奇想打算在武汉举办纪念辛亥革命 50 周年的全国性学术讨论会。20 世纪 50 年代，连省内跨校学术交流都很少，遑论全国性的大型学术交流，何况主题又是一次资产阶级革命。但由于院、系领导都是相知已深的老上级，他们不仅理解我的心情，而且更为重视这个建议的深远意义，因此便及时向湖北省委报告。我提出建议以后仍然埋头从事教学工作，并未存有多大奢望，因为自己的辛亥革命研究只能说是刚刚入门，而且湖北地区当时也没有前辈学者从事此项研究。不料省委慧眼识珠，很快便作出积极反应，并安排宣传部分管社联工作的密加凡副部长具体筹划此事。

　　当时湖北省社联主席是德高望重的李达校长，但各项具体工作都是由加凡同志与彭展同志主持。由于时间已很紧迫，经过简单商讨之后，便决定兵分两路：1. 由李秘书长与欧阳秘书赴京向宣传部直接汇报请示；2. 委托我与北京学术界具体联络。实际上在北京主要还是靠李秘书长，因为她还在延安时期曾在马列主义学院就读，在宣传、社科战线熟人很多，工作比较方便。我在北京住在近代史研究所，一方面向有关学者征求意见，一方面也顺便为撰写论文搜集资料。由于时任该所所长的范文澜同志曾任中原大学校长，他对我这个中原学生关爱备至，除安排研究人员帮助我修改论文初稿并提供相关学术信息以外，还特地请刚刚从中宣部调任该所副所长的黎澍同志与我晤谈，直接给以指点。

由于中央态度已经非常明确，湖北的前期筹备工作便紧锣密鼓地展开。学术会议的关键是论文质量，而论文质量则决定于撰写者的水平。鉴于湖北学者辛亥革命研究水平，除个别老专家外，一般起点都不够高。加凡与彭展同志作出两项重要决定：1. 经初选确定的论文作者集中进驻洪山宾馆，以便全神贯注修改定稿；2. 从《理论战线》（《江汉论坛》前身）抽调两位有经验的编辑参与讨论修订。这两项决定堪称及时雨。一则因为粮食定量低，营养又极差，论文作者体质已经难以为继；而洪山宾馆的客餐供给标准稍高，至少可以维持基本所需热量。再则当时多数作者比较年轻，缺乏学术论文写作经验，迫切需要有经验的资深编辑，随时给以咨询。

正是由于省委与加凡同志的正确领导，措施得力，并且认真贯彻"双百方针"，充分发挥了大家的积极性与创造性，所以在1961年举行的纪念辛亥革命50周年的学术讨论会上，湖北学者的论文得到吴老、范老等学界前辈的一致肯定。与此同时，湖北省社联又与湖南省社联共同策划在长沙举办王船山大型学术会议，所以加凡、彭展同志又安排武大萧萐父同志等全程参与会议活动，以便积累办会经验，让长沙会议开得更好。总之，此次学术讨论会是新中国辛亥革命史研究的第一块里程碑，激励了我们的斗志，鼓舞了大家的信心，为武汉逐步成为辛亥革命研究中心锻炼了队伍，开辟了道路，堪称湖北省社联一次具有深远战略意义的进步。

令人难忘的是以加凡、彭展同志为首的社联工作人员的良好作风。他们除彭展因工作需要外，全部回机关食堂进餐，从不借机到洪山宾馆"蹭饭"。就是彭展驻会与我们"三同"，经常还把自己定额的饭分给我这个食量很大的年轻人，让我有足够的精力改好两篇论文并为其他作者提供咨询。同时，加凡同志真正是全心全意做幕后服务工作，从来没有摆出高官姿态发号施令，也没有借此次会议自我表功，连中华书局出版的会议论文集都没有列上他们的名字。这与现今有些领导者喜欢出头露面，挂名作秀，样样占先，确实形成鲜明的对比。

我认为"文革"前的17年，湖北省社联尽管也曾受到"左"倾路线的多次干扰，但由于加凡、彭展等领导人的优秀品质与务实作风，还是带出一支水平较高而且经得起严酷考验的人文社会科队伍。这是湖北省拥有的宝贵财富，而大胆启用年轻才俊，放手让他们在国内外学术论坛上锻炼成长，乃是极为成功而至今仍然管用的宝贵经验。

"文革"结束以后，社联在中辍十年以后又复恢复工作，加凡同志理所当然地被推选为首任主席。记得10年睽别后重逢，许多友人都历经磨难，大家又复聚集在加凡同志的身边，畅叙心曲，感慨万千，恍然如同隔世。然而更多地是渴望工作，殷切期待社联恢复运转并焕发新生活力，不仅是在思想与学术领域拨乱反正，肃清十年洗劫遗留的严重负面影响，而且还要重新整合多个学科队伍，开创湖北哲学社会科学新的辉煌。

社联恢复不久，各个学科都焕发出新的青春，而我则又重操辛亥旧业。第一件大事就是在加凡同志直接领导下筹备纪念辛亥革命70周年的国际学术会议。从1961～1981年，时间已经过去整整20年，当年的少年英俊现今多已年逾半百，不过大家的心情主要是兴奋与愉快。20年前大家只能在艰苦的条件下举办一次国内研讨会，现在却能举办一次有14个国家与地区知名学者参加的名副其实的高规格国际学术会议，岂不正好说明我们伟大祖国犹如凤凰涅槃浴火重生、历史潮流的进展毕竟是任何力量都难以阻遏的。

由于中央与省委的正确领导，筹备工作在加凡同志的精心安排下有条不紊地顺利进行，特别是中国学者提交的论文大多具有较高学术水平，湖北本地学者的论文总体表现尤为出色。加以章开沅、林增平主编的《辛亥革命》三卷本又及时由中华书局出版，因则赢得外国学者的广泛好评。有的外国学者甚至惊叹"简直不敢相信这些中国学者都经过10年浩劫"。海内外学术界迅速达成一个共识，辛亥革命研究的中心已经回到中国，武汉终于成为世界公认的辛亥革命研究中心。这其中又包含多少加凡同志的心血！但他从来也没有借此自我张扬，而始终只是默默地奉献，想到的是如何把本职工作做得更好。

我与加凡同志最后一项密切合作，便是担任由季羡林先生领衔主编的《长江文化研究》大型丛书的编辑。听得他的一声号召，我与其他相关学者立刻热烈响应。当时他已年逾八十，我们不少也进入古稀之年，但人气之旺，信心之足，其情景之壮烈真像是当年佘老太君率领随同老化的杨家将奋勇出征。经过多年共同努力，这套大型学术专著终于陆续出齐。加凡同志能够在生前看到自己为之奋斗的目标完满实现，这是对他最好的安慰，也是我们对他表达的最虔诚的敬意。

"望重士林，泽惠江汉"，谨以此语献给敬爱的加凡同志，愿江汉学脉的后继者永远不要忘记这位先驱者的光辉榜样！

君子之交淡如水

——回忆季羡林先生

季老是我心仪终生的前辈师长，但"文革"前却没有任何联系，主要是因为专业相距较远，而我又多少有点内向，正如台湾老友蒋永敬所言"内热外冷"——开水瓶式的性格。

可是"文革"后，季老关爱的眼光却主动投向我们华师历史系，那是由于当时的学校领导决定创建印度史研究中心，属于南亚研究范围，自然会引起他老人家的注意。

其实早在"文革"后期，部分历史系世界史教师，如涂厚善、刘继兴、还有早已靠边站的原教务长陶军，都被重新启用，参与商务印书馆的大型汉译世界名著工作，而恰好分担的就是相当艰难的印度史名著《印度文化史》等。涂厚善是西南联大历史系的高材生，按学籍管理是北京大学1940级毕业，同班有刘广京、任以都等国际著名学者。他在解放初期曾在北大随从苏联专家进修世界古代史一两年，所以为筹建印度史研究中心少不了要向老师一辈的季老经常请教。陶军则是燕京大学才子型学生，20世纪40年代初进入华北抗日根据地，与北京学术界具有历史渊源，他的学术水平与口才风貌，京津学术界早已有所认知。而且北大东语系季老的早期弟子李继晟也来华师专任印地语教学，应该说，在当时历史条件下，我校印度史研究确有一定优势。

1979 年我首次访美便把印度史学科建设当作头等大事，曾经专门访问作为北美学术重镇的芝加哥大学印度史研究中心，承蒙入江昭、印登诸教授热情介绍世界上印度史研究概况，并慨然应允接受华师派教师前来学习梵文，并由该校提供资助。此后，加州大学伯克利分校亦主动寄来两批有关印度史研究的书籍与报刊，为我校印度史研究中心早期资料建设提供及时帮助。1983 年我开始参与国务院学位委员会历史学评议组工作，1984 年又接任华师校长职务，到北京开会机会较多，学术讯息获取也比较便捷。经常承蒙京友告知，季老对华师印度研究印象甚好，并寄予较高期望，因为全国只有三、四家研究机构，而专门从事历史研究的唯独华师一家。对于季老这样权威人士的评价，我们自然非常重视，但从来也没有想到应该当面致谢。这不仅由于我从小流浪在外，不大懂得必要的礼节；而且当时的风气也比较淳朴，很忌讳私下的恳求拜托，一般稍有风骨者大多以此为耻。据我所知，北大参与评议者，有时对本校申报人员比外校更为严格，印象较深者，前有邓广铭，后有宿白，不分亲疏，公平对待，一丝不苟，严守准则，其风范至今仍然难忘。

我校印度史研究作为二级学科，在世界史诸分支中最先获准设立硕士学位点，与季老这些前辈学者日常的指点奖掖自然不无关系，但我认为评议的通过主要还是靠自身实力与条件，所以并没有感到有专门致谢季老的必要。只是在我离任并羁旅北美四年期间，学校领导缺乏远见，竟然在实际上撤销了这个非常重要的印度史研究中心，以致造成严重的人才断层。这是我内心极大的遗憾，也是永远无法磨灭的对于季老厚望的愧疚。

但是，一次偶发事件却在心理上拉近了我与季老的距离。就在我 1994 年回国后不久，教育部召开直属高校书记校长会议，有位负责人根据下属相关部门整理的材料，介绍高校新近某些值得注意的所谓"动向"。其中特别使到会人员感到关切者有二：一是季老在接受凤凰台访谈时，说什么"教授满街走……"；一是我向华工博士研究生说什么教会大学对中国高等教育现代化亦有促进作用，并且鼓吹争取学术自由云云。尽管报告者没有具体点名，但到会者大多心知肚明，因此会下议论纷纷。不过结局倒也差强人意，陈至立部长做总结发言时，明确指出上述这些看法都属认识问题，可以讨论，并到此为止云云。社会毕竟是进步了，否则我将有幸与季老成为"难友"。

不知道是否是这件事唤起季老对我的记忆。大约就在此次会后，北京仍然春寒料峭，香山到处多有积雪。以《中国经营报》为依托的若干热心人士，在香山饭店召开拟议中的编委会，讨论已曾停刊多年的《东方》杂志重新复刊问题。外地到会的只有我与马敏两人，会议主持者说我们是作为主任委员的季老亲自指定的增补编委，我们真是有点"受宠若惊"。马敏当时还不是校长，连院长都不是；我则是早已"过气"的前校长，而且又浪迹海外4年，刚刚回国，唯恐连累其他单位，特别是像《东方》这样比较敏感的刊物。我不知道季老为什么看中我们师徒二人，会后本来有一天机动时间，但我也没有想过是否应该去看望季老，至少也应该打电话问候并沟通一下。正如有些亲友早先所批评的那样："这孩子不通人情世故"，时年已迈古稀但仍懵懂如故。

不知道是什么原因，《东方》似乎迟迟未能复刊；也许复刊而主办者是另一班人。反正我只参加过一次会，一次毫无结果的会，还留下一个至今难以解答的问题，季老为什么要我们参加这个举步维艰的编委会？直至季老逝世的当天，北大中文系陈平原教授追忆季老感人风范时说："90年代初是我们这代人状态最不好的时候，每次我在各个场合遇到季老时，他都会主动走过来跟我交谈，一般都是年轻人找老先生的，没想到老先生会主动走过来跟年轻人握手言欢，我想他是希望能够改变这些人的命运。"我想，尽管自己并不像当年陈平原们那样年轻，但1994年回国后仍然面临着许多问题与困惑，季老虽然不可能"走过来跟我交谈"，但引荐我参与《东方》编委会，这本身就意味着对我的期望与鼓励。京中有些学界大佬已经习惯于巅峰对话，指点江山，激扬文字，很少关心后进地区弱势群体的处境与艰难。倒是季老从学术繁荣全局出发，经常向外地后辈伸出热情提携之手。季老是懂佛学的，《法华经》云："大慈大悲，常无懈倦，恒求善事，利益一切。"季老于"恒求善事，利益一切"中体现佛家根性，这可能就是"大慈大悲"吧，因而他的仙逝才引起全国各地如此众多学界人士的惋惜与悲痛。

进入 21 世纪以后，我的工作杂乱无章，很难专心做好某一重大项目。唯一可以告慰于季老者，即他所亲自领导编撰的《长江文化研究文库》，包括 7 大系列，总共 52 册，2 000 余万字，终于实现了总编的宏愿，而且他也在生前看到这部大型系列学术专著的问世。文化史并非我的专长，对长江文化更缺乏深入研究，而我负责的"经济科教系列"更相当于所谓"不管部"，即其他系列不管者均由敝人协助季老主编，任务之繁杂艰难可想而知。但由于深感季老的多年来的知遇，仍然勉为其难，兢兢业业，不敢有丝毫马虎。我把编辑当作学习，每审阅一部书稿就等于学习一门课程。始终具体照管这个文库总体事务的陈昕先生，经常以病弱之躯风尘仆仆于京汉道上，沟通于我们与总编之间，帮助我们理解与贯彻季老的学术理念与指导思想，这才保证了各卷编撰工作的顺利进行。

通过好几年的合作，深感季老不仅平等待人，而且也是平等对待中国的两河流域文化，客观而又公正地探讨评判黄河文化与长江文化。这部文库的出版，不仅有助于整合长江流域（广义的）文化研究，而且更助于整合中国传统文化的总体研究，因为两千多年以来都是重视黄河文化而忽视长江文化的丰富多彩与博大精深，实际上形成中华文化的自我贬抑。所以，从中国文化史研究的全局来看，这部文库的出版更具有极为重要的战略意义，堪称季老晚年的又一大手笔、大贡献。

但遗憾的是，我仍然未能亲身向季老求教，聆听他的宝贵教诲，包括人生感悟与治学之道。就我所知在这套丛书的作者之中，像我这种情况者还大有人在，但这丝毫也没有影响我们对季老的尊重与理解，同时丝毫没有影响季老对我们的信任与期望，这本身就体现出中国学术优良传统的大家风范依然流传人间。《庄子》云："且君子之交淡若水，小人之交甘若醴。"而《礼记》似乎讲得更明白："故君子之接如水，小人之接如醴。君子淡以成，小人甘以坏。"当今之世，黄钟毁弃，瓦釜雷鸣，酒醉金迷，浑浑噩噩，有多少学者能够记住并谨守此言。

季老已去，风范犹存，愿大家以学习、继承作为真诚的纪念！

犹忆风雨同机情

——忆高宗鲁先生

高宗鲁先生匆匆走了，海外学界知己又少一人。

宗鲁是个奇人，他是经济学家，一直在美国康州高校讲授与研究经济学；但却对清末留美幼童情有独钟，花费很多精力搜集资料，调查研究，成为这一史学领域披荆斩棘的开拓者与奠基者。孜孜不倦，锲而不舍，终生不渝。

珠海友人拟为宗鲁出版纪念文集，并嘱我撰文忆述往事。往事并非如烟，但毕竟脑力业已衰退，何况又别离多年。

幸好拙著《鸿爪集》萍踪篇中"北美羁旅"一节中尚有简略记述：

1991 年 11 月 10 日，星期日，雨

上午参加圆桌会议"海峡两岸关系之未来"，主持人翟文伯教授硬拉我上台，发言者尚有熊玠、陈炯明之孙及台湾政治大学一副教授，发言大多倾向于中国统一。我仍坚持 1979 年首次访美以来一贯主张：先经济、文化、科技合作交流，渐进、务实、积累，政治整合乃最后之水到渠成，反是则步步荆棘。政大教授发言赞同我的见解。

下午与高宗鲁（早期留美幼童书信的发现与整理者）、

李大陵（著有《中国同盟会》一书）同返 New Haven。气候恶劣，飞机晚点近 30 分钟，到华盛顿又因原定航班取消，只有改飞纽约再转机回 New Haven。空中气流强劲，飞机颠簸不已。到 New Haven 机场又值倾盆大雨，高、李已告别并各自回家，幸工作人员叫来了 Taxi，与耶鲁两女生一起回校。

这是我与宗鲁结识之始，而且同历空中狂风暴雨袭击之险，可谓风雨同机，生死与共，此情此景，而今依然历历。

此前我们并不相识，尽管当时同在 New Haven，但并非同校又非同一专业，因此无缘见面。因此，当我俩在 11 月 8 日应邀前往维吉利亚大学参加北美汉学家协会举办的年会，在 New Haven 机场候机时竟相对无言。New Haven 机场很小，航班既少，飞机也小，一般都是飞纽约转机。由于气候恶劣，当天乘客极少，候机室里好像只有宗鲁与我两人。我平素不爱交际，何况又在异国他乡。宗鲁先到，坐在椅上聚精会神看报，我也静坐休息并考虑会上的发言与必要应对。因为北美汉学家协会是清一色的来自台湾的学者组成，这是首次邀请我这唯一的"大陆学者"参加。过了片刻，倒是宗鲁捧阅的那份报纸吸引了我，因为那是我旅居美国以后很久未曾见过的《人民日报》（海外版）。他视力欠佳，阅读又极为认真，简直是贴近着眼睛看报，似乎没有发觉我已坐在他的对面。

好奇心使我打破了沉默："请问您是大陆来的吗？""啊，不是，我原来是从台湾来的，已在美国教书多年。"宗鲁坦然回答，普通话中多少带有一点山东乡音。接着互通姓名，原来彼此都是思慕已久、渴望结交的学界对象，其结果便是一见如故，坦露胸怀，很自然地结伴同行。特别是在归程，气流湍急，风雨交加，飞机上的共同的命运更把我们紧密联结在一起。

我在耶鲁的工作时间不到一年，宗鲁则已在康州长期执教，所以他对我这个新来者经常热情照拂。我的妻子与女儿前来探亲，他邀我们在风景如画的海滨餐厅品尝佳肴海鲜。次年暮春我偕妻前往圣地亚哥另就新职，他又与李大陵教授在家中设宴饯行，这些深情厚谊都温暖了我们这些年复一年羁旅太平洋彼岸的漂泊者之心。

当时，中国内地学者对他的留美幼童研究工作了解甚少。我曾建议将他编辑的珍贵原始资料（如幼童书信）与相关论著交由大陆出版社刊行。他欣然同意，并委托我的学生回国联络出版，但由于当时国内出版界对此不够重视，加以我又羁旅海外，未能亲自直接张罗，所以迟迟未能实现他的愿望。这是我在北美期间的一大遗憾。

所幸近年以来，国内学界对于这个领域研究的热度日益增加，相关研究成果相继出版，国际学术会议频频召开，使我们更为增强了留美幼童与留美教育研究前景的看好。前些年，我与宗鲁先后在珠海与香港两度欢晤，是早期留美幼童史又把我们重新联结在一起。我亲眼看到他多年辛勤劳动的业绩已经开花结果，并且受到内地与港台地以及海外学界的共同认知与推重，心中感到无比欣慰。我们觉得可以而且需要做的事情还很多很多，并且相约在美国当年留美幼童聚集的故地再次会晤，可惜他竟这样匆匆先我而去。但我的内心仍然为他欣慰，因为已有越来越多的年轻学者正在做我们来不及做的工作。早期留美幼童史必将与容闳研究以及留美教育史一同走向更为美好辉煌的明天。

一路走好，宗鲁老哥！

笔墨缘结五十年

——寄语《历史研究》

不知不觉《历史研究》已经办了 50 年，作为从创刊号开始的老读者以及经常投稿的老作者，自然不免有若干沧桑之感。

在我早年印象中，《历史研究》仿佛是一座史学殿堂，从第一期开始就以严谨的学风与极高的水准出现，刊物上经常出现众多名家名文，确实具有大家气象。

但是这个殿堂并非高不可攀，它通过学术讨论把各个年龄段的优良成果都吸引进来，特别是注意提携出道未久的年轻学者。现今被许多人认为是不屑一顾的史学讨论的"五朵金花"，虽然存在着历史条件和认知水平的局限，然而当时确实活跃了学术氛围，形成了自由讨论风气。即以中国近代史分期问题讨论而言，尽管已有范文澜、胡绳等名家撰文在先，但同时也刊登了当时尚属年轻的戴逸的长篇的争鸣文章，就连我们这些远离京师的小人物的一孔之见也都给以刊布。特别是在争论中直来直去，丝毫不讲客套，给我留下极为美好的印象。

但是，就历史学科建设的长远效应而言，更为重要的恐怕还是优良学风的示范与倡导。黎澍接手主编以后，特别发表范老《反对放空炮》一文，提倡切切实实研究，纠正空谈浮夸之风，确实起了拨乱反正的作用。《历史研究》发表的文章绝大多数都言之成理，持之有故。五十年来，编辑部人员虽然换了好多茬，但这一优良传统始终得到保持。特别是近些年纠正浮躁学风，《历史研究》更为明显地起了表率作用。

刊物与其所从属的学科一样，生命活力全在于勇于创新。《历史研究》貌似持重求稳，然而在关键时刻却也敢于直面重大问题，刊发观点鲜明的争论文章，"文革"前如历史主义与阶级观点之争，"文革"后如近代史线索之争、洋务运动之争，特别是黎澍发动的历史动力之争等，无疑都不断推动了史学的持续发展。

创新还表现为大胆发现新人，大胆起用新人，包括尽管备受争议而确有真才实学、真知灼见的新人及其新作。在这方面黎澍已经为我们树立了良好榜样，希望今后的主政者也能继承与发扬，这样刊物才能永葆青春并洋溢活力。

不过《历史研究》最使我心烦的，就是那副改来改去总改不过来的老面孔。说白一点就如同清朝"馆阁体"书法，方方正正，中规中矩，严肃有余，活泼不足。名刊可能有名刊的包袱，正如老字号有老字号的墨守。我衷心希望《历史研究》能够放下包袱，摒弃墨守，不仅在选题、内容上拓展空间，而且在栏目版式方面也要有所革新。

《历史研究》在众多史学刊物中具有无可置疑的重要地位。中国是个史学大国，在世界范围的史学发展过程中，《历史研究》应该有自己的定位与特色，既要关注当代西方史学的最新趋向，并且从中吸取必要的启发与借鉴；同时也不可单纯追随西方的热门论题、话语，应该努力促进真正具有中国气派的现代与传统相衔接的优良史学体系的形成与发展，从而力争走在世界史学潮流的前沿。

《历史研究》还应该关注现实，关注社会，关注当今世界一些关系人类命运与历史走向的重大问题，诸如人文精神、道德规范、国际格局、环境资源、宗教民族等等举世关注的紧迫问题。21世纪的人类首先应该考虑人与人如何和谐相处？人与自然如何和谐相处？这不仅是一个国家的大事，而且是整个世界的头等大事。在这些全球性的大课题的研究与讨论中，应该让人们听到历史学家的声音。《历史研究》应该为关注这些现实重大问题中外学者提供讲坛，这不是历史学家急于自我表现，而是各个学科成员都应履行的历史职责。

古人说："车轻道近，鞭策不用；鞭策所用，道远任重。"我愿与《历史研究》的编者、作者、读者与所有关心当今史学发展的人们以此语共勉！

笔墨情缘永相忆

——我与东京辛亥革命研究会

寒假结束从广州回来，看到野泽丰先生来信并附有久保田、饭岛、田中三先生的宣示，知道延续约 40 年的辛亥革命研究会终于结束了，这不免引起我许多回忆与思索。

我与辛亥革命研究会结交之始，是在 1979 年 10 月 8 日下午，当时我正在美国胡佛图书馆复印若干珍贵历史文献。恰好中村义教授也在斯坦福大学访问，闻讯匆匆赶来晤谈。他热情洋溢地向我介绍东京辛亥革命研究会的相关情况，并且希望与中国的辛亥革命研究会建立交流合作关系。这是我结识的第一位来自东京的辛亥革命研究会成员，可以说是一见如故，仿佛多年共事的知交。

正好，这年 11 月 7 日我应邀顺道访日，一到东京久保田文次、藤井升三诸先生都赶来旅舍探视。11 月 10 日下午 3 时又应邀在"江之圣"餐馆参加东京辛亥革命研究会例会，到会者除久保田、藤井以外，还有市古宙三、野泽丰、菊池贵晴、石田米子、小岛淑男等。会上就我的报告展开热烈讨论，直至晚 9 时始兴辞散会，前后交流达 6 小时之久，连晚餐时都是边吃边谈。日本辛亥革命研究同道的热情、坦率与探索的执着，给我留下极为深刻的印象。或许可以说，日本和中国两个辛亥革命研究会的长期结交就是从"江之圣"之夜开始的。

从此便展开了两国辛亥革命研究者长达 20 余年的频繁交流合作。或相互参加对方举办的国际研讨会，或相互邀请访问讲学，或交换珍贵历史文献与最新论著，或共同合作进行研究乃至培养青年学者。我们之间关系的密切与成效的显著，已经不仅限于辛亥革命研究本身，而且是在中日文化交流史上写下极其美好的一页。

1993 年 6 月，我在旅美 3 年以后顺道访问日本，由于应邀去台湾讲学的手续办理迟缓，竟在日本滞留 3 个月之久。在此期间主要是借住野泽丰先生在饭能市美杉台的乡下寓所，更有机会与他及绫子夫人朝夕相处。野泽丰夫妇对我与内人关怀备至，融洽如同家人。为了解除我们客旅的寂寞，久保田先生还专程前来陪同我们参观东京附近的古迹名胜，或者是邀请我们参加辛亥革命研究会的例会与其他学术活动。在这一期间，由于接触更为密切，彼此相知更深，友情也更为深厚。记得我曾戏称中村义、藤井升三、久保田文次、小岛淑男为"四人帮"，他们竟毫不推辞地接受了这个"雅号"。这个国际玩笑后来延伸到国内，于是有广东辛亥革命研究的"四人帮"，又有四川相关中年学者的所谓"四人帮"……小小玩笑居然成为史坛美谈，这也可见中日两国辛亥革命研究者之间的关系是多么亲密！

世界上没有任何"万寿无疆"的人和事，日本的辛亥革命研究会作为一个民间学术团体能够持续发展 40 年，而且做了大量卓有成效的工作并在国际上产生重大影响，这已经是了不起的成就。我认为它的名字将永远铭记在众多历史学者心中，它的业绩亦将为后世的学术史所记述，它为日中两国友好与学术交流所贡献的一切将永远为后继者的宝贵遗产并可奉为楷模。

惜别不是诀别！我深信中日两国年青一代的历史学者，必定会在新的起点上与新的条件下发扬光大我们这一代人所已做过的学术交流事业。

经常的"栖息地"

——忆徐家汇藏书楼

就历史学者这个行当来说，最大的癖好就是搜寻珍贵的文献资料，因此图书馆也就成为我们经常的"栖息地"。而就我自己的学术生涯来说，帮助最大的即北京图书馆和上海图书馆。20 世纪 60 年代研究张謇，常去坐落在风光绮丽的北海之畔的北图旧馆，其善本阅览室似乎是一座永远发掘不尽的宝藏。80 年代我把研究领域扩大到清末民初的江浙资产阶级，上图又成为我源源不绝的史料供应库，而印象最深刻的则是徐家汇藏书楼。

徐家汇藏书楼对我最具吸引力的是收藏特丰的早期中文报刊，那真是琳琅满目，美不胜收。其时"文革"结束不久，大批早期报刊重重叠叠堆在书架上或墙角边，尚不具备正式陈列阅读的条件。但由于"十年动乱"时间耽误太久，各行各业都急于重振旗鼓，人们备受压抑而又积蓄甚久的积极性像埋藏在地下的泉水一样喷涌而出。图书馆的工作人员非常理解我们的心情，他们自己又何尝不是急于把这些尘封多年的珍贵文献及早整理上架以供学者利用。当我看到他们灰头土脸地抱着一大摞报刊蹒跚走来时，内心真是充满说不出的感激与歉疚。至今我仍遗憾，当时大家都埋头忙于工作，竟未请教他们的尊姓大名。他们才是帮助学术发展的真正的无名英雄啊！

由于年深日久，老旧的藏书楼缺少必要的先进设备，报刊纸张脆化与虫蛀现象已相当严重。有次我系统查阅好几年的《汇报》，发现有若干卷合订本竟被蛀虫啃出几寸深的洞眼。也有若干特殊的读者不大了解这批报刊价值，翻阅时粗心大意也增加了新的破损。我曾偶然巧遇一位电影名演员，他为了从文献中体验20世纪30年代的社会生活，也来借阅《申报》《良友画报》之类。此人大概演惯了领导干部，看书时也派头十足，翻阅动作往往过大过猛，每翻一页都会撒出若干碎片。我提醒他注意，他却不以为然，仿佛无非是废旧纸张一堆。我本来很欣赏他的演技，但从此便很难给以推崇。

80年代中期以后，由于繁重校务的缠绕，不再拥有一天到晚"泡"图书馆的余暇。其后又由于长期客居海外，与上图一别就是十多年。幸好今年春天，我们研究中心希望与上图合作从事一大批历史文献的整理与编辑出版，年轻的同事怂恿我亲自出马联系，我自然不愿放弃这一难得的机会。当我一到上图新馆，眼睛顿时为之一亮，这与旧馆，特别是徐家汇藏书楼，差别是多么大啊！宏伟的建筑，宽敞的空间，明亮的采光，合理的布局，先进的设备，周到的服务，幽美的环境，一切都显得井井有条，使人心旷神怡。这大概正是新上海三年一大变的缩影吧！

上图老领导和同事们热情地接待了我们，而且稍经商谈便一拍即合，因为大家都是为着同一目标而勤奋工作啊！我们参观了馆藏珍贵书画与家谱阅览室。古色古香而且宽敞明亮的阅览室为读者提供了极为优越的工作条件，而一万多种的家谱收藏更是世界首屈一指的谱牒宝库。在书库中我找到了《吴兴荻溪章氏家乘》四修本及其续编（我家源于此系），收藏乃是为了利用，这是现代图书馆与旧时藏书楼观念根本区别所在。上图新馆不仅以新的风貌而且以新的业绩紧跟着世界图书馆的时代潮流！

我默默地为上图更为辉煌的前景祝福。

感　言

——纪念史华慈诞辰 90 周年

今年是本杰明·史华慈教授诞辰 90 周年，我有幸参加华东师范大学与哈佛大学费正清东亚研究中心联合举办的"史华慈与中国"国际研讨会。

史华慈对于中国现当代史、中国思想史和人类文明比较研究，作出极其重要的贡献，也是我结识较早而且非常敬重的美国学者之一。这不仅因为他长我整整 10 岁，而且还由于我从他那里获得教益甚多。

时间可以回溯到 1979 年深秋。朱政惠教授的新著《史华慈学谱》曾有记述："10 月 26 日收到哈佛大学东亚研究委员会备忘录。备忘录告知，中国章开沅教授等将在 10 月 30 日下午到哈佛大学访问。11 月 1 日纽英伦中国讲座将邀请其作讲座；11 月 2 日上午，孔飞力教授将再次主持其讲座。章开沅教授还将访问西雅图华盛顿大学、加州大学伯克利分校、斯坦福大学、威斯康星大学、密歇根大学、哥伦比亚大学、普林斯顿大学、耶鲁大学等。"（哈佛大学文件，档案号：ACC#14133，Box14）

我当时有简要笔记，后收入 1998 年出版的《实斋笔记》。其中"访美日记"一节亦有相关记述。如 1979 年 10 月 12 日，访问加州大学伯克利分校期间，杜维明曾向我介绍美国史学界情况，特别推崇史华慈："汉学真正有成就的是史华慈（Benjamin I. Schwartz），有研究严复和毛泽东思想产生等著作，'毛主义'（Maoism）一词即始于他。史为犹太人，基本训练很好，现在哈佛任教。"10月30日下午2时我离开耶鲁，乘火车于晚6时50分到达波士顿，宿哈佛大学校内宾馆，据说前不久中国科学院代表团（包括钱钟书等）即住此处。10月31日正式访问费正清东亚研究中心，孔飞力（Philip Kuhn）主任介绍中心基本情况说："费正清学派注重政治制度与中外关系，史华慈学派则注重思想史，继承发展传统汉学。"他曾师从史华慈攻读博士学位，当然知之更为深切。

当天中午与中心同行餐叙，史华慈也赶来参加。我的日记写道："史为现任亚洲协会主席，声誉正隆。他对侯外庐的著作充分肯定，但认为唯物、唯心两分到底的模式过于简单化。又征求对美国史学的意见，我提出学位论文大多选题过窄。孔飞力亦有同感，并认为因此难以形成综合理论。"

11月1日下午3时，东亚研究中心又举办新英格兰地区中国问题研讨会（New England Chinese Problem Seminar），即朱政惠所著《学谱》所说之"纽英伦中国讲座"："来自新英格兰六个州的30余位学者参加，我演讲后聚餐，餐间亦自由讨论，颇为热烈，晚9时半始结束，比原订计划延迟一小时。"据说这是很少有的情况。

史华慈与我谈话甚多，具体内容已记不清，主要是说古代中国思想史内容非常丰富，并列举若干思想家及其著作，认为情况比较复杂，不宜简单地给以唯物、唯心截然两分。其实当时国内已有不少学者反思这个重大问题，所以他与我的对话堪称融洽顺畅。此外，与某些西方学人的倨傲偏执不同，也可能是认真研究中国古代典籍甚为投入，他已经有蔼然儒者之风。即令有不同意见，也是以平等姿态从容进行讨论，决不强加于人。以后我才知道，他正在撰写那部《古代中国的思想世界》（The World of Thought in Ancient China，Cambridge：Harvard University Press，1985）大著作，所以抓紧一切机会与中国学者交换意见。

至于我对某些美国研究生历史学学位论文选题过窄的批评，史华慈也有同感。其实他比我考虑得更为深刻，因为我只是走马看花得来的印象，而他却是长期亲身体验并深思熟虑的见解。史华慈曾特地在《亚洲研究》杂志发表过一篇文章:《学科拜物教》(The Fetish of the "Disciplines"),提倡学术根基必须广博深厚,反对把学科变成狭隘的自我封闭的文化"模式"或"体系"。

史华慈是一个气象恢闳的大学者。他从研究毛泽东思想开始,经由严复研究进入更为丰富多彩而又百家纷呈的古代中国思想世界,而其晚年最为关心的则是整个人类文明与跨文化的研究。他留下了深沉忧虑,关注与人类物质文明迅猛发展相伴随的全球性精神文明的堕落。正如他的几位高足(柯文、戈德曼、麦克法夸尔)所说:"尽管在生命的最后时光里,他身体衰弱,但始终目光炯炯,思考能力丝毫不减。直至生命的最后一段时间,他的到场仍然能够令任何讨论从琐碎平庸的层次朝思想道德的深刻层面提升。……他是一个人格魅力与思想魅力都同样杰出的人,这样的人物真正是可遇而不可求的。"(《怀念史华慈》,载于《史华慈学谱》卷首)

真正的学术与真正的学者是超越国界的。史华慈属于美国,也属于世界;而就他终身以中国研究作为学术的起点与主干而言,也可以说是属于中国。他给我们留下了一笔颇为丰厚的历史遗产,其中最可贵的就是他那锲而不舍的真理追求与客观冷静的科学精神。我们已经并且应该继续向他学习许多有益的东西。但是令我深感遗憾的是,我在20多年以前曾经向他批评过的美国历史学研究生学位论文选题过窄的偏向,于今在中国许多高校却愈演愈烈。至于在学科建设中自我封闭乃至画地为牢的不良倾向,也严重妨碍了通识与通才的形成乃至多学科相互之间的融通。

现今更为严重的是有关学术的管理与导向存在着严重缺陷。最近有的高层人士又在以重话批评高校科研工作中普遍存在的浮躁现象,但我却要再一次郑重追问:"孰令致之?"放眼环顾,现今哪一所大学,哪一所研究机构,不是为争取所谓"重点项目"而苦心经营。有了项目,就有了经费与地位,也包括项目承担者自身的名利。项目的花色品种越来越多,含金量与含"名"量也与日俱增;在很多高校教师与研究人员心目中,有了项目就有了一切,没有项目就失去了安身立命的根基。项目本来是一种手段,如今却成为目标,成为梦寐乃至千方百计的营求,甚至可以称之为"项目拜物教"。人们整天围着项目转,还谈得上什么潜心治学,学风怎能不日趋颓废。加以项目要求高，时限短，管理程序极为繁琐而评估又虚有其表，于是便形成投入极多而效益甚差的恶果，甚至出现大批量文字垃圾。很多恶行劣迹，已经难以用"浮躁"二字概括。相关部门至今除讲空话外，仍然我行我素，丝毫没有表现出彻底改弦更张的意向，而这正是问题最为关键之所在。

很难想象后世的真正学者如何评估我们现今的学术界。或许将来又会出现一个史华慈似的外国学者，又会出现一本研究我们这一代学者的专著，而书名可能就是《没有思想的思想世界》!

但愿不会出现这样一本书。此所谓"盛世危言"，或可以"杞人忧天"视之。

筚路蓝缕，以启山林

——辛亥革命五十周年学术讨论会追忆

历史的必然性多半是寓于偶然性。辛亥革命研究在湖北的蓬勃发展固然具有必然性，然而其发端确实出于偶然。

新中国成立初期，辛亥革命作为资产阶级革命，在学术上备受冷遇。在中国近代史领域，人们热衷于太平天国与反帝斗争，而戊戌变法、辛亥革命都很少有引人注目的讨论。我当时和别人一样，也是写些诸如中国近代史分期、太平天国的性质及其土地制度之类热门文章。

转向辛亥革命研究主要是由于外来刺激，而且转变的速度也很迟缓。1954年秋，民主德国历史学者贝喜发博士专程来武汉调查研究辛亥革命，我有幸参与接待工作，并且开始与张难先、李春萱、章裕昆、李西屏、熊秉坤等一批辛亥老人结交。这件事对我触动很大，一个外国人不远万里来到武汉研究辛亥革命，我们常年住在武汉的中国学者反而对此不大关心，真有点难以言说。从此，我决心研究辛亥革命，不仅认真阅读《中国近代史丛刊》那8本辛亥革命资料，还经常向辛亥老人请教一些疑难问题。但是，那些年月政治运动太多，除教学工作外，我能够用于从事研究的时间极为有限。1957年轰轰烈烈的"整风反右"以后，全民为之狂热的"大跃进"又接踵而至。我被下放到草埠湖农场劳动锻炼一年多，直到1959年春季才返回学校，这一期间自然无从研究什么学术。

　　1959年的政治形势有所变化，人们逐渐冷静下来，"重建教学秩序"乃至"重整家园"等呼声在校园内此伏彼起。我正处于年少气盛时期，自然也不甘寂寞，于是鼓起勇气向历史系领导提出筹划在武昌举办纪念辛亥革命五十周年全国学术会议的构想。校、系两级领导都很赞赏这个建议，并且立即向湖北省委宣传部汇报。当时，高校仍属省委宣传部领导，关系极为密切而且他们对教师队伍情况也比较熟悉。宣传部迅速表示同意，除上报中宣部外并责成湖北省社联具体筹备。省社联主席是德高望重的李达校长，具体负责者则是省委宣传部副部长密加凡和理论处处长彭展。他们都非常重视这项工作，并且指派我参与会议的前期具体筹划工作。

　　省委态度明朗以后，武大、华师、武师（即现今湖北大学）等校相关教师立即分头准备学术论文。我报的题目是《从辛亥革命看资产阶级性格》，而且采取当时通行的集体讨论个人执笔的方式。为了写好这篇论文，我们（主要是陈辉、刘望龄、朱山樵、马天增、孙玉华）除到上海、南京搜集档案文献资料外，还分头带学生到鄂西、鄂东、鄂西北各地做社会调查。时值全国经济困难，粮食定量有限，经常处于饥饿状态，有时走在乡间山路上连腿都提不起来……但大家为了开好这次会议都干劲十足，在极其艰难的条件下，认真完成了各项准备工作。

　　1961年春，省社联李德仁秘书长、欧阳学术秘书和我同时前往北京。她们负责与中央各有关部委联络，我则专门与学术界联络。李秘书长是曾在延安马列学院学习过的老干部，欧阳则是颇有行政经验的原武大地下党员，她们都像大姐一样关心与开导我，使我这个性格内向、不善交际的年轻教师增强了与北京学术界联络的信心。其时，范文澜前辈已经收到我执笔撰写的论文初稿，并经由近代史研究所学术秘书刘桂五安排王仲、赵金钰具体审阅。我到北京后就住在近代史研究所，除听取刘、王、赵的修改建议外，主要是抽空阅读该所收藏的重要书刊。当然，最重要的收获还是与景仰已久的黎澍晤谈。黎澍从中宣部调任近史所副所长为时不久，所以日常仍在中宣部治学与办公。他除了向我讲解"双百方针"精神以外，特别强调实事求是的学风。他问我看过范老的《反对放空炮》文章没有，并且劝我不要赶热闹，写什么社会主要矛盾或辛亥革命的历史意义之类空泛文章，要扎扎实实做点真正的学术研究。临别时，他郑重其事地告诉我："中央已正式同意在武昌举办这次会议，并且希望通过此会纠正当前学风。"

尽管黎澍嘱咐我暂时不要向湖北转达中央的重要意图，但我还是忍不住向李、欧两位大姐透露了这个信息。说老实话，我们此次进京，原本只希望中央同意开会就心满意足，却没有料想到中央竟把这个会放在如此重要的位置。就当时武汉的史学队伍而言，中国古代史与世界古代史的力量都比较雄厚，而中国近现代史则相对薄弱，特别是没有专门从事辛亥革命的资深学者。我们贸然倡议举办全国学术会议确实有点孟浪，但也许这就是敢为天下先的首义精神激励着我们。我们首先提出建议而历史便选择了我们，武汉从此逐步走向全国乃至世界，并被公认为辛亥革命研究中心。

但历史的选择决不意味着可以侥幸取胜，把握机遇毕竟是要付出大量艰苦劳动的。我认为当时湖北学术界的态度非常正确：一是老实；二是认真。所谓老实就是承认自己起步晚，水平低；所谓认真就是扎扎实实抓论文修改，以求确保学术质量。在我的回忆中，当年省委宣传部与社联确实是把论文质量看作筹备工作的重中之重，而且由彭展亲自抓论文修改工作。

社联决定把论文作者集中到洪山宾馆进行修改，这在当时是非常必要的措施。因为长期缺粮少油，高校教师的健康普遍受到严重损害，患肝炎、神经衰弱者甚多，我这将近170公分的个头，体重已不到50公斤。虚弱的体质难以支持如此紧急的工作重负，而家庭根本无法保证作者的必要营养。洪山宾馆的粮食定量比学校高，虽然没有什么大鱼大肉，但炒菜的油水毕竟多一点，应该说，基本营养是足够的，这就为修改工作提供了物质保证。彭展当时正患肝炎，但看见我食量甚大，而工作负担又最重，所以总是把自己定量的米饭拨一半给我，并且以食欲不佳为借口以化解我的羞愧。此情此景终生难忘！

鉴于作者大多是缺乏学术论文写作经验的高校青年教师，社联又安排《江汉论坛》两位资深编辑（一位是舒焚，另一位忘记名字）参与论文修改的讨论。这也是非常必要的措施，因为好些论文虽然资料翔实、条理清楚，但却很像一般的教材或讲义，没有侧重于提出新问题、新见解，读起来平淡无味。已经交来的稿子，除武大吴纪先教授的《盛宣怀与辛亥革命》、彭雨新教授的《辛亥革命前夕中国资本主义工业与工业资产阶级》两篇是出自学术老手的佳作以外，我执笔的论文因为着手较早，而且已经根据北京若干学者的意见作过认真修改，所以总算勉强通过。比较麻烦的有两篇：一是武大汪诒荪教授的《辛亥革命时期资产阶级与农民关系问题》，一是武师陈祚津等的《论武昌起义》；前者虽然颇有自己的见地，但行文和结构都较松散，不大像是严谨的学术论文，而作者由于年事已高且又患病（冠心病），无法进一步作细致修改。后者则纯粹是史事陈述，虽经反复讨论推敲也难以有所突破。

汪诒荪先生是我们很敬重的前辈，他兼通中日两国历史，而且早在20世纪三四十年代即已注意搜集辛亥革命史料。1954年贝喜发访汉以后，他把自己历年抄录的珍贵史料全部借给我阅读抄写，鼓励我长期从事辛亥革命研究。他当时确实是苦于健康不佳，每次参加讨论都是脸泛潮红，精力不济。他曾悄悄告诉我："我得的就是梅兰芳那种病呀。"梅兰芳就是由于冠状动脉硬化而猝死于1960年。我向彭展反映实情，社联认为要尊重与爱护老教授，不应该与青年教师一样对待，就不再要求汪先生作进一步修改了。后来，《湖北日报》提前发表了这篇文章，而且还引起比较热烈的反响。所以，这篇文章虽然未经正式提交会议，但却收入《辛亥革命五十周年纪念论文集》，就是为了表示对老教授劳动的珍惜，何况这确实是一家之言。

对武师那一篇，社联始终未放松要求。因为桂五每次来汉必说："会议在武昌开，你们必须回答：辛亥革命为什么首先在武昌爆发？"我们都认为必须把这篇文章改好，后经研究决定由我与陈辉、陈祚津把原稿推倒重写。陈辉认真负责，祚津朴实宽厚，所以三人很容易通力合作。经过数度讨论商定新的思路和框架后，由我正式执笔撰写，新稿紧紧围绕着一个主题："辛亥革命何以首先在武昌爆发？"那年我刚三十出头，只要填饱肚皮倒也显得精力旺盛，只花两三天时间就把文章定稿了，题目改为：《武昌起义与湖北革命运动》。传阅之后，大家都认为质量颇佳，于是紧张的论文修改工作总算划上句号。

1961年10月初，学术讨论会开幕的日子已经迫近了，我随着会务组提前进驻德明饭店，任务就是逐篇阅读各地送来的会议论文，为组织学术讨论作准备。看了全部论文之后，我稍为松了口气，因为湖北正式提交的四篇论文的质量至少是在水平线以上。果然，在预备会上，经由上海代表陈旭麓等建议，大家一致推荐我首先宣读《武昌起义与湖北革命运动》这篇论文。当然，外地论文精彩者也甚多，如上海陈旭麓等的《清末的新军与辛亥革命》，北京李文海的《辛亥革命与会党》，就是会议讨论的两大热点。徐仑的《张謇在辛亥革命中的政治活动》，由于最先利用《赵凤昌藏札》中大量珍贵原始资料，而且张謇这个人物的性格与事迹又极为丰富复杂，所以也引发大家浓厚兴趣。刘大年的《辛亥革命与反满问题》立论谨严，逻辑严密，文字典雅，确为大家气象，更受到一致推重。我之所以受到好评，主要是由于代表东道主地区，加上又属于前辈热心提携的小字辈。所以，会后《新华日报》又全文刊发了我执笔写的《从辛亥革命看民族资产阶级的性格》，也无非是对青年学者的特别鼓励而已。

吴玉章代表中国史学会在讨论会开幕式上的讲话，是由黎澍起草的稿子，果然突出提出了学风问题。他说："为了提高我们的学术水平，必须树立严肃的学风。马克思主义创始人的学风是严肃的，没有半点虚假的。大家应当向他们学习治学态度和治学方法。只有这样，才能产生真正的科学成果。……要写真正的信史是很困难的，没有正确的立场固然不行，没有实事求是的精神也不行。同时，如果不经过努力，不肯刻苦钻研，不认真地做考证和辨异的工作，也还是不能说明历史的真相。历史是一门老老实实的学问，研究历史是不能偷懒取巧的。"讲话还提到"材料要钻，哲学要学"，史论结合，以及将来要写"辛亥革命的大著作"等问题。这些苦口婆心的教导，影响了此后我一生的学术生涯。湖北省社联由李达校长代表讲话，讲稿系彭展起草，除强调"双百方针"与深入研究外，特别指出："我们这里（指武汉）搞近代史的基本上是一支年轻队伍，知识不足、理论不足对我们来说是事实，决不是妄自菲薄。因此，我们参加这次讨论会，主要是向老前辈学习，向先进省区的同志们学习。"这些话不仅完全符合实际，而且也是十分得体的。范老在大会上也讲了话，我由于忙会务未能聆听，据说还表扬了我们的认真准备与扎实治学，这真是极大的鼓励与鞭策。

会议讨论的内容与热点问题,当年已有专文介绍,此处无需赘述。我只想补充一点,到会代表对会务工作非常满意,大多赞不绝口。这除了操办会务的社联和各高校人员工作出色以外,省委、省府的高度重视也是极为重要的因素。我记得张体学省长在会见各地代表时,没有讲任何大道理和客套话,而是朴实无华地说:"你们都是学者,我们是为你们服务的,要尽最大努力保证你们吃得好、睡得好,有充足的精力来讨论。"在当时的历史条件下,保证代表吃得好谈何容易;但会议期间代表吃饭不定量,每餐都有点鱼肉,素菜也炒得油润润的,难怪代表们都认为过的是"天堂"生活。事后才知道,这都是体学同志精打细算后批示商业局如数供应的。我至今还记得他那农民的淳朴与军人的豪爽融为一体的英雄形象。

在40年以后回顾此次会议,当然会感到有许多幼稚与不足之处;但是这毕竟是全国规模辛亥革命学术研讨会的发端,因此便具有重要意义与深远影响。

第一,新中国成立初期,政治运动频繁,领导上并未提倡跨地区的学术交流,遑论举办全国性史学会议。因此,这次会议乃是第一次以历史事件为主题的全国性学术讨论会。我记得,湖北、湖南两省社联紧接着又举办了王船山的全国性学术讨论会,而武大萧萐父等老师则自始至终参与了此次会务工作,用意即在于观摩并积累办会经验。吴老在开幕式上的讲话,一开头就强调"利用历史事件或历史人物的周年纪念来进行学术活动,是推进学术研究的一个很好的方法。""纪念辛亥革命五十周年学术讨论会"可以说是为全国学术研究带了一个好头。

第二,由于中央和各省、市的重视,史学界著名学者云集武汉,仅据我记忆所及就有吴玉章、范文澜、吕振羽、翦伯赞、柴德赓、白寿彝、邵循正、刘大年、黎澍、李新等。由于会议时间有限,不可能安排这么多名家都在大会上讲话,所以由武汉各高校分头邀请做大报告。所以,会场以外,知名学者纷纷登场,青年学子听得如痴如迷,成为武汉地区又一道学术风景线。这就更扩大了此次会议的影响。

第三,当然,此次会议对武汉地区最重要也最直接的影响,乃是极大地提高了人们对于辛亥革命研究的认识,促使更多的青年学者投入此项研究。1961 年以后，除华师、武大、武师外，中南财经学院、中南政法学院和中南民族学院都有若干年轻学者加入辛亥革命研究队伍。"文革"前虽然没有辛亥革命研究中心一词，但至少从地区学术发展趋势而言，辛亥革命研究已经成为武汉一大特色。所以，1966 年春全国政协把我借调到北京，协助廖承志、杨东莼正副秘书长处理纪念孙中山诞生 100 周年筹备会有关学术事务，即已预示着纪念辛亥革命六十周年有可能仍将在武昌举行，只不过由于"文革"的干扰才未能实现。直到 1980 年旧事重提，1981 年又在武昌举办了纪念辛亥革命七十周年国际学术研讨会，把辛亥革命研究推进到一个崭新的阶段。

回想起来，我们这 40 多年的辛亥革命研究，大体上都是按照 1961 年会上前辈学者的教诲与期望进行的，例如发扬解放思想、实事求是的学术风气，力戒浮华、扎扎实实的工作本色，以及同心协力撰写高水平的大著作等等。当然，我们也并非拘泥传统、墨守成规，20 世纪 80 年代以后的辛亥革命研究从理论到方法都有根本的变化，而研究的广度和深度早已远远超过"文革"前的水平。辛亥革命研究已经走向世界，而且还赢得世界的赞扬，武汉地区已经成为名副其实的辛亥革命研究的中心。薪尽火传，世代绵延，这已足以告慰于当年对武汉地区寄予殷切期望的那些前辈学者！

倾情新世纪

——纪念辛亥革命九十周年

一般说来，历史学家并不赞成以世纪来标志时代或竟以此作为时代的同义词，因为他们比较注重年代陈述的精确性。然而，就中国近代史而言，1900 年确实标志着一个旧时代的退隐与一个新时代的登场，而辛亥革命就是与 20 世纪相伴而来的宁馨儿。

强烈的世纪关怀

"世纪"一词是外来语，它与"社会""主义"等词一样，源于西方，在近代经由日本传入中国。19 世纪末，较早也较多公开采用西元纪年的中国人，孙中山当数其中之一，但较早把世纪与时代结合在一起论析历史大趋势的却是梁启超。梁在 1901 年发表《过渡时代论》一文，把各国历史的发展过程区分为停顿与过渡两种时代，认为欧洲各国自 18 世纪以来两百年间皆处于过渡时代，而中国自数千年以来皆处于停顿时代，现今则开始进入过渡时代。他说："过渡时代者，希望之涌泉也，人间世所最难遇而可贵者也。有进步则有过渡，无过渡亦无进步。"梁启超对过渡时代的表述，虽然体现出历史感觉的敏锐，然而多半还停留于历史现象的描述，缺乏对历史实质准确的把握。较之前进一步的是同年发表于《清议报》的《论帝国主义之发达及二十世纪世界之前途》一文。此文作者明确指出："今日之世界，是帝国主义最盛，而自由败灭之时代也。"作者把帝国主义解释为膨胀主义、侵略主义、强盗主义，并且结合美、英、德等列强的历史与现状，断言帝国主义必将加强对于亚洲的争夺。与此同时，《国民报》也发表《二十世纪之中国》一文，更为密切地把世纪、时代与中国的命运结合起来考察。作者纵论中国历史，阐析世界大势，指出所谓"二十世纪将为支那人之世界"，实乃欧美、日本列强"忌我中国之言"，决不能轻信而沾沾自喜。由于自秦以降长期实行君主专制主义与愚民政策，"中国成一醉生梦死，行尸走肉，不痛不痒，麻木不仁之世界"，列强遂能对中国政府官吏"擒之纵之威之胁之"，任意掠夺其领土、主权、资源、财富。如果人民仍然只知有朝廷不知有国家，则"二十世纪之中国，将长为数重之奴隶矣！"在这篇短文中，作者三次呼唤："呜呼！今日已二十世纪矣，我同胞之国民，其将何以自处也。"在这里，作者表达了那一代中国人对20世纪中国的前途和命运的强烈关注。

从此以后，"世纪""20世纪""20世纪之国民"等词语不胫而走，成为那一代有识之士的流行话语。有的杂志也径名之为"二十世纪大舞台""二十世纪之支那"等。《民报》发刊词宣称，其主要任务就是探讨20世纪之支那于世界上处如何位置？编者把问题提得很尖锐："二十世纪之支那，依然支那之支那乎？抑俄国之支那乎？英国之支那乎？德或法之支那乎？吾人爱之，不能不决此疑问也。"作者的态度是真诚而又积极的，他们认为对于这个问题不仅应该"思索"，而且更应谋求"解决"。因为，"二十世纪中，乃自言论而进入实行时代，吾人之言论，正所以为国民之取材也。吾人言之，而读者果实行之，使吾人以言论始，而不仅以言论终也，尤吾人所切望。是则吾人之幸，即读者之幸，即一般国民之幸，即二十世纪之支那之幸！"文章结尾满怀激情地高呼："二十世纪之支那万岁！"这是对新世纪的殷切期望，也是在新世纪开端之际发出的战斗誓言。正是这种对中华民族前途和命运的强烈关注、对新世纪寄予的热切期望，促使辛亥那一代先进的中国人在任何时候都把自己的命运与祖国的命运结合在一起，并且义无反顾地紧跟着时代的步伐前进！由此可见，强烈的世纪关怀，正是他们前进的驱动力之一。

纷纭的世纪取向

20世纪的中国怎么走？会发展成为一个什么样的中国？人们都在艰苦求索。

清王朝和顽固派昧于世情，不知"世纪""时代"这些新名词为何物，他们对于汹涌澎湃的改革大潮及各种社会思潮，先是顽固排拒，等到排拒失败才被动接受。因此，从本质上看，他们不愿看到中国走向民主、科学和现代化，仍然希望中国"关起门来成一统"。由此，表现在纪年上就是要坚持"用君主之年号"，反对使用西元纪年。

曾经倡导维新变法的康、梁一派也始终过不了推翻帝制这一关，坚决反对任何一种激进形式的社会变革，仍然主张君主立宪，至多同意搞虚君共和。表现在纪年上，他们为了保教同时也为了化解满汉矛盾，既反对用西历，也不同意用君主年号，主张以孔子生辰为纪年。

国粹派非常反感当时日益滋长的盲目崇拜欧美、日本的思潮。正如章太炎所云："近来有一种欧化主义的人，总说中国人比西洋人所差甚远，所以自甘暴弃，说中国必定灭亡，黄种必定剿绝。因为他不晓得中国的长处，见得必无可爱，就把爱国爱种的心，一日衰薄一日。"但他们也不同于尊孔读经的顽固派，对清廷政治的腐败表现出强烈的不满。他们极力主张学习欧洲文艺复兴的经验，发扬光大中国传统文化的精华，借以谋求中国的进化，排王权，兴民权，最终实现独立与富强。国粹派中许多人受传统文化熏陶极深，他们企图从古代贤哲的经典中寻求民族民主革命所需要的精神武器，但却往往侧重继承而缺乏批判，因而很难与旧文化营垒彻底决裂，甚至最终陷入故纸堆中而不能自拔，成为时代的落伍者。表现在纪年上，他们对西元纪年存在着本能的反感，因而主张用黄帝生辰为纪年。

与国粹派成为鲜明对照的是无政府主义派。其代表人物李石曾、吴敬恒等宣称1789年的法国资产阶级革命"革王位宣布人权，乃为新世纪革命之纪元"，是"将来社会革命之先导"。他们把人类历史上的革命划分为三个阶段：第一是易朝改姓，为旧世纪革命；第二是倾覆旧政府，建立新政府，为新旧过渡时代革命；第三是扫除一切政府，为新世纪革命，而这就是他们的最终目标。无政府主义派虽然从理论到实践都杂乱无章，但他们以激进超前的姿态出现，特别是对传统价值最陈旧的核心进行了猛烈批判，把思想解放放在一个极为重要的位置，因而有助于民主革命潮流的发展。

当时的革命者认为 20 世纪是民族主义和民权主义勃兴的时代。他们认为："亘十九世纪二十世纪之交，有大怪物焉，一呼而全欧靡，而及于美，而及于澳，而及于非，犹以为未足，乃乘风破涛以入于亚。"这个"大怪物"就是民族主义，民族竞争将更加激化于 20 世纪，而"种类大竞争之世，其种之死生存亡，一视其所依之国之种类以为衡。国种而良也，改政必易；国种而否也，改政必难"。其结论是："今日者，民族主义发达之时代也，而中国当其冲。故今日而再不以民族主义提倡于吾中国，则吾中国乃真亡矣。"（《民族主义论》，《浙江潮》第 1、2 期连载）虽然他们看出 20 世纪民族、民权革命两大发展趋势，甚至还深入探析两者之间的内在联系，但是他们也未能全面把握新世纪中国社会的总体发展趋势，尤其是未能说明社会主义运动必将在这又一个百年当中勃兴。当时只有孙中山等极少数先知先觉者站得更高，看得更远，对 20 世纪中国社会发展的大趋势看得比较清楚。孙中山曾说："余维欧美之进化，凡以三民主义：曰民族，曰民权，曰民生。罗马之亡，民族主义兴，而欧洲各国以独立。洎自帝其国，威其专制，在下者不堪其苦，则民权主义起。十八世纪之末，十九世纪之初，专制仆而立宪政体殖焉。世界开化，人智益蒸，物质发舒，百年锐于千载，经济问题继政治问题之后，则民生主义跃跃然动，二十世纪不得不为民生主义之擅场时代也。"（《民报发刊词》）过去论者常把孙中山的民生主义归结为主观社会主义，我则宁可视之为一种善良而又真诚的愿望，一种力图避免资本主义社会痼疾的最初探索。正因为孙中山的思想水平高于一般革命党人，所以他提出的政治纲领便能引导 20 世纪头二十年的革命潮流。

执著的世纪参与

19 世纪中叶以来，民族危机与社会危机日益加深，使辛亥那一代知识分子产生了浓郁的忧患意识。正如孙中山 1894 年起草的《兴中会章程》所云："中国积弱非一日矣！上则因循苟且，粉饰虚张；下则蒙昧无知，鲜能远虑。近之辱国丧师，剪藩压境，堂堂华夏不齿于邻邦，文物冠裳被轻于异族。有志之士，能无抚膺！夫以四百兆苍生之众，数万里土地之饶，固可发奋为雄，无敌于天下。乃以庸奴误国，荼毒苍生，一蹶不振，如斯之极。方今强邻环列，虎视鹰瞵，久垂涎于中华五金之富、物产之饶。蚕食鲸吞，已效尤于接踵；瓜分豆剖，实堪虑于目前。"（《檀香山兴中会章程》，《孙中山全集》第1卷）

这种忧患意识与日俱增，因为瓜分亡国之祸与20世纪相伴而来。正如一个留日中国学生所云："呜呼，今日之世界，非竞争风潮最剧烈之世界哉？今日之中国，非世界竞争最剧烈之漩涡哉？俄虎、英豹、德法貔、美狼、日豺，眈眈逐逐露爪张牙，环伺于四千余年病狮之傍。割要地，租军港，以扼其咽喉；开矿山，筑铁路，以断其筋络；借债索款，推广工商，以噬其膏血。开放门户，划势力圈；搏肥而食，无所顾忌。官吏黜陟，听其指使；政府机关，使司转捩。呜呼，望中国之前途，如风前烛、水中泡耳，几何不随十九世纪之影以俱逝也"。（《学生之竞争》，《湖北学生界》第2期）但是，这些热血青年丝毫也没有悲观失望，忧患意识转化成为强烈的历史使命感，并且成为驱使他们献身革命的原动力。其心情正如孙中山所曾公开表述的："中国土地人口为各国所不及，吾侪生在中国，实为幸福。各国贤豪，欲得如中国之舞台者利用之而不可得。吾侪既据此大舞台，而反谓无所藉手，蹉跎岁月，寸功不展，使此绝好山河仍为异族所据，至今无有能光复之，而建一大共和国以表白于世界者，岂非可羞之极者乎？"（过庭：《记东京留学生欢迎孙君逸仙事》，《民报》第1号）

辛亥这一代仁人志士是值得学习的。他们具有强烈的紧迫感与责任感，自觉地肩负祖国的安危，以天下为己任。许多人去国离乡，抛妻离子，牺牲个人家庭幸福，谋求祖国独立富强。他们一方面为民族危机的更趋深重而忧虑；另一方面又为祖国如何才能赶上时代潮流而殷殷企盼。他们希望20世纪之中国也能上演法国大革命那样威武雄壮的活剧。"今我中国二十倍于法，受祸之极亦数十倍于法。民权之运已渡太平洋而东，日本既稍受其福。我中国不愤不发，斯亦已耳。如睡斯觉，如梦斯醒，于二十世纪而效法人十九世纪之所为，吾知风声所向，全球震惊。始而虎俄之专制为之倾覆，继而自由平等之实幸转移欧美，世界和平之极点将起于东

方，二十世纪之中国为民权之枢纽矣。"（《二十世纪之中国》，《国民报》第1期）

也许孙中山对于这种世纪参与意识表述得更为明晰。早在1904年8月，即同盟会成立的前一年，他即已向全世界庄严宣告："一旦我们革新中国的伟大目标得以完成，不但在我们的美丽的国家将会出现新纪元的曙光，整个人类也将得以共享更为光明的前景。普遍和平必将随中国的新生接踵而至，一个从来也梦想不到的宏伟的场所，将要向文明世界的社会经济活动而开放。"（《中国问题的真解决》，《孙中山全集》第1卷）中国诚然贫弱，但中国必将获得新生，经过革命而实现独立与富强。中国不会成为新世纪的弃儿，必将成为新世纪的积极参与者，不仅以广大市场的开放促进世界经济的繁荣，而且还将为世界普遍和平的早日到来作出贡献。他们不仅是这样说的，而且也是这样做的。他们与广大人民一起，经过不屈不挠的英勇斗争，终于一举推翻延续两千多年的君主专制制度，建立起亚洲的第一个共和国，并且把中国的现代化推进到一个新的时期。尽管他们未能从根本上改变中国的社会制度，因而无从避免一次又一次失败的结局，但道路毕竟已经开通，风气从此大开，中国人民再也不复是逆来顺受的温驯奴隶，他们在"五四"以后走上一条新的更为正确的革命道路，并且历经艰难困苦终于赢得民族民主革命的最后胜利。

新中国现今的各项伟大成就，早已远远超过辛亥一代志士的理想，但是他们那种诚挚的爱国情操、崇高的革命理想与无私的奉献精神，却是我们应该永远尊重并发扬光大的。

张謇感动中国

——纪念啬翁诞辰150周年

中央电视台刚刚举办过 2002 年感动中国的十位人物评选活动，这些人物的事迹确实都使中国为之感动。但如果再要评选"20 世纪感动中国的十位人物"，我将毫不犹豫地提名张謇为候选人物之一。因为他也曾经感动中国，而且其影响持续之久，事业经营之难，泽惠地区之广，都为时人所难以企及。当然，这样的评选对于张謇本人也许是多余的，因为他并不在意自己的身后名。"即此粗完一生事，会须身伴五山灵。"①他的志趣只在于做事，其座右铭是："天之生人也，与草木无异。若遗留一二有用事业，与草木同生，即不与草木同腐。"② 然而也正因为如此，他的人格魅力甚至比他的事业成就更加使中国感动。

感动中国的人必定先受中国感动。张謇的一生是爱国的一生，这已经是无需说明的事情。但他受中国感动最深的一年却是 1895 年。甲午战争的失败与《马关条约》的签订，使他受到极大的刺激。他在日记上逐条记下条约的主要内容，

---

① 张謇：《李保圩生圹墓门》，《张謇全集》第五卷下，485 页，南京，江苏古籍出版社，1994。

② 张謇：《第三养老院开幕演说》，《张謇全集》第四卷，359 页。

并且注明："几罄中国之膏血，国体之得失无论矣。"① 愤极语塞，但就是这句话，表达了多少悲愤、屈辱、忧虑之感！这个贫穷、衰弱、腐化和备受欺凌的中国啊！难道我们可爱可敬的祖国竟沦落到如此境地吗？这是难以接受的事实，而这又是不得不面对的事实。张謇必须为中国也为自己作出历史性的抉择。

为中国所感动的张謇，决定投身于革新中国并使之走向富强的伟大事业。正是从 1895 年开始，他的一系列重大举措都使中国为之感动。当时中国的新闻媒体虽然已经日渐增多，人们尚未知悉"炒作"之类话语，然而张謇的这些重大举措却无一不具有轰动效应。

1896 年至 1899 年，他以新科状元的身份，历经千辛万苦，并且冒着极大的风险，在通州创办了大生纱厂。状元办厂（或下海）乃是中国历史上前所未有的创举，张謇堪称一千多年以来科举史上的第一人。他长期经受考场蹉跌，参与县、州、院、乡、会等各级考试达 20 多次，前后总共耗费 25 年生命，仅直接消磨在考场中的时间就有 120 天之多。他攀登到科举生涯的顶峰，但却毅然与学而优则仕的传统道路告别，把人生的坐标从做官转为做事，而且是脚踏实地办实业与教育两件大事、新事。对于一个年过 40 岁的科举文士来说，这需要多大的勇气！

大生纱厂的初见成效，感动了中国，更感动了张謇自己。他没有就此却步，而是更为奋勇向前，兴办通海垦牧公司，创建通州师范学校，设立南通博物苑，乃至参与举办南洋劝业会等等，无一不是开风气之先的大举措，无一不是在神州大地上萌现的新事物。值得注意的是，张謇追逐的不是昙花一现的新潮时尚，更不是浮而不实的哗众取众。他的每一步前进都是脚踏实地的，而且又是怀有远大目标的。归根究底，他着重考虑的并非个人名利而是社会福祉，也就乡土与国家的根本利益。譬如举办新式教育，他主张从基础教育抓起，因此首先创办师范学校，而没有如同其他地区那样本末倒置，不具备必要的师资、生源、图书、设备而"仓皇兴学即以大学为发端"，设立什么高等学校。我特别欣赏他 1903 年访问日本期间为自己设定的参观程序："先幼稚园，次寻常、高等小学，次中学，次高

---

① 张謇日记·光绪二十一年四月六日，《张謇全集》第六卷，371 页。

等，徐及工厂。"① 还有他公开宣布的"东来调查宗旨"："学校形式不请观大者，请观小者；教科书不请观新者，请观旧者；学风不请询都城者，请询市町村者；……经济不请询政府及地方官优给补助者，请询地方人民拮据自立者。"② 这番话很容易被误解为保守和缺乏宏伟气魄，但这却是他一贯讲究实效的质朴作风。他事事都从国内实际情况出发，在学习外国先进事物时决不盲目引进，首先考虑的是自身的财力、物力、人力和接受消化能力。

张謇既脚踏实地又意在高远，他确实具有世界眼光与现代意识。他尽管宣称弃仕言商，然而却始终把工业放在首要的位置。他深刻地指出："世人皆言外洋以商务立国，此皮毛之论也。不知外洋富民强国之本实在于工。讲格致，通化学，用机器，精制造，化粗为精，化少为多，化贱为贵，而后商贾有懋迁之资，有倍徙之利。"③ 他从创办大生纱厂入手，就是首先要抓住"工"这个根本。他起初还只限于试图从纺织业起步而奋起直追，到1910年南洋劝业会开幕，他发起组织劝业研究会，并认真研究光绪一朝（1874～1908年）的海关贸易册，才"如寐始觉，如割始痛。……则以我国实业当从至刚至柔之两物质，为应共同发挥之事。"④ 所谓"至柔至刚"也就是以后他所说的"至白至黑"，即着重发展纺织与钢铁两大工业系统，并以此为基础而营造独立的民族近代经济体系，以求摆脱祖国贫穷落后的悲惨命运，进而参与世界范围的"文明竞争"。

张謇当时的过人之处，还在于从经营事业的开始便有一个全局观念。从经济而言并非仅仅着眼于某一工厂，而是要逐步营造一个企业体系；从教育而言并非仅仅着眼于某一学校，而是要逐步营造一个文教体系。同时，他的事业又并非局限于实业与教育两大部类，而是谋求通海地区经济、文化和整个社会的协调发展。吴良镛院士称南通为"中国第一城"，意即这是中国首先按照总体规划建设的近代城市，诚非溢美之语。然而，他的最终目标又不是仅仅按照自己的理想建成这"第一城"，而是希望通

---

① 张謇日记·光绪二十九年五月初六日，《张謇全集》第六卷，485 页。

② 张謇日记·光绪二十九年闰五月初六日，《张謇全集》第六卷，502 页。

③ 张謇：《代鄂督条陈立国自强疏》，《张謇全集》第一卷，37 页。

④ 张謇：《海关进出口货价比较表序》，《张謇全集》第三卷，784 页。

过这个"理想城"（恕我杜撰）的示范与推广，建设一个独立、富强、幸福的中国。他在通海垦牧公司第一届股东会上讲得很清楚："言乎地方自治，则以股东会议决提存之公产，举办公司界内应办之教育、慈善，……凡鄙人之为是不惮烦者，欲使所营有利，副股东营业之心，而即借各股东资本之力，以成鄙人建设一新新世界雏形之志，以雪中国地方不能自治之耻。"[1] 直至他目睹军阀混战、社会动荡的晚年，还念念不忘这个根本："治本维何？即各人抱村落主义，自治其地方之谓也。今人民痛苦极矣，求援于政府，政府顽固如此；求援于社会，社会腐败如彼。然则直接解救人民之痛苦，舍自治岂有他哉！"[2] 张謇具有如同宗教徒一般的虔诚，一步一步走向自己信仰的彼岸，当然这是人世的现实乐土而非虚无缥缈的彼岸。

1895 年中国有三个人各自作出自己一生最重要的选择：康有为选择了变法，孙中山选择了革命，张謇选择了实业，而其终极目标都是救国，可以称之为殊途同归。但是在 19 世纪末年，这三个重要历史人物的知名度却是差异很大。孙中山尚未被国人所真正认识，在许多人的心目中他无非是一个犯上作乱的小小逃亡者。张謇虽然以大魁天下赢得广泛仰羡，又以状元办厂的壮举感动了中国，但与康有为所策划的戊戌变法相较却是小巫见大巫。一度由皇帝亲自主持的百日维新与六君子的最终血染菜市，那才是中国最大的感动，康有为也即因此成为中外瞩目的头号热点人物。但是，随着变法的迅速夭折与自身的逃亡海外，再加上思想的日趋保守与保皇党内部的分歧涣散，康有为在国内的影响明显淡出。而张謇则凭借兴办实业的初试牛刀而暴得大名，逐渐取代了康梁的媒体聚焦位置。

其所以如此，当然不仅仅是由于创办大生纱厂的成功，更为重要的还是由于他参与了全国性的政治活动。张謇虽说是不愿做官，但并非不关心政治，他已经进入商界，为了市场的稳定发育，更必然关心政治局势的变化。同时他也具备足够的条件关心政治，状元的称号加上大生业主构成其新的社会身份——绅商，而且俨然是东南地区绅商的领袖人物。他还拥有

---

① 张謇：《垦牧公司第一次股东会演说公司成立之历史》，《张謇全集》第三卷，387 页。

② 张謇：《苏社开幕宣言》，《张謇全集》第四卷，439 页。

充沛的人脉资源，主要是与两江、两湖督抚的密切关系，还有前此10年与清流、帝党的深厚情谊。张謇在商界并非属于长袖善舞类型，然而办事（包括政治事务）却很善于运用这些社会资源，何况他本身亦已成为各界人士争相延揽的一项社会资源。

1900年"东南互保"的策划与促成，不仅保持了东南市场的稳定，而且也提高了张謇的全国声望。他对刘坤一的建言："无西北不足以存东南，为其名不足以存也；无东南不足以存西北，为其实不足以存也。"①一语破的，堪称对庚子年中国局势的绝妙概括。"张殿撰"的大手笔不仅表现于八股文章，而且也表现于实业、教育与政治，这就使他在东南新旧精英群体中脱颖而出，与汤寿潜等若干大佬一起领导戊戌政变以后重新崛起的又一波维新潮流——立宪运动。张謇可以说是历史的幸运儿，庚子对戊戌的反动并没有对这个变法同路人造成损害，他不仅隐于市而且兴于市。乃至清朝政府迫于形势而不得不作出预备立宪姿态时，康梁仍然作为通缉要犯被拒于国门之外，张謇、汤寿潜、郑孝胥等遂通过预备立宪公会以及各地商会、地方自治团体等社会网络，连续发起三次全国规模的国会请愿运动。与戊戌时期维新派与帝党携手幻想通过自上而下的"诏谕革新"不同，20世纪初年的国内立宪派倒是切切实实做了大量社会动员工作，企图利用合法的自下而上的请愿运动来促使政府加快立宪步伐。由于国家已经濒临于瓜分边缘，革命又迫在眉睫，立宪的呼声至少在中上层人士中已经引起强烈的回响，从而成为当时主要新闻媒体的热点话题。

张謇再一次感动中国。1909年冬天，张謇在《送十六省议员诣阙上书序》中慷慨陈词："明乎匹夫有责之言，而鉴于亡国无形之祸，秩序秉礼，输诚而请。得请则国家之福，设不得请，而至于三，至于四，至于无尽。诚不已，则请亦不已，未见朝廷之必忍我负人民也。即使诚终不达，不得请而至于不忍言之一日，亦足使天下后世，知此时代人民，固无负于国家，而传此意于将来，或尚有绝而复苏之一日。"② 张謇不幸而言中，国会请愿运动至于三即被迫消弭于俄顷，"不得请而至于不忍言之一日"接踵而至，那就是张謇最不愿看见而又无可避免的革命狂飙终于降临这个

---

① 《啬翁自订年谱·光绪二十六年五月》，《张謇全集》第六卷，861页。
② 张謇：《张謇全集》第一卷，128页。

神州古国。

革命的潮流不可阻挡，张謇经过反复思量，终于顺应共和潮流。尽管君主已被废弃，但他曾追求的目标："进我人民于参预政权之地，而使之共负国家之责任"，也许还有实现的前景。张謇以同样的精诚参与了"南北议和"的幕后协调，也参与了民国肇建的若干筹议，甚至还一度担任北京政府公职，为经济立法殚精竭虑。但是，"无量金钱无量血，可怜购得假共和。"真诚的革命派与真诚的立宪派，都对辛亥革命以后的政局失望。张謇拒绝了袁世凯的帝制，但是他也没有介入南方反袁斗争的"护国"与"护法"。他对政治已经失望而又迷惘，只有保持始终如一的"村落主义"略尽国民责任。他已经远离政治主流，只能在军阀争夺地盘的缝隙中千方百计保全通海一隅，继续苦心孤诣地营造他那心血铸成的小小"新新世界"。"幸哉一隅地，假息得苟全。太平在何时？今年待明年。呜呼覆巢之下无完卵，野老泪洒江风前。"① 张謇苦心孤诣营造30年以上的"新新世界"，始终未能推广到全国（甚至江苏一省），他的悲愤自然是极为深沉的。

"生已愁到死，既死愁不休。"② 也许，张謇的一生，其本身就足以感动中国。但是，我们现在纪念张謇，不能仅停留于感动，应该更着重于思考。

尽管张謇晚年自责甚深，但我们似不应给以苛求。我曾多次说过："在中国近代史上，我们很难发现另外一个人在另外一个县办成这么多事业，产生这么深远的影响。"我们首先应当思考的是：何以张謇能够以个人的力量在通海地区办成这么多事业？

个人的力量毕竟是有限的，何况又是处在那样一个政治腐败、民生凋敝、市场尚未充分发育的落后社会环境。张謇自身的人格、气魄、能力以及知人善任等等，固然是一个很重要的原因，但这终究不能保证他想做的事必定能够办成。我认为在客观上还有另外一个重要原因，那就是机遇，是机遇给他提供了施展抱负与才能的必要空间。

---

① 张謇：《有人归自京师，述所见闻，慨世乱之未已，悲民生之益穷，成诗一篇，寄此孤愤》，《张謇全集》第五卷下，450页。

② 张謇：《释愁》，《张謇全集》第五卷下，336页。

早在 1903 年访日期间，张謇就感悟出一个有关政、学、业三者之间的关系问题。他在日记上写道："政者君相之事，学者士大夫之事，业者农工商之事。政虚而业实，政因而业果，学兼虚实为用，而通因果为权。士大夫生于民间，而不远于君相，然则消息其间，非士大夫之责而谁责哉？"① 君相即政府，此外所谓"政"即政策，包括对工商企业的鼓励、保护、乃至必要的优惠与补助等等。他把"政"形容为"虚"，而把农工商之业形容为"实"，就是政府在给予积极政策之外，不必干预企业的独立运作，当然更不应"阻抑"其正常运作。用今天的语言来说，就是应该让企业的运作享有足够的空间。

尽管张謇对政府颇多怨言，如鼓励徒托空言，补助有名无实，苛捐杂税繁多，官吏敲诈勒索等等；但平心而论，清朝政府给企业运作留下的空间还是相对充裕的，否则张謇就很难在 30 年之间办成那么多新式事业，而且其中许多均属创举。其所以如此，有以下几点原因：

其一，君主专制主义虽然存在两千多年，而且已经发展到极为完备严密的程度，但县一级政府与乡村之间仍然留有较大空间，这个空间实际上由士绅这一群体发挥中介乃至主导作用，在宗法、公益、祭祀等方面尤其如此。19 世纪中叶以后，绅权愈益扩张，加以清末新政推行地方自治，新兴绅商除享有传统的空间外，并可合法地把自己的权力延伸到市政建设的众多方面。

其二，以若干强势且有开明倾向的督抚为中心的地方实力派，在 19 世纪后期也日益壮大，而且与新兴绅商群体趋向于某种程度的结合，甚至呈现与中央政府逐渐疏离的迹象。1900 年两江、两湖总督在清廷业已对外宣战以后仍然敢于公开策划"东南互保"，其背景正在于此。同时，自立军密谋在长江中下游起义，革命党在港、穗亦有计议独立的传闻，与这种背景也有一定关联。历史表明，清朝政府虽然依旧维持中央集权体制，然而始终未能发展成为真正的极权统治，而它的自身的虚弱与内轻外重的政治态势，也在客观上为地方绅商的实业活动留有较宽松的余地。

其三，民国成立以后，虽然袁世凯曾经一度力图恢复中央政府的强势

① 张謇日记·光绪二十九年六月初四日，《张謇全集》第六卷，514 页。

地位，然而武力统一的美梦终于由于帝制失败而成为泡影。嗣后由于大小军阀割据称雄且混战不已，在20世纪20年代以前也始终未能形成一个真正强势有效的中央集权政府，更谈不上严格意义的极权统治。所以，张謇至少在通海地区，仍然可以凭藉业已掌握的各种社会资源，做成并且"遗留一二有用事业。"所谓"幸哉一隅地，假息得苟全。太平在何时？今年待明年。"即为其处境的真实写照，虽然是如履如临，战战兢兢，但却并非完全不能有所作为。

这种局面的出现，对于中国早期近代实业的发展，虽然不尽理想然而在客观上毕竟暂时有利。白吉尔所说的"黄金时代"虽然未免溢美，但却给人们留下一个悬念，即国民经济的发展需要给民营企业留下正常运转的必要空间。政府的管制太严与干预太多，其危害并不下于巧取豪夺的杀鸡取卵。当然，上述局面的形成也并非出于当时政府的本意，而是由于他们的力不从心，即有全盘控制之心而乏实际干预之力。此外，上述局面也并非真正有利于中国国民经济整体持续健康发展的正常环境，所谓留有空间也只是极为有限的活动余地，而且诸多不利于民族工商业的内外因素仍然大量存在，这也是需要充分认知的。国民经济整体持续健康发展，更为需要的毕竟是政府、企业、社会之间的良性互动的成熟机制。

由此可知，张謇所建立的"南通模式"，并非十全十美的可以垂诸永久的模式，而只是一定历史条件下的特殊产物。且不说它有明显的历史局限，就是在当时也并非所有地区、所有个人都能如此作为。我们今天只能从其事业吸取必要的经验教训，却不能更不必照搬这种模式。也许，我们更应该着重探讨"南通模式"所体现的张謇精神。他在晚年曾经讲述过自己的平生志趣："仆兄弟农家子也，祖父耻负债，生平耻随人世间一切浮荣虚誉，及流俗猥下之是非，向不以为轻重。徒以既生为人，当尽人职，本吾所学与吾所态，尺寸行之，不可行则止。世不论治乱，亦无所为厌。自投身实业以来，举所岁得，兄弟次（第）经营教育、慈善、地方自治公益事业，凡所当为者，自无至有，自塞至通，自少至多，自小至大，既任建设以谋始，复筹基本以虑终。乡党戚好，间有助者，将伪之呼，从未敢出南通一步。此区区不欲倚赖他人之心，辄欲随一事而矢诸百年以后。是以行年七十，不敢自遐逸，几与老而务得夜行不休者等。"① 通观其一生言行，我深信张謇这段自白是朴实无华而又真诚感人的。他的晚年虽然迭遭颠踬，忧危困苦，但报国爱民之心始终未泯，兴利除弊之志未尝稍减。他就自己力所能及，仍然做了大量有益于故乡经济文化发展，有益于中国近代化的工作，可以说是鞠躬尽瘁，死而后已。

早在 1929 年，胡适曾给张謇以高度评价，说他是近代中国一个伟大的失败的英雄，造福于一方，影响于全国。② 张謇的结局诚然带有悲剧性，然而中国近代史上真正伟大的英雄也大多如此。孙中山百折不挠地为新中国奋斗 40 年，临终前的语言也仍然充满遗憾："革命尚未成功，同志仍需努力。"但是，个人的生命毕竟是短暂的，而改造落后积弱已久的中国，则需要几代人持续不断的努力，我们很难对早期中国现代化的开拓者作更高的要求。张謇事业的失败与自责太深，可能正是由于他自身角色的错位。他原本是一个民营企业家，可以也应该关心公益回报社会，但是却需要恪守客观的分际，还得准确估量自己的承受能力。可是，他却越位承揽了许多本应由政府办理的事情，同时也就过度耗费了许多本应投入再生产的资财。对于社会而言，他可以为政府"拾遗补阙"，然而却不应扮演"二政府"的角色。对于企业而言，他是理所当然的法人代表，然而更应该尊重董事会的民主运作，特别是需要建立完美的制度与机制，切切不可以大家长自居。张謇晚年的自责，大多是停留于"壮志未酬"的慨叹，而缺少更为深沉的企业运营方面的自我反思，这才是这个伟大人物的真正悲剧，也是他的历史局限之所在。

但是，人们必然会反问，当年张謇越位办事而造福人民固然有失当之处，然而如果他不越位办理而政府又置之不理，情况又将如何？南通岂非进化更慢，人民岂非更少享几分实惠？所以，我们在百年以后，应该给张謇以历史的理解，同情其苦衷，尊重其劳绩，客观评判而不应苛求。从今天的情况来说，最好是借鉴其模式，发扬其精神，学习其品格，把中国的事情办得更好，这才是实实在在的纪念！

---

① 张謇：《谢教育慈善募捐启》，《张謇全集》第四卷，565 页。
② 胡适：《南通张季直先生传记序》。

南通模式与区域社会经济史研究

自 20 世纪 60 年代以来，我们一直从事张謇与南通的研究，80 年代又开始从事苏州商会档案的整理与苏州商会史的研究，这些工作都包括区域社会经济史研究的内容。本文结合"南通模式"问题，谈谈区域社会经济史研究的重要意义。

中国是一个幅员辽阔、人口众多、历史悠久而且各个地区经济发展极不平衡的大国，如果不认真通盘规划、分工合作开展区域社会经济史研究，就很难为整个中国社会经济史的研究提供坚实可靠的基础。这是大家都能同意且已多次说过的道理。但是，还有一层道理却没有受到人们应有的理解与重视。这就是说，如果用个案研究的方法（通俗称之为"解剖麻雀"），在区域经济史中寻求若干具有共性和规律性的认识，反过来也可以对中国社会经济史的整体研究起促进以至某些指导作用。

张謇与南通的研究虽然只限于南通、海门一带的狭小地区，但早在 20 世纪 60 年代之初即已引起许多中外学者的兴趣，特别是 1982 年江苏近现代经济史讨论会在南通举行以后，张謇与南通研究更呈现出蓬勃发展的繁荣景象。首先是正式建立了"张謇与南通研究中心"，随后又在 1987 年 8 月举办了张謇国际学术会议，并且已有一大批资料、论文、专著、图录先后出版问世。在多年研究的基础上，许多学者从不同角度和渠道都接触到一个共同关心的课题——"南通模式"，即南通地区社会经济的近代化可以为整个中国社会经济的近代化提供一个足资借鉴意义的模式。

张謇作为晚清一位状元，他在甲午中日战争以后面临着两种人生的选择。一是借"大魁天下"的难得机缘，由翰林而学政，或外放边疆大吏，或由侍郎、尚书而跻身枢要大臣，这是一条科举文士们所熟悉的学而优则仕的传统道路。但是张謇却在金榜题名之后毅然离开了这条博取高官厚禄的老路，转而顺应时代潮流投身于企业活动，在通海地区创办了著名的大生纱厂、通海垦牧公司以及其他一系列企业与相关事业，逐步形成一个具有相当实力与规模的大生资本集团。大生资本集团不仅有力地促进了通海地区的社会经济发展，明显地改变了这个地区偏僻落后的面貌，而且还在一定程度上形成一种区域近代化的模式。

概括地说，"南通模式"至少具有三方面的内容。

第一，因地制宜，就地取材，利用通海地区盛产棉花（"沙花"质地优良）的优势，首先创办大生纱厂作为"龙头"工业，继而创办通海垦牧公司为纺织工业提供原料基地，然后带动机械、食品加工、交通运输、金融乃至第三产业的全面发展。通海地区的社会经济发展，大体上有自己的层次序列，并非一哄而起、缺少章法。

第二，张謇极为重视教育，提出"父教育而母实业"的著名口号。在实践上也是力求教育与实业同步发展或超前发展。譬如他深知社会经济发展必须有地区全局的规划，因此首先培训测绘人员对本地地理情况进行勘测并绘制图表又抓紧培训纺织、印染技术力量，以求大生纱厂向"全能"方向发展。他把师范教育视为发展国民教育的根本，又极注重职业教育、社会教育乃至特殊教育的全面发展，其着眼点即在于不断提高国民与劳动者的文化、技术素质。甚至在他病逝之前，也没有忘记在经济极其困窘的境况下为男女师范学校购置田地作为校产，这确实表现出大事业家的远见卓识。

第三，南通的近代化具有自己的整体性。张謇很早就把自己在通海地区举办的各种事业归纳为三大部类，即实业、教育（包括文化）与慈善

（包括社会福利、社会保障以至若干市政建设），随后又把这三大部类统统归之于地方自治。张謇提倡与推行的地方自治，其范围已大大超过了清朝政府的规定。清朝政府所认可的地方自治无非是作为官治的点缀与补充，所以它颁布的《地方自治章程》明确规定："地方自治以专办地方公益事宜、辅佐官制为主。"而张謇则公开标榜"自存立，自生活，自保卫"，也就是追求以民治为基础的真正地方自治。

张謇自己虽然从来没有说过"南通模式"，但他所从事的实业、教育、慈善三大部类工作，包含着经济、教育（包括文化、科技）乃至政治体制的全面革新。他所努力推行的地方自治，其实质是谋求建立一个完整的近代社会范型，而其终极目的又决非是局限于通海地区。他立足乡梓而又放眼全局，不仅谋求南通的物质文明与精神文明超过当时国内其他一千七百多县，而且还雄心勃勃地谋求与外国的先进地区作文明之竞争。张謇的设想，是以南通为示范，将这种地方自治模式逐步推广到江苏全省，最后推广到整个中国，而用我们今天的语言来说，就是全面实现中国的近代化。

当然，在当时的历史条件下，由于社会环境的恶劣，缺少一个足以支持张謇推行"南通模式"的中央政府与地方政府，所以他的梦想的破灭是必然的。但是，"南通模式"（尽管它并不完善，也并非能够完全适用于全国其他地区）毕竟可以作为今日我国"四化"建设的历史借鉴，而这就说明区域社会经济史研究的重要意义。

在张謇与南通的研究中还碰到一些重大的理论问题，而这些问题的意义也远远超过狭小的区域范围。

以大生纱厂与农村家庭手工纺织业的关系为例，前者的产生、发展并非以后者的破产、瓦解为前提，反而是在很长时间呈现出一种俱荣俱枯的奇特现象。诚然，外国机纱输入通海地区以后，曾经引起家庭手工纺织业的内部结构变化，即纺与织某种程度的分离。这是由于洋纱色泽光洁，条干均匀，不易断头，而且价格低廉。当地农家以洋纱为经，土纱为纬，织成质量有明显提高的"大尺布"，在东北市场（南通土布的传统市场）颇为畅销。因此，土布市场的繁荣增强了对于机纱的大量需求，而外洋机纱与上海机纱一时还难以满足南通农家手工织布业的需要，于是大生纱厂应运而生并且迅速发展。这种情况一直要到洋布价格低廉到足以在竞争中击败土布（当然也包括当地人民生活习惯与社会心态的变化）才会发生明显的变化，其结果便是土布市场的衰落以及大生纱厂的相应陷入困境。

在外国近代工业产品大量涌入以后，农村家庭手工织布业与土布市场继续长期存在并且在许多地区维持很大的比重，这说明个体经济对于外国资本主义侵入的反应具有两重性既有抗拒的顽强性，又有某种程度可变的顺应性。从总体上来看，这既说明中国资本主义发展不足，商品货币经济对自然经济的冲击还不够充分，又说明众多农民的极端贫困，必须以高度强化的家庭副业来添补辛勤耕作的微薄收入。家庭手工织布业虽然曾经养育了大生纱厂，然而它对后者却缺少强有力的刺激与推动，因为土布对于机纱的质量规格本来没有什么太高的要求。这种相对封闭型市场机制的落后性与保守性，使长期依赖于它的大生纱厂相对减少了技术与管理革新的紧迫感，因而在全国市场上便不能具有真正的竞争力。一旦通海地区土布业萧条，大生纱厂就很难在通海以及东北传统市场以外的广阔天地中找到新的出路。

大生纱厂与农村家庭手工织布业俱荣俱枯并非是南通一地仅有的情况，在其他许多地区也有大同小异之处。这就使我们对于外国资本主义侵入后自然经济瓦解的缓慢过程有了比较真切的了解，从而可以对过去许多论著中累见不鲜的简单而又空洞的论断进行必要的校正与补充。严肃的历史学者在自己的研究中常常会遇到许多新情况、新问题，甚至还会面临一些新的理论挑战，我们应该勇于探讨这些新的问题，回答新的理论挑战，因为这样不仅可以推动区域社会经济史研究，而且也可以促进整个史学理论与史学研究不断向前进展。

基于以上的认识，笔者深信区域社会经济史这个学科分支一定会日益繁荣，一定会有更为光明的前景。

要爱国，更要理性爱国

2005 年秋天，有幸参加中华爱国工程联合会与中国民（私）营经济研究会联合主办的"中华爱国工程二零零五高级论坛——张謇的爱国实践与当代民营企业发展取向"，感到非常兴奋。因为这次会议为历史、经济学者与众多民营企业家提供一个直接对话的平台，共同探讨企业家如何以实业回报社会，以及如何在爱国实践中明确发展方向等重大问题。

我在会上作了题为《学习张謇的理性爱国主义》的演讲，并且强调现今更应在爱国主义的宣传教育中弘扬理性精神。我的结语是："当然，时间已经过去一百多年，现今的世界与中国已经有了翻天覆地的变化，因而对于当代的政治家与广大民众应该提出更高的要求。特别是面对着全球化的汹涌潮流，面对着霸权主义的严重挑战与地缘政治的日趋复杂，更需要冷静审慎地处理好各种各样的国际关系，使世界与中国朝向和谐互利的良好局面持续发展。也正因为如此，今天的爱国主义更需要大智大勇的理性，更需要有全球全人类的博大胸怀，更需要以大格局的思路与战略来化解各种各样国家之间的历史恩怨与现实利益冲突。而作为正在和平崛起的负责任大国的国民，应当如何正确地与有效地维护与发展国家利益，如何体现现代国家成员的文明风范，应该是我们进行爱国主义教育着重探讨的重要课题。"这些话当然不仅仅是对企业家讲的，也不仅仅是对中国人讲的，我认为世界各国的有识之士都应该朝这个方向努力。

我之所以提倡理性爱国主义，是因为爱国主义的泛化容易形成若干误区，甚至会被扭曲而走向歧途。譬如，盲目排外的过激言行往往会给政府的正常外交决策及其运作带来不同程度的负面影响，甚至使本来已经相当复杂的国际关系更加"剪不断，理还乱"。

在 20 世纪 40 年代以前，一部近代中国百年史，从中外关系来看其主体就是侵略与反侵略斗争的历史。当然其间也不乏积极的乃至具有进步意义的交流，但即令是文化交流也往往带有侵略与反侵略的印记。因此，民族情绪常易使国人对外来冲击的反应带有强烈的感情宣泄。对于被侵略民族的义愤，应该给以历史的理解与尊重；但也应该看到，义愤如果不与理智结合，则又很难把极其珍贵的民心、民气、民力引向正确的道路，甚至会给本民族带来更大的损害与灾难。

理性（reason，vernunft）源于拉丁语 ratio，从哲学意义来说，指的是进行逻辑推理的能力与过程。康德认为人的认识能力有三个环节：感性、知性、理性，理性是认识过程的最高阶段。黑格尔在《小逻辑》中更为推崇理性："理性是世界的灵魂，理性居住在世界中，理性构成世界的内在的、固有的、深邃的本性，或者说，理性是世界的共性。"他所说的世界，想必是哲学家的世界，理应如此，但现实往往与此相悖。我们历史学者宁可说得平实一些，理性通常是指人们通过社会实践，从感性认识上升到理性认识的阶段。

理性的品格是冷静与深思。在古代希腊文化中有日神阿波罗（Apollo）和酒神（Dionysus）两种神灵崇拜，学者常认为这两种崇拜对西方文化的影响颇为深远，而阿波罗似乎更代表理性精神。英国历史学家汤因比（A. J. Toynbee）的煌煌大著《历史研究》，在考察被侵略民族对外来冲击的反应时，则利用《新约·圣经》故事的两个名称——希洛德主义与狂热主义，以此说明类似上述两种神灵崇拜之间的区别。前者代表顺应历史潮流前进的理智，后者代表恪守祖训乃至盲目排外的固执；狂热主义者以为"从自己精神生活上排他性的泉源中取得一种神力就可以把侵略者击退，而希洛德主义则不排除向外来先进文明学习以维护自己的民族利益。"汤因比说得很俏皮："狂热主义者是往后面看的；希洛德主义者自以为眼光向前，而实际上是向旁边看，努力仿效邻人之所为。"（"邻人之所为"实指先进文明）但汤因比并没有将两者视为截然分开的两橛，他认为"这两种对立的冲动始终是互为交替或彼此冲突的"，有时甚至可以互相依存与互相补充。日本是亚洲的一个例证，明治维新时期的政治家一方面模仿西方列强的技术革命；一方面，神化天皇并且建立神道国教。汤因比深刻地指出："他们想用希洛德式的手段来达到狂热者的目的。"当然，这种目的并非日本"和魂洋才"以后的实质性结果。

也许汤因比提出的模式不能完全适用于亚洲所有的国家，但爱国主义可以区分为感性与理性两个层次却是客观的存在。而在中国走向现代的过程中，作为"个人心灵上的反应"的狂热主义与希洛德主义，也未尝没有类似的踪迹。从绵延不绝的反洋教斗争到义和团，都比较明显地在不同程度上显示出狂热主义。我们应该充分肯定广大民众的爱国热情与反对外来侵略的正义性，但现今更应该严肃地总结历史经验，深入分析非理性的盲目排外能否赢得真正的民族利益，特别是要看清顽固保守势力的介入与某些守旧而又愚昧的统治者的误导，又曾为中国带来多大的深创巨痛！其实，早在20世纪初年，辛亥一代的有识之士早已把这种政府与民间这两种非理性的排外及其恶性互动，称之为"两盲同意，二聋联盟"，决非现代"民族主义之国民"所应有的负责任行动。他们提倡的是"文明排外"。与狂热主义盲目排外相对照的最早应是鸦片战争时期以魏源为代表的那一代清醒的爱国者。他们面对西方列强的侵略，没有停留于血气之勇的义愤，而是始终以理性的忧患意识，认真研究侵略者，并且倡导"师夷长技以制夷"，亦即以学习敌人的长处来战胜敌人。魏源更为重视的是民族的觉醒与风气的转变，认为："愤与忧，天道所以倾否而之泰也，人心所以违寐而之觉也，人才所以革虚而之实也。"他的名著《海国图志》虽然未能为当时大多数人所理解，然而却揭开了理性爱国主义的序幕，启动了此后几代仁人志士以理性精神探索自强救亡之道的思维阀门。其后，从冯桂芬到郑观应，从康有为到孙中山，都是满怀爱国热情而又充满理性精神，或从事学理思想研讨，或从事社会革新实践，在不同历史阶段为中国走向独立富强作出不同程度的贡献。

在百余年来的中国企业家中，我们也不难发现许多具有理性爱国主义精神的杰出人士，如张謇、周学熙、范旭东、卢作孚等都堪称其中范例。张謇决心投身实业就是由于"愤中国之不振"，甲午战败以后，"益愤而叹国人无常识也，由教育之不革新。政府谋新而不当，欲自为之而无力；反复推究，当自兴实业始"。这就在普天同愤的民族情绪亢奋中，呈现出极其可贵的理性精神。当年他经常强调的那几句话："不民胡国？不智胡民？不学胡智？不师胡学？"至今仍然堪称理性爱国主义的经典语言。卢作孚也是一个实业救国的伟大先驱者，他在极其艰难的环境中建立民生公司，发展了川江现代航运。1938 年 10 月，武汉被日本侵略军攻陷，长江上游90%以上的军民运输全靠民生公司独家支撑。当时近 10 余万吨重要器械物资积压在宜昌港口，还有大批急待撤离的各类人员，日机又连续狂轰滥炸。正是这样危急的关头，卢作孚挺身而出，亲自在第一线指挥，总揽全局，镇定自若，经过 40 多天紧张而有序的艰苦奋战，终于在宜昌失陷前完成全部人员、物资抢运迁川的繁重任务。中外舆论惊叹这是"中国实业上的敦刻尔克"。这是何等辉煌的业绩。而民生公司则为这次大撤退付出沉重的代价。据不完全统计，仅抗战起初三年它就损失船舶 16 艘，牺牲员工 100 余人。卢作孚把民生公司为抗战而作的牺牲看作是"求仁得仁"。他对人生价值的看法是："一个人的成功不是要当经理或总经理，也不是变成拥有百万千万的富翁，成功了自己，而要看他的事业能否切实帮助了社会，成功了社会。"这又是何等博大的胸襟，何等高尚的境界！

我又想起张謇与此相类似的朴实语言："天之生人也，与草木无异。若遗留一二有用事业，与草木同生，即不与草木同腐。"张謇是南通的儿子，南通哺育了张謇，张謇事业有成以后，又真诚地回报了中国，也回报了南通。我曾多次发出感叹："在中国近代史上，我们很难发现另外一个人在另外一个县办成这么多事业，产生这么深远的影响。张謇热爱南通，南通怀念张謇，张謇与南通这两个名字已经紧紧联在一起。"当然，平心而论，在清末民初那一代早期企业家中，类似张謇这样的还大有人在，他们与张謇一同扎根于祖国的土地，兴办一座又一座厂矿，经营一个又一个企业，不仅促进了许多地区经济、文化的发展，而且从根本上逐步改变着古老中国社会的根基。在漫长的中国走向现代化的艰苦历程中，他们以实业救国的方式也作出了重要的贡献。

在此次北京举办的论坛上，我很高兴地看到一批又一批张謇那一代企业家的后继者。在民营经济欣欣向荣而日益显示其重要地位与作用之际，他们不仅畅述各自艰苦创业的历程、成绩与经验教训，还着重探讨如何弘扬前辈的崇高爱国主义精神，如何加强人文关怀、提高自身素质并努力回报社会。会后，我在广东度假期间，又亲眼目睹许多"富豪返乡"现象。这些富豪很多是农民或手工业者出身，开放改革的大潮使他们涌进城市，不仅依靠自己勤劳的双手，而且开动自己聪明的脑筋，一步一步成就了自己的创业理想。而在事业较有所成之后，他们不忘回报哺育自己的故土，为建设社会主义新农村作出卓越的贡献，这与张謇在通海地区的大有作为可谓薪火相传。我在这些风华正茂的新一代企业家身上看到民族的希望，看到我们伟大祖国明天更大的辉煌。

"受光于天下照四方"

——《魏源全集》出版感言

为纪念魏源诞辰 210 周年，岳麓书社和许多学者经过多年的辛勤劳作，近期将把这位中国近代早期伟大思想家千余万字的全集付梓刊印。亡友林增平、杨慎之诸先生的遗愿得以圆满实现，魏源研究将因此更可深化与拓展，我为此感到极大的欣慰。

对于魏源，前人评价已多，其中以齐思和先生之论析最为概括而又贴切。早在半个世纪以前，他已经指出："夫晚清学术界之风气，倡经世以谋富强，讲掌故以明国是，崇今文以谈变法，究舆地以筹边防。凡此数学，魏氏或倡导之，或光大之。汇众流于江河，为群望之所归。岂非一代大儒，新学之蚕丛哉？"（《魏源与晚清学风》）

鸦片战争以后，在日益严重的民族危机与社会危机刺激下，中国逐渐萌现与发展的维新思潮，实由林则徐、徐继畬、魏源那一代开明士大夫发其端绪，而魏源则是其中影响最为深远者。魏源正如其挚友龚自珍一样，都是自觉地承担开风气这一启蒙历史重任的，他在《海国图志叙》中即以"创榛辟莽，前驱先路"自我期许。而他对我们民族的最大贡献，就是从一开始就把人们对于外来侵略的义愤引向理性的思考，即所谓"此凡有血气者所宜愤悱,凡有耳目心知者所宜讲画也"。"愤悱"一词出于《论语·述而》,其涵意为"不愤不启,不悱不发"。把愤悱与启发联系在一起,特别是与整个民族的觉醒联系在一起,这正是魏源高于当时一般爱国文士的智者风范。

魏源借用明臣之言:"欲平海上之倭患,先平人心之积患。"认为欲御外侮,首先就需谋求人心的"违寐而觉"。他不仅主张"去伪、去饰、去畏难、去养痈、去营窟",而且特别强调应该向西方学习:"因其所长而用之,即因其所长而制之。风气日开,智慧日出,方见东海之民,犹西海之民。"(《海国图志·筹海篇(三)》)"风气"与"智慧"乃是民族的文化氛围与文化素质。愚昧的民族可以产生对于外来侵略者的愤恨,但却很难实现整个民族的真正觉醒,因而便很难有效地御侮图强。魏源主张"祛寐"(启蒙)与"讲画"(应对),努力提高整个民族的觉悟与智慧,实乃抓住了鸦片战后关系中国存亡问题的根本。

魏源的人生态度始终是积极的。他非常珍惜时间与机遇,反对因循苟且与无所作为。他深刻地指出:"时乎时乎,惟太上能先时,惟智者能不失时;又其次者,过时而悔,悔而能改,亦可补过于来时。"(《圣武记》)用今天的语言来解读,"过时"就是落后于时代潮流,悔就是醒悟,改就是去弊存利、革故鼎新。魏源长期从事经世之学,又提倡今文经学,原本就有与时俱进的变易思想。早在鸦片战前,他已经说过:"然昨岁之历,今岁而不可用,高、曾器物不如祖、父之适宜。时愈近,势愈切,圣人乘之,神明生焉,经纬起焉。善言古者,必有验于今矣。"(《皇朝经世文编叙》)他认为人间事物总是不断变化的历史总是向前发展的,国家的制度、政策、法令乃至生活习惯都应随着社会情势的发展变化而进行相应的变革。他反对泥古不化,特别是反对顽固势力经常挂在口上的"恪守祖制",甚至大胆地倡言:"变古愈尽,便民愈甚。"

鸦片战争给老大帝国以强烈的震撼,同时也给魏源这样的少数思想先驱提供了睁开眼睛看世界的机遇。如果说,鸦片战前他们只能在农业宗法社会的封闭天地里朦朦胧胧地"向前看",那么战后则已可能突破这个封闭天地"向旁边看"。正如汤因比所言:"狂热主义者是往后面看的；希洛德主义者自以为眼光向前，而实际上是向旁边看，努力仿效邻人之所为。"（《历史研究》）往昔，在希腊文明各方面的加紧逼迫下，明智而又务实的希洛德主张向希腊文明学习一切有益于犹太人的东西，使犹太人在无可逃避的希腊化世界中得以发展。而狂热主义者则坚信只要恪守祖训和寸步不让，"就可以从自己精神生活上排他性的泉源中取得一种神力"，以此击退外来侵略势力。如果把清朝众多守旧的王公大臣及社会顽固势力比喻为"狂热主义者"，那么魏源、林则徐、徐继畬等则可以被看做是近似"希洛德主义"者，因为他们已经初步表现出自以为向前看而实际是向旁边看的时代特征。所谓"向旁边看"，就是向西方看，而主要又是向当时称霸世界的英国看。由于西方在物质文明与精神文明两方面都已经走在中国前面，所以"向旁边看"也就等于"向前看"。西方不再是虚幻的海市蜃楼，已经为中国的前进提供了若干可看得见、摸得着的目标。这是实实在在而且可以仿行的先进目标，所以即令是从旁边看见这个目标，也可以引导自己的民族向前走去，并非纯然是主观上"自以为眼光向前看"。

魏源以理性的眼光审视外在世界，而首先是认真了解当前的主要敌国。《海国图志》叙述大西洋欧罗巴洲各国共十七卷，其中专门介绍英国的篇幅即达四卷之多。此外，在介绍世界其他地区时，写作意图仍然集注于"志西洋"，而"志西洋正所以志英吉利也"。魏源鄙视那些连主要敌国究竟在何处都茫茫昧昧的人，还大谈什么议款、议战、议守。他主张设译馆以了解外在世界，而首先是调查夷情、夷技、夷图。他宣称《海国图志》与昔人海图之书有很大区别："彼皆以中土人谈西洋，此则以西洋人谈西洋也。"主张以"西洋人谈西洋"作为了解世界的重要参照，这是对于传统华夏中心天下观的一个重大突破。他对欧洲的政治形势有了初步的了解："自意大里裂为数国，教虽存而富强不竟。于是佛郎机、英吉利代兴，而英吉利尤炽。不务行教而专行贾，且佐行贾以行兵，兵贾相资，遂雄岛夷。"他对英国霸业的鼎盛，也有足够的认识："盖四海之内，其机樯无所不到；凡有土有人之处，无不睥睨相度，思朘削其精华。"（《海国图志·大西洋英吉利国广述中》）世界比中国人传统的理解要大得多，中国不仅不在世界的中央，而且更不是四海之内的共主。西方列强不务行教而专行贾也能兴国，兵贾相资遂称雄天下。这虽然是客观的如实陈述，但却给一向昧于世情的中国人，提出一个极其尖锐的问题：到底什么是立国之本？

在当时的历史条件下，魏源和他那一代先进的中国人，都不可能对这个问题作出明确无误的答复，但却至少已经作出试图答复的可贵思索。魏源原本就反对那些"无用之王道"的鼓吹家，批评他们是："口心性，躬礼义，动言万物一体，而民瘼之不求，吏治之不习，国计边防之不问；一旦与人家国，上不足制国用，外不足靖疆圉，下不足苏民困，举平日胞与民物之空谈，至此无一事可效诸民物。"（《默觚下·治篇一》）鸦片战争的严酷现实，促使魏源把西方的富强之道作为一面镜子，而中西两相对照的结果，更使他对传统的"内圣外王"的政治哲学产生怀疑。

魏源曾把君子的"受言"（博采众议）比喻为"受光"。他颇为形象地说："受光于隙见一床，受光于牖见室央，受光于庭户见一堂，受光于天下照四方。"（《默觚下·治篇十二》）他尽管长期生活在一个封闭的社会环境中，但却具有比较开放的心态。鸦片战争以后，他正是以这种心态，不仅勇于"受光于庭户"，而且还谋求"受光于天下"以照四方。我们不难发现，《海国图志》通篇都体现出这种"受光于天下"的博大胸怀。作者自称是"为以夷攻夷而作，为以夷款夷而作，为师夷之长技以制夷而作"。"以夷攻夷"与"以夷款夷"虽然是老生常谈，但《海国图志》却是以"知彼（夷）"为前提，因而便增添了新的时代资讯，从而区别于既往盲人瞎马式的书生空论。而"师夷之长技以制夷"则是具有划时代意义的光辉命题，表现出魏源的远见卓识与超人胆略。

所谓"长技"，魏源指的是："一、战舰；二、火器；三、练兵之法。"长期以来，人们以为"师夷长技"无非是学习西方的"船坚炮利"而已，其实大谬不然，从思想文化史的角度来考察，这乃是对于根深蒂固的传统华夷观念的第一次勇敢突破。

其一，中华帝国历来以文明古国自傲，而以野蛮的夷狄看待外邦；即令时至已经逐渐衰微的清朝中叶，这种荒诞的观念仍然占统治位，并且与专制皇权的尊严紧密结合在一起，不容许有任何逾越。魏源虽然也沿袭了"夷"的称呼，但通过多方面"悉夷情"，"夷"的内涵已经悄悄变化。他初步发现世界之大，远远超过既往国人心目中"天下"的狭窄范围，而世界的格局与秩序也与传统的华夷之辨观念有很大的差异。魏源开始认识到，世界不是封闭的、凝滞的，而是发展的、变化的。文明发展从来没有既定的格局，永远具有此起彼伏的不平衡特点。时至大清王朝的道光年间，长期被国人鄙视为"岛夷"的英国，不仅不是野蛮愚昧，而且经济、文化还很发达，政教亦不无可圈可点之处，其他欧美各国也都各有优长，值得中国师法或至少作为借鉴。对于一个长期以来妄自尊大的帝国来说，承认这个现实并在观念上作出相应调适，是一个极为艰难而又相当痛苦的过程。魏源在战败以后立即作出明智反应，并且一反传统提出"师夷"口号，这需要多大的勇气！

其二，在对外交往方面，清朝历来把外国视为藩属下邦，其基本观念是"治"，即力图以武力威慑或道德感化来维持自己的主观上勾画的世界秩序。鸦片战争后，魏源把立足点从"治"转为"师"，即师法一直被视为夷狄且正相敌对的西方国家。尽管他强调"师"的目的仍在于"制"，而"制"也未尝不可理解为制驭或制胜；但根据当时的实际情况来研判，与其把"制"看做是攻略，倒不如看做是防御（当然是积极意义的防御），或者说是有效的制约。从"治"到"制"，虽然是一字之差，但却反映了人们思想的深刻变化。中国文字的意蕴极为丰富而又复杂，由"治"到"制"至少说明人们心目里的中外地位已有逆向变化，中国由高趋低，西方国家由低趋高。中国人虽然仍以中华自称，皇帝虽然仍被视为天子，但是已经失去君临中国以外的天下的狂妄。

其三，"师夷"的范围虽然只限定于"长技"，但"技"可以称之为"长"，也包含着深刻的观念变化。中国传统文化历来侈言道德教化而忽视物质文明，往往把精巧的工艺技术视为败坏人心风俗的"奇技淫巧"。魏源则敢于冒天下之大不韪，公开倡言："有用之物，即奇技而非淫巧。"不仅如此，技之所以能奇，还大有学问在："今西洋器械，借风力、水力、火力，夺造化，通神明，无非竭耳目心思之力，以前民用。"耳目属于感官，是感性认识的来源；心思属于大脑功能，认识进入较高层次即转化为理性，且有可能通往智慧。运用风、水、火等自然力而达到"夺造化，通神明"的境界，这就绝非仅靠灵巧的双手所能奏效，而必须"竭耳目心思之力"来制造机器，乃至制造机器的机器。魏源那个时候似乎还没有听说过"科学"这个译名，但他所说的"竭耳目心思之力"实际上就是科学或科技。这样有用的学问，尽管来自遥远的西方敌国，但毕竟比祖传的"浮藻饾饤，心性迂谈"之类腐儒之学要高明得多。

其四，"长技"虽然主要是指"战舰"与"火器"，但师法此类军事"长技"毕竟是东方国家效仿西方近代现代文明不可逾越的初阶。杭廷顿曾经说过："十七世纪欧洲的绝对君主王制，外在的威胁和冲突刺激了君王的创新和集权。十九世纪非西方国家的'防卫的现代化'（defensive modernization），也同样是源自对外国侵略和征服的恐惧。"（《传统政体的政治变迁》）而布莱克更把国防现代化视为多数后起国家走向现代化的发端，因为保卫领土主权的紧迫性毕竟更甚于一般的国计民生。当然，即令是高瞻远瞩如魏源，当时也未必了解，尽管是军事工业系统的现代化，亦将连锁反应引起经济结构的变化，进而引起政治体制、价值观念与文化心态的变化。因为物总是与人相联系的，先进的武器要由先进的人来制造，也要由相应先进的人来使用。新武器的使用必然要涉及到"养兵练兵之法"的革新，涉及到教育、管理和官兵素质的提高，乃至军事编制和工厂体制诸方面的变革。这样，物质文明又通向了心性文明，任何局部改革终将引起社会整体变化，古今中外概莫能外。

其五，何况魏源自己也没有把"长技"限定于武器范围之内。他主张，造船厂、枪炮厂在制造足够船械之余，"凡有益民用者，皆可于此造之"。已经在某种程度上表现出把兵工生产延伸到民用工业的意愿，或许可以说，魏源已经轻轻叩击了中国工业现代化的门扉。而魏源也没有到此为止，他的最终目标是"因其所长而用之，即因其所长而制之，风气日开，智慧日出，方见东海之民犹西洋之民"。这又把"师夷长技"引向一个更为宽阔的天地，进而与"风气"的开化、"智慧"的增长联结起来。如果说，魏源对于西学的倾慕表述得还非常含蓄，那么稍后冯桂芬《校邠庐抗议》一书，在"制洋器议"之外，就增添了"采西学议"乃至"变科举议""改会试议"诸篇。并且更为明确地阐述了"师夷"的必要："人无弃材不如夷，地无遗利不如夷，君民不隔不如夷，名实不符不如夷。"过去，我们常把中国先进知识分子对于近代化的认识过程区分为三个层次或三个阶段，即器物—制度—心性。这作为近代社会思潮发展变化的总体勾画未尝不可，但如果用来考察具体人物的认知内容，则很难作如此简单明快的分割。从魏源的"师夷"说到冯桂芬的"四不如"，都包含着技器、体制、心性三个方面的革新愿望。

当然，许多走在时代前面的思想先驱生前往往是寂寞的。"月前孤唳为谁哀，无复双栖影绿苔。岂是孤山林处士，只应花下一雏来。"（魏源：《悼鹤》）鸦片战争后少数开明士大夫的真知灼见并没有得到应有的理解与重视，他们心灵深处的痛楚是浓郁而又深沉的。《海国图志》出版后，在日本受到极大的尊崇并产生深远的影响，然而在自己的祖国却遭到难以容忍的冷落，所以半个多世纪以后梁启超还借用"不龟手之药"的故事为魏源打抱不平。但先进的思想种子终究是会发芽的，魏源那一代人的沉潜思考与孤独呐喊在稍后的岁月里还是逐渐产生了影响。第二次鸦片战争以后，冯桂芬、王韬、郭嵩焘、薛福成、马建忠等又一代开明知识分子接踵而至，维新思潮与洋务运动从思想和实践两方面继承并发展了魏源所创始的"师长"统绪。而中法战争以后又崛起了为数更多的一代新人，如康有为、严复、梁启超、孙中山、黄兴、宋教仁，都可以纳入这个思想文化的进化序列。所以梁启超曾经说过，《海国图志》之论"实支配百年来之人心，直至今日，犹未脱离净尽，则其在历史上关系，不得谓细也"。（《中国近三百年学术史》）

魏源是一位百科全书型的思想家，其著作内容之丰富与涉及范围之广泛，至今仍然令人惊叹。齐思和先生说："魏源兼揽众长，各造其极，且能施之于行，不徒托诸空言，不愧为晚清学术运动之启蒙大师矣。"（《魏源与晚清学风》）确为非常妥切的评价。当然，他毕竟是生活在一百四十多年以前的古老中国，由于认知条件的局限，他所提供的外在世界的相关资讯，难免间有肤浅错误之处。但可贵的是他在千古难遇的大变局下那种积极而又冷静的理性精神，特别是他所具有的"受光于天下照四方"的开放而又自信的心态，至今仍然值得我们尊敬和借鉴。

21 世纪全球与中国变化之大都远远超过一百四十年以前。中国已经在现代化建设的征途上取得极其伟大的成就，然而全球化大潮给我们民族带来的前景仍然是机遇与挑战并存，魏源等先贤梦寐以求的"风气日开，智慧日出，方见东海之民犹西洋之民"的大目标，也并非轻而易举所能迅速全面实现，而且未来也并非没有可能出现新的失误、挫折乃至更大的风险。当今之世固然需要众多的杰出的科技专家，然而更为可贵且难求的却是魏源这种类型的大思想家：不趋时，不媚俗，冷静思考，甘于寂寞，而且勇于探索和坚持真理，这样才有可能对自己民族的前途和命运获致清醒的认识并且提出真知灼见的建言，乃至挽救当前人类日益严重的文明危机。愿更多的读书人认真阅读魏源的著作并从中汲取某些教益。

如何理解"高陶事件"

　　事情常有这样的巧合，人们往往称之为缘分，可遇而不可求。20 世纪 80 年代，长期旅居美国的"世纪老人"刘廷芳先生，曾于 1986 年 2 月 12 日在《中报》发表《记两广"六一事变"未曾公开的一段内幕——我说服蒋介石先生化解一场内战危机的经过》一文，随即引起海内外文史各界人士的热烈反应。1987 年 2 月号《传记文学》（台北）全文转载，并同时发表唐德刚教授的长篇评论《"西安事变"、"六一事变"五十周年——兼谈刘廷芳〈说服蒋介石先生的一段内幕〉》。1990 年秋，我应普林斯顿大学与普林斯顿神学院的联合邀请去美国从事研究与教学。刘老爱才若渴，与我结为忘年之交，常常利用假日邀至其新泽西优雅宅院长谈至深夜，纵论民国旧事，历历如数家珍。刘老颇愿"以一位历史过来人的身份，以白头老翁说民国旧事的心情，为历史留见证。"为了实现他的良好愿望，我也写了一篇《与世纪同龄，与时代俱进——〈记两广"六一事变"未曾公开的一段内幕〉一文读后》，并且连同德刚、苏叔阳等名家鸿文，与刘老自己的回忆录合编为《近代史秘》一书在纽约刊行问世。

自1979年以来，德刚对我常以"大学长"身份给以关照。予生也晚，这当然是无可也无须争辩的事实。唐氏文如其人，气象恢宏，酣畅淋漓，高论迭出，妙语连珠，我曾戏称为颇有淮军将帅气象。2000年夏，《"高陶事件"始末》作者陶恒生向德刚索序，次年4月他写成读后感《抗战期中"高陶事件"的一家之言》应之，竟然又是一篇洋洋洒洒的鸿文。宝刀未老，豪气犹在，令我欣慰不已。不料近日湖北人民出版社为此书在祖国大陆再版又要我作序，使我颇感为难。因已有何兹会与唐德刚两位大手笔作序在前，岂敢率尔操觚或致续貂之讥？何先生是我师长一辈的资深学者，又是陶希圣先生的及门弟子与忠诚"亲兵"，对陶的学问、言行、心曲知之最深，而且又是当时这段历史公案的核心圈外的重要见证人，可说是最理想的序言作者。德刚则以民国史大家，以其生花妙笔纵横论析，序言本身就是一篇上乘史评。但是此书毕竟是有关"高陶事件"迄今最为详尽的实录，对于研究这一重大复杂历史问题极具参考价值，读后也不免有所感且有所思，愿与学界诸先进共同讨论。

记得汪精卫潜逃叛国以及"高陶事件"发生时，我正在四川江津乡下国立九中读初三，尚属懵懵懂懂的孟浪少年，而唐大学长则已从国立八中高中毕业，并且常以堂堂中大学子身份光临沙坪坝草棚茶馆纵谈时局国事。不过由于江津离重庆很近，九中每星期一早晨于同声朗诵"总理遗嘱"之余多半有时事报告；加以语文史地老师也常在课堂上论析抗战形势，所以吾辈乡间少年对汪精卫叛国的切齿痛愤，以及其后惊喜于"高陶"的迷途知返，亦大致与众多国人之心情相近。当然，由于年龄的差异，作为大学历史系高材生的德刚"始终不得其解"的那些重要问题，我却想也没有想过。直至1949年以后，由于长期讲授中国近现代史，对于这一重大事件虽然知之渐多而理解亦渐增，但对于较深层的一些隐秘仍然无从解说。

近几年来，相关机要档案和当事人回忆（包括中日双方）刊布渐多，学者对此事件的研究与解析亦愈来愈细愈深。陶恒生先生这本新著虽然并未提供数量较多的机密资料，然而却是根据自己与亲友的亲身见闻，并且旁征博引中外各种相关著作与资料，比较客观、平实地将这一重大事件的来龙去脉、幕前幕后以及许多细节作了相当详尽清晰的记述与论析，给读者留下完整而又生动的印象，所以仍然可以作为研究"高陶事件"的重要参考。

作者是工程专家而非历史学者，但写作时所体现的职业性的严谨细密，却又与史学规范所要求者相去不远。也正由于是资深科技专家，所以作者较少有为亲者讳的陈习，大量引证原始史料，相互对照验证，力求对史事的陈述贴近当年的客观存在。正如作者所言："由于是写自己的事，和写父亲的事，欲求下笔绝对冷僻客观，恐怕很难完全办得到。然则，笔者愿尽量以'放大格局而力求公正，实事求是而不加掩饰'的写作态度来处理本文内容，耿耿诚心，尚祈读者垂察。"我相信作者的诚心，因为他并未讳言其父已经上了汪精卫叛逃投敌的贼船，"落入日本全盘征服中国、灭亡中国的陷阱"，并且明确否认陶希圣上海之行是作为重庆政府间谍"卧底"，这都是实事求是的态度，应该给以充分肯定。

当然，陶希圣又与追随汪精卫到底的周佛海、陈公博之流有所不同。他在参与汪日谈判中逐步认识到求和必将成为求降，因为主导谈判的日方强硬势力已不允许汪方保留任何底线。他终于幡然悔悟，并且与高宗武一起秘密逃离上海，毅然在香港公开揭露汪日密约，酿成轰动中外的所谓"高陶事件"。无论其动机多少是为国、多少是为己，这一举措毕竟是对日本诱降与汪精卫卖国逆流的重大打击，也是给尚留在重庆阵营中的那些悲观动摇分子的深刻警示——求和之路走不通！对陶希圣本人而言，这也是在紧要关头的明智抉择。他不仅没有随同汪记贼船一同沉没，反而得以返回抗战阵营分享胜利的喜悦。平心而论，就民族立场来说，陶希圣这段历史只能说是大节有亏，而终于将功补过，不可与一般叛卖祖国者相提并论。

法国年鉴学派的先驱者经常强调历史学者不应以法官自居，但中国旧史学传统则往往侧重于功过评判，如所谓"三七开""四六开"云云。其实即令是把"正邪、是非、功罪"，视为"论人之衡有三"的王船山，也深知历史的复杂性并且反对评判史事人物的简单化。他认为："正邪存乎人，是非存乎言，功罪存乎事；三者相因，而抑不必于相值。正者其言恒是而亦有非，邪者其言恒非而亦有是，故人不可以废言。是者有功而不必如所期，非者无功而功固已施与世；人不可以废言，而顾可以废功乎？论者不平其情，于其人之不正也，凡言皆谓之非，凡功皆谓之罪。乃至身受其庇，天下习其安，后世无能易，犹且谪之曰：此邪人之已乱天下者。此之谓不思其反，以责小人，小人恶得而服之？已庇其身，天下后世以安之而莫能易，然且任一往之怒，效人诃诮之而诃诮之，小人之不服非无其理也，而又恶能抑之？"（《宋论》卷六）对于陶希圣其人其事，特别是对于这一段曲折离奇的历史插曲，似乎亦可作如是观。

曾被视为蒋介石之"文胆"的陈布雷，在决心辞别人世以前自嘲曰"参政而不知政"。参与政治同单纯做学问、写文章完全不是一码事，政治有自己的游戏规则，需要熟练的技巧与灵活的手腕。某些学者好言政，但常如隔靴搔痒，参政则易误政或为政所误，病根往往就在于不懂而装懂，被权谋高手玩弄于股掌之上而毫无察觉。抗战甫兴而试探言和乃是一场政治赌博，究竟有几分出于考虑国家命运的公心、有多少出于争权夺利的私意，局外人很难作简单的诛心之论。但至少有一点是可以断言的，即民意不可违背，潮流无从逆转，形势总是比人强。任凭汪精卫如何才高八斗、谋士如云，终于因逆潮流而身败名裂并成为中华民族千古罪人。相对而言，蒋介石则是这场国民党内部政治较量中的大赢家，他正好利用这一事件把自己塑造成为坚持抗战正确路线的代表，迅速赢得国内外的更高声望；而作为其最具威胁力的党内政治对手汪精卫则成为国人皆曰可杀的汉奸卖国贼。无论陶希圣的离沪投渝是否事先已有默契，但至少其结果是大有利于蒋。蒋介石把陶安排在身边的侍从室，不仅是酬其功，而且是用其才，但很难说是绝对的信任，倒很有可能是为了便于控制。陶希圣食其禄，忠其事，不仅为蒋起草《中国之命运》，而且与蒋共命运，未能尽展其才与尽致其用。这再一次表明学者"参政而不知政"的悲哀。当然，陶希圣作为资深学者，而且还是"食货"学派的掌门人，在中国近代学术史上自有其地位在；但那是另外一个有待专门研究的领域，不属于本书论述范围。

通读全书，我觉得作者的贡献，不仅在于对轰动一时的"高陶事件"

有详尽且完整的陈述与深入论析；而更重要的是作为当事人的亲属，把文献资料、口述历史与自己的亲身见闻结合起来，既理清了事件的来龙去脉，发掘了陶希圣的内心隐曲，也通过一个家庭的颠沛流离、悲欢离合，提供了一幅幅抗战期间敌占区与大后方乃至香港地区的社会风情画。作为也曾经过八年抗战的我们这一代历史学者，对于这些详实记述特别感到亲切，而对于大批已把抗战视为远古的年轻学子来说，此书亦将可以把他们带进 60 多年以前那个历史情境，有助于增进知人论事的真实感。至于本书作者与多位序作者的持论，那完全是从不同角度出发的对于历史的各种解读，可以作为参考而不必拘守苟同，应该由读者根据自己的理性思考加以评判，展开自由的讨论。

寻梦无痕：史学的远航

世事评说

知识分子的历史使命感

　　"知识就是力量"，这是人们都很熟悉的一句西哲名言；但是，作为知识有生命的载体的知识分子，却不一定都有足够的力量。而且知识分子生活得还太累，因为他们不自量力，像耶稣背十字架一样，心甘情愿地也背起一个沉重的包袱——历史使命感。

　　这种"力不胜任"之苦，中国知识分子吃得最多。其所以如此，就是因为他们不仅以文化的传承者自居，而且还以道统的传承者自居。两千多年以前，孔子最看好的传人之一曾子就说过："士不可以不弘毅，任重而道远；仁以为己任，不亦重乎？死而后已，不亦远乎？"（《论语·泰伯》）负重而任远，当然太累，这是由于他们一定要以仁为己任，一定要在荆棘丛生、坎坷不平的"道"路上走到生命的尽头。

　　在古代的经典作家中，孟子堪称士大夫—知识分子的典型。因此，他对知识分子的历史使命感，以及由于这种使命感而遭遇的困苦，讲得最为透彻。

　　《孟子·万章》中有一段话："天之生此民也，使先知觉后知，使先觉觉后觉也。予，天民之先觉者也；予将以斯道觉斯民也。非予觉之，而谁也？"这种"舍我其谁"的气概当然令人钦佩，但既然要把自己放在非同凡人的"天民之先觉者"的特殊地位上，就不可避免地要像耶稣那样受苦受难。所以《孟子·告子下》又有一段话："故天将降大任于是人也，必先苦其心志，劳其筋骨，饿其体肤，空乏其身，行拂乱其所为，所以动心忍性，曾益其所不能。"

中国传统知识分子之所以常受磨难，是由于他们被夹在道统与君统之间，常常面临着严峻的两难抉择。长期受儒家文化熏陶的知识分子，当然希望生逢有道明君与太平盛世，君统与道统相符合，给他们提供施展"内圣外王"之学的足够空间。但现实往往不尽如此，君统与道统相悖时有发生。"君有道则仕，君无道则隐"，未尝不是聪明的办法。但或则由于君统的网罗严密而无从逃遁，或则由于知识分子以天下为己任，偏偏要抱持道统与君统对抗，其结局之惨烈可想而知。不过，"天下兴亡，匹夫有责"，应该看做是中华文化的优良传统，具有这样高度责任感的知识分子乃是民族的脊梁。正是由于这样的知识分子一代一代薪火相传，我们的民族与国家才得以繁衍与兴盛，并且在 19 世纪中叶以后历经劫难而并未丧失自己的生命活力。

19 世纪末和 20 世纪初，由于民族危机和社会危机的更加深重，历史使命感给知识分子带来的心理压力也更为深重。孙中山说过："中国土地人口为各国所不及，吾侪生在中国实为幸福。各国贤豪，欲得如中国之舞台而不可得。吾侪既据此大舞台，而反谓无所措手，蹉跎岁月，寸功不展，岂非可羞之极者乎？"（《在东京中国留学生欢迎大会的讲话》）这段话集中地表现了当时先进知识分子强烈的历史使命感与时间紧迫感。但是，这些新式知识分子的历史使命感已经不同于传统知识分子的历史使命感，他们不再为天道与君命承担责任，转而为国家与民族承担责任，因而便无需在道统与君统的夹缝中挣扎。他们既反对道统，又反对君统，并且以未来的主人翁自居，为建立一个独立、民主、富强的新中国而奋斗。清朝君主专制主义统治的终结和中华民国的建立，可以说就是这一代知识分子把历史使命感化为实际行动的结果。

民国建立以后，特别是"五四"以后，知识分子摒弃了陈旧的道统与君统，却又作茧自缚，背上了新的包袱——主义与法统，其沉重并不下于道统与君统。主义与信仰结合而成为意识形态，法统则是国家权力的语言符号，因而都成为各派政治势力争夺的目标与依据。由于过去道统与君统长期绵延的影响，或许由于其本身就具有道统与君统的残余，主义与法统在 20 世纪的中国曾具有特别强烈的垄断性格，即坚持要求定于一尊。主义之争与法统之争都需要流血，需要最后决胜负于疆场。于是无兵无勇的知识分子更加处于弱势地位，他们的历史使命感往往被权势者利用以遂其私，近代极权主义给知识分子留下的自由空间，甚至比君主专制主义时代更小。非友即敌乃至化友为敌的政治运作，使知识分子很难扮演独立的角色，在两军对垒之间更不容许有任何中间道路。所以出身于知识分子而又超越于知识分子的毛泽东，索性把知识分子称之为"毛"。"皮之不存，毛将焉附？"知识分子只有一边倒。但是，中国知识分子并没有完全因此妄自菲薄，他们仍然抱持强烈的历史使命感，或奔走呼号，或流血牺牲，或献身于实业、教育，或全力投入科技文明，在各个领域为中国现代化作出极为重要的贡献。

我非常珍重与珍惜知识分子的历史使命感。知识分子是社会培养出来的，知识分子应该反馈社会，对社会承担责任。或许可以说，没有历史使命感的知识分子，不是真正的知识分子。但是，我又不能不指出，中国知识分子的历史使命感是有局限的。其表现有二：首先是他们的个性长期受到压抑，在社会生活中很难体现真正的独立品格。1949 年以前，他们必须服从一个主义、一个领袖；1949 年以后又必须充当驯服工具、螺丝钉。当然不会没有叛逆者抗议这种泯灭个性的专制，但其结局之惨痛至今犹令人心有余悸。第二是正因为如此，他们的历史使命感大多表现为追求国家独立富强的自觉，却难以表现为对个性解放与维护人的价值及尊严的强烈诉求。因此，这样的历史使命感，还不能称之为真正具有现代意义的历史使命感。

常听到一种说法，仿佛中国（主要指大陆，下同）知识分子"价廉物美"，是世界上最好的知识分子。对此我从来不敢苟同，价廉属实，物美则未必。中国确实有一大批为国家富强与社会进步作无私奉献的优秀知识分子，他们的高尚品德与辉煌业绩赢得海内外人士的广泛称赞。然而在某些当权者及其追随者心目中，知识分子的"物美"与"最好"却是他们"逆来顺受"的性格弱点。1949 年以后，在很长一段时间里，知识分子被挂靠在资产阶级的边缘，顶多是在资产阶级的前面加上一个"小"

字，而其世界观据说比资产阶级还要资产阶级。因此，知识分子（特别是
"旧社会过来的知识分子"）被置于"接受再教育"的低下地位，无论受
到什么不公正的待遇、批判乃至处分，都需要以"三个正确对待"自我排
解，即正确对待组织、正确对待群众、正确对待自己，不得有任何怨言与
腹诽。平心而论，按照这种模型塑造出来的知识分子，诚然便于统治，但
却说不上是发育完全的现代知识分子。

在这里我们必然要联想到中外人士对知识分子不同的界说。在西方，
知识分子不是一般的读书人或有专业知识、技能的人，而是关心人类命
运、社会进步的社会精英。我手头有一部1986年7月中国大百科全书出
版社出的中文版《简明不列颠百科全书》（Concise Encyclopaedia Britannic，
第15次修订版，1984），它对知识分子的定义是："知识分子（Intelligent-
sia），指19世纪末期俄国的知识分子，是中产阶级的一部分，他们受现代
教育及西方思潮的影响，经常对国家落后状况产生不满。知识分子由于对
社会、政治思想有强烈兴趣，而沙皇政权的专制独裁和残酷镇压机构使他
们感到沮丧，于是在法律界、医务界、教育界、工程技术界建立了自己的
核心，但包括了官僚、地主和军官，正如陀思妥耶夫斯基、屠格涅夫及其
他作家在他们的作品中生动描述的那样，这个阶层为20世纪早期的俄国
革命运动奠定了领导基础。"（第9册，第423页）Intelligentsia一词本身
即源于19世纪后期的俄国，因此这个定义在西方具有相当普遍的代表性。
当代学者麦克·康芬诺在其《18和19世纪俄罗斯的知识分子和知识分子
的传统》一文，把近代俄国知识分子的特征归纳为：一、深切关怀一切有
关公共利益之事；二、对于国家及一切公益之事，知识分子都视为他们个
人的责任；三、倾向于把政治、社会问题视为道德问题；四、有一种义务
感，要不顾一切代价追求终极的逻辑结论（ultimate logical conclusions）；
五、深信事物不合理，须努力加以改正。（转引自余英时：《士与中国文
化》，上海，1987，第3页）正如余英时所曾指出，这一概括，除第四项
外，与中国传统的士颇为相近，至少是在某种程度上相通。

中国人对知识分子有自己的界定。出版于20世纪90年代且具有较高权
威性的《汉语大词典》，"知识分子"词条的释文是："有一定科学文化知识
的脑力劳动者。如教授、工程师、会计师、编辑、记者、文艺工作者等。"

（第 7 卷，第 1 536 页）这种解释与 1979 年出版的《辞源》与《辞海》的同一条目释文大体相同，只不过删节若干毛泽东著作中摘引的词句而已。显然，中国辞书对知识分子界定的范围比较宽泛，尽管列举的例子倒类似西方习惯称呼的"自由职业者"。因此，辞书编纂者认为，除了"有一定科学文化知识"及"脑力劳动"以外，无需给以其他有别于一般劳动者的特殊陈述。在 20 世纪 70 年代末和 80 年代初，中国知识分子对于这样的释文一般都能接受，因为劳动者在现代汉语中具有极为光荣的含义，在特定时空环境下甚至代表一种社会、政治地位。所以知识分子从准资产阶级被划进劳动者的行列，至少是可以使他们在心理上得到某种程度的满足。

但是随着改革开放步伐的加快，以及现代化建设对于科学技术知识需求的急迫，中国知识分子的地位与作用日益显得重要。一部分知识分子逐渐获得新的时代觉醒，他们一方面继承传统士大夫的优良传统；一方面从西方有良心的知识分子那里汲取营养，并且希望在社会生活中发挥更大的作用。他们正在作跨世纪的深沉思考，其勇往直前与锲而不舍的精神，使我不禁回想起"辛亥"与"五四"之间那一代先进知识分子。在 19 世纪和 20 世纪交接的时代里，他们编辑过《二十世纪之支那》杂志，撰写过许许多多诀别旧世纪、迎接新世纪的诗文。我们至今仿佛能听到他们深情的呼声："二十世纪之支那，于世界上处如何之位置？吾人爱之，不能不思索也……其兴也，则且将挟其一切哲理、一切艺术，乘此滚滚汩汩飞沙走石二十世纪之潮流，以与世界之文明相激、相射、相交换、相融合，放一重五光十色之异彩。"我们正在做前人没有做完的事业，21 世纪给我们提出更为严峻的挑战，同时也给我们提供更多的机会。负有历史使命感的知识分子在 21 世纪必将有更大的作为，成就更大的业绩。

不过，我决不希望知识分子自许太高、自律太严、自责太深，因而活得太苦、太累。知识分子也是人，有自己的价值与尊严，也有自己生活与工作所必需的条件。在随着经济发展而增多的社会福祉中，他们理应享有与自己贡献相应的份额。社会应该给知识分子以宽厚，如果以苛虐的手段压抑知识分子，国家所受的损失必定比知识分子更大。这是历史所遗留的教训，我们再不能重蹈覆辙。只有在政府与知识分子之间建立良性的互动关系，中国才能更好更快地全面实现现代化的宏伟目标。

跨世纪的思考①

跨世纪的思考，指先进人士在诀别旧世纪和迎接新世纪的岁月里，对新的时代、新的格局所作的估量，以及对自己的民族、国家何以因应的探索。

在 17 世纪和 18 世纪交接之际，当时还是大清王朝的嘉庆年间，虽然号称"乾嘉盛世"，却已踏上由盛而衰的转折点；但人们没有可能作跨世纪的思考，因为不仅无知于"天朝"以外的世界，而且根本不懂世纪与时代为何物。

中国是在浑浑噩噩而又妄自尊大的状态中进入 19 世纪的。历史给这个古老民族的惩罚非常严酷，然而在历经西方殖民主义（稍后还加上日本侵略者）半个世纪以上的欺凌辱损之后，终于促使中国人获得新的觉醒，其征兆之一便是开始学会如何做跨世纪的思考。

一、跨世纪的思考

19 世纪与 20 世纪交接的年代，是中国人民空前苦难与屈辱的岁月。起先是甲午战争与马关条约，接着是八国联军与辛丑条约，中国几乎已沦入万劫难复的半殖民地困境。但是，

---

① 1994 年春应台湾《联合报》邀请，为台北中小企业家讲演的文稿。

中国人没有消极绝望，而是更加奋勉地谋求革新救亡，起先是康、梁领导的戊戌变法，接着是孙中山领导的更为激进的辛亥革命。他们的政治理念虽然有别，但却同时进行跨世纪的思考。

1901年梁启超在《清议报》发表《过渡时代论》一文，把已经到来的20世纪视为过渡时代，并且豪迈地宣称："故过渡时代者，实千古英雄豪杰之大舞台也，多少民族由死而生、由剥而复、由奴而主、由瘠而肥所必由之路也。"

但先进的中国人并未流于盲目的乐观，他们并不缺乏深沉的理性思维。1901年刊登于《开智录》上的一篇文章——《论帝国主义发达及二十世纪世界之前途》，便对新的世纪与前景作了更为深刻而又准确的预测。作者不仅断言："今日之世界，是帝国主义最盛，而自由败灭之时代也。"而且认为压迫愈盛则反抗愈烈，"将来 Independence 与帝国主义之大争，其猛烈必百十倍于欧洲列国之革命也。所谓鸟无声兮山寂寂，夜正长兮风飒飒，魂魄结兮天沉沉，鬼神聚兮云幂幂，非二十世纪之大战场耶！非即亚非二洲之大陆耶！"

以孙中山为代表的革命派则更加着眼于中国在新的世纪将何以自处。他们把自己的刊物命名为《二十世纪之支那》，他们向自己也向全体中国人提出一个极为尖锐的问题："二十世纪之支那，依然支那之支那乎？抑俄国之支那乎？英国之支那乎？德或法之支那乎？美与日之支那乎？吾人爱之，不能不决此疑问也。……二十世纪之支那，于世界上处如何之位置？吾人爱之，不能不思索也。"

结论当然是肯定的，20世纪的中国，必定是中国人之中国，而且是更为文明强盛的中国。用孙中山的话来说，就是"吾侪既据此大舞台"，就必须"建一大共和国以表白于世界"（《在东京中国留学生欢迎大会的讲话》）。不仅如此，他们还深信："文明之潮流所倾注者，太平洋也；进步之气运所推移者，太平洋也。""二十世纪之大舞台，舍太平洋其谁与归也。"（《二十世纪之太平洋》，《浙江潮》第二期）而"世界和平之极点将起点于东方，二十世纪之中国为民权之枢纽矣。"（《二十世纪之中国》，《国民报》第一期）

温故而知新。如果从历史总趋势着眼，我们可以看出，百年前先进中国人所作的跨世纪思考，不仅大体上符合实际，而且至今仍有启发意义，因为 21 世纪毕竟是 20 世纪的继续。

二、欲速则不达

与百年以前相比，今天的世界已非昔日之世界，今天的中国更非昔日之中国，因此我们跨世纪的思考自然也就不同于前人跨世纪的思考。我们已经无需考虑"二十一世纪之中国，依然中国人之中国乎"？因为我们经过几代人的奋斗，早已摆脱了殖民主义的枷锁，并且"建立一大共和国以表白于世界"！无论俄、英、德、法、美、日，谁也不可能再把中国变成他们共治的或独占的中国。今天的中国虽然暂时是分裂的，但如果就总体而言，他的富强与进步却是往昔的中国所难以比拟的。

然而我们仍然必须思考，在 21 世纪即将到来之际，"我同胞之国民，其将何以自处也？"

20 世纪经历了两次史无前例的世界大战，也经历了长达四十多年的冷战。然而谢天谢地，我们终于迎来了"后冷战时代"，迎来了将以和平与发展为主旋律的 21 世纪。亚洲太平洋地区，正在并更将成为世界的大舞台，中国应该与可能在这个舞台上扮演什么样的角色？

正如许多中外人士所已形成的共识，亚太地区必将成为 21 世纪世界舞台的重心，中国则面临 200 年以来绝无仅有的振衰起敝的大好机遇（叶万安先生语），而海峡两岸都已经具备了在经济、科技、文化全方位崛起于世界的主客观条件。

当前中国人的主要忧虑并非强大的外敌，而是本身的分裂，两岸关系目前还处于难以进一步突破的胶着状态（余范英先生语）。

但是，从历史的角度来看，当前却是 150 年来中国最好的时光。自 1842 年签订"南京条约"以后，中国何尝有一天真正的统一，首先是香港的分离，然后是台湾的割让，紧接着是列强势力范围的划分，真是山河破碎，满目疮痍。民国成立不久，袁世凯称帝失败，更从表面的统一进入公开的分裂。各系军阀据地自雄，混战不已，国无宁日，民不聊生。1927 年南京政府成立以后，虽然号称统一中国，但许多地方实力派仍然拥兵自雄，中央的有效统治范围仍然有限，加上还有 1931 年以后日本侵略者先后扶植的满洲国、汪精卫等伪政权，直至 1946 年以后的全国内战与大分裂。现在虽然两岸差异仍大，疑虑犹多；两会会谈，进展迟缓，但从总的趋势来看，和平相处与寻求合作仍是主流。最近如合作开发海南的构想，航天、石油工业合作的酝酿，大陆新闻媒体的来访，乃至海峡两岸和香港文学座谈会的召开等等，都给我们带来祥和的气氛与乐观的前景。

一方面是百年难求的大好机遇；一方面是百年难见的主观条件，然而我们仍然不能过于乐观、急于求成。必然认识到，经过长期的分裂与敌对之后，中国的重新整合很难一蹴而就。国家的整合必须以国民的认同为基础，而认同包括种族、地缘、心理、情感、经济、文化、政治等诸多方面，这就决定了整合的多层次性。政治认同与整合之所以特别困难，就是因为它必须建立在其他诸层面的认同与整合的基础之上。面对这种困难，只能努力克服，而不可希冀逃避。因为任何用强制乃至暴力达成的整合，都不可能得到巩固与发展，迟早都会出现新的分裂与对抗。

百余年来，由于中西经济、文化落差太大，中国人在为谋求摆脱贫穷落后而奋斗的过程中，已经形成一种相对固执的社会心态，其正面表现为历史紧迫感，其负面表现为急于求成。从康有为"三年而宏观成，五年而条理备，八年而成效举，十年而霸图定矣"；到孙中山"突驾日本，无可疑也。十年、二十年之后，不难举西人之文明而尽有之"；到"大跃进"时的七年超英、十五年超美……都反映出这种心态特征。欲速则不达，不达则更急，更急则不择手段，理念、方案冲突往往引发激烈斗争乃至兵戎相见，如此事例在现代历史上累见不鲜，给国家与社会带来极大的灾难，也给今天的重新整合带来重重的障碍。

我们高兴地看到，现在两岸当局都逐步趋向于务实与稳健，都愿意暂时搁置政治争论，先从解决事务性问题着手，由易到难，由简到繁，逐步推进经济、科技、文化、学术诸层面的合作。如果双方均真正抱持诚意，稳健而又积极地不断改善两岸关系，扎扎实实奠定经济、文化整合的基础，则政治整合终将水到渠成。

三、夜长而梦多

就中国统一这样的大目标而言，国际国内的变数仍多。国际方面，"冷战"虽然结束，但地区性的局部战争不断，宗教、种族冲突随时可能演发成惨烈的流血。极端民族主义与新纳粹势力在西方的重新抬头，也使饱尝两次世界大战之苦的各国人民不寒而栗。同时，由于世界市场的争夺，或是出于霸权主义的权谋，有些先进大国并不乐于看见中国统一的实现，他们宁可长期轮换打"大陆牌"或"台湾牌"。国际风云变幻，往往出人意料，其严重后果尤其难以准确预测。这些国际变数极有可能影响大中国地区发展的趋势，我们不能不严密注意，预拟因应之道。

从国内而言，人们最关心的当然首先是两岸政局的长期稳定，因为整合需要耐心，耐心需要时间，因此才出现夜长而梦多的担心。在我看来，暂时的稳定可以预期，长期的稳定则难以断言。祖国大陆方面，"邓以后"的各种安排（包括方针、路线、人事安排等等）已大体就绪，当今的领导集团也具有多年从政经验，愿意走向稳健务实的道路。如果能继续增进内部团结并运用集体智慧（包括参与核心决策人员），大体上能够应付国际突发事变和掌握国内局势。但是，过速过热的经济发展往往孕育潜在的危机，政治体制改革进展极为迟缓，贪污腐化的日益蔓延，这些都可能引发新的社会动荡与政局不稳。台湾方面，经济发展已经面临诸多困难，财政状况尤其令人担忧，选举文化的弊端积重难返，贫富距离有扩大趋势，本土化与疏离意识几乎是平行发展，这些也有可能产生政局的变动与方针的更易。

就市场而言，西方国家自身的经济不景气，客观上为我们亚洲国家的经济发展提供了较大的空间。随着美国和欧洲各国经济的先后复苏，日本也将度过暂时的经济难关，国际市场竞争在 21 世纪将更趋激烈。过去常说的决胜于疆场，应该改为决胜于市场，市场可以决定国家的盛衰。日本曾经傲视美国，而曾几何时却又不得不仰视美国，其变化即在于此。我们在国际市场上所面临的强敌，不仅是北美、欧洲的工业大国与日本，还有亚洲其他新兴国家，甚至包括若干年后的经济大国俄国。

世界格局早已从两极转向多极，争夺纷繁激烈而市场的时代也许堪称为新形式的战国。各大国的因应之策都是采取区域经济联合，如欧共体、北美自由贸易区、亚太经合组织等，新兴国家当然也只有通过区域合作以求自保与发展。在这种情况下，海峡两岸亦应有更积极进取的因应对策，不能只是消极地充当别人的贸易伙伴。如果两岸能够密切合作，甚至再加上与新加坡的合作，则这个经济共同体的总体实力完全可以与北美、欧洲争雄天下。如果两岸关系仍然停滞不前，因为政治观念的分歧而妨碍经济、科技、文化方面的合作，则大好机遇也有可能稍纵即逝，而遗憾于百年以后。自 19 世纪中期以来，我们失去的历史机遇已多，因此不应再一次重复过去的错误。

从台湾方面着想，迟合作不如早合作。因为台湾经济起飞与政治改革都着手较早，特别是在经济方面具有相当的优势。但由于地理环境的限制，人力、资源、区内市场均有不足之处。因此，这种相对优势必将随着大陆经济的发展而逐渐消失，大陆市场也被他国捷足先登，而到那个时候才积极寻求合作，其处境与滋味又将如何？当然，平等、互利、互补、双赢似乎已成为共识，但政治说到底毕竟是在力量抗衡前提下的利益再分配，明智政治家应能善于捕捉对自己最为有利的时机。

当今的世界，政治制度与意识形态的对抗已经逐步淡化，而经济利益的权衡已成为压倒一切的价值标准。一言以蔽之，就是区域经济代替了区域政治。时到如今，如果有的政治家还仍然拘执于陈腐的政治观念，只知争政治上的面子而不顾经济上的里子，迟早总会贻误社会而被人民所抛弃。高希均教授曾说，为了振兴中国，除了"德先生"与"赛先生"（科学与民主）以外，还需要加上"伊先生"（经济，economic）。旨哉斯言，"伊先生"应该成为两岸交流合作的先锋与主力军，并促使大中国地区成为 21 世纪亚太经济发展的主导。

经济学家强调"伊先生"的作用固然言之有理，但历史学者却不得不劝世人毋忘"考先生"（文化，Culture）。文化认同是国家认同的重要前提之一，文化整合更是国家整合的重要组成部分。当今之世，精神文明并未与物质文明同步前进，而文化堕落则往往与经济繁荣相伴生。因此，"考先生"也应该成为两岸交流合作的先锋与主力军，并且与"德、赛、伊"诸先生一起，为进一步振兴中华作出伟大的贡献。而且，我认为这四位先生应该携起手来，不必消极等待两岸政治家迟迟难以商定的日程表，积极主动地去做一些现在可以做而且也应该做的事情。这样也许能促使政治家加快自己的步伐，不致使整个中华民族再一次错过百年难求的历史机遇。

最近，我曾去花莲参观佛教慈济功德会，深深为证严法师的伟大事迹所感动。如果我们都能向证严法师学习，立大志愿，发大慈悲，成大功德，以爱的和风，搭两岸的心桥，尽各自的力量为促进大中国地区经济、文化的共同发展而奋斗，则中华民族在 21 世纪的重新崛起必将指日可待。

傲霜花艳岭南枝
——评历史故事片《林则徐》

　　1843 年的秋天，由于禁烟被清朝统治者遣戍的林则徐羁留在新疆。天山明月，寒更刁斗，白草黄榆，旷野哀笳。家国身世之感在他心头翻腾起伏，不禁忧愤地唱吟："歧路又歧空有感……青史凭谁定是非"（《送嶰筠赐环东归》）的诗句。

　　历史是最公正的审判官。在一百一十六年以后的今天，影片《林则徐》把中国近代史上这一段公案清清楚楚地断定了曲直是非。和外国资本主义侵略者相勾结、把中国变为半殖民地的反动统治者受到最严厉的谴责，坚决反抗外来侵略和民族败类的中国人民受到热情的歌颂，曾经积极抵御外侮、功勋卓著的林则徐、关天培等也受到应有的表彰。

　　感谢影片的编、导、演，他们把中国近代史这光辉的第一页成功地搬上了银幕，向我们观众进行了深刻的爱国主义教育。

　　如何处理鸦片战争这样的历史题材，这个问题确实不大容易解决。由于多年从事中国近代史的教学和研究工作，我特别深切地体会到影片创作者所支付的功力。

　　首先要碰到的一个重要课题，就是怎样突出历史的主流。毛主席说："帝国主义和中国封建主义相结合，把中国变为半殖民地和殖民地的过程，也就是中国人民反抗帝国主义及其走狗的过程。从鸦片战争、太平天国运动……义和团运动……都表现了中国人民不甘屈服于帝国主义及其走狗的顽强的反抗精神。"前一个过程是中国近代历史消极阴暗的一个方面，不是历史的主流；后一个过程是积极进步的一个方面，是历史的主流，也是我们所应当着重描述和讴歌的对象。影片《林则徐》正是通过鸦片战争这一段史实，"表现了中国人民不甘屈服于帝国主义及其走狗的顽强的反抗精神"。剧作者和导演对于枝蔓芜杂的史实加以细密的整理和大胆的剪裁，把故事的结局安排为平英团英雄的斗争场面，从而使得有声有色的"禁烟运动"和广东爱国军民的英勇斗争在影片中的地位鲜明地突出起来。对于这一段历史的反动消极方面，影片的创作者力求只作陪衬的描叙。譬如对于定海失陷以后清统治者在侵略军的武力恐吓下开始动摇屈服，银幕上首先出现节节进逼的英舰，随即转入道光皇帝张皇失措接受琦善等求降主张的几个镜头。寥寥数笔，就将与人民坚决抵抗路线相对立的反动投降路线的发展变化勾画得淋漓尽致。正是因为编导同志具有这样的好手笔，所以整个影片才能始终保持强烈饱满的战斗气氛和坚定奋发的乐观色彩，丝毫也没有因为描叙了历史的阴暗反动方面而破坏了影片的健康情调。

像鸦片战争这样旧民主主义革命时期的民族战争，史实记载中有关人民斗争的部分非常简略而又零碎，这主要是由于当时文化事业掌握在地主阶级手中的缘故。为了弥补这个缺陷，必须把历史的真实与艺术的想象有机地结合起来，使简略而零星的有关人民斗争的事迹系统化和完整化。影片的编导出色地完成了这个任务。他们创造了邝东山、麦宽、阿宽嫂这样三个有血有肉的人民英雄形象，用他们的悲惨经历和反抗活动，把围洋馆、截颠地、攻英舰、平英团等人民反侵略斗争的许多场面，前后贯串起来；并且又通过他们同林则徐的几次接触（如渡船上的谈话、截颠地后的留字、虎门焚烟和炮台工地上的相遇以至林则徐被罢斥后的送匾等），把人民的强烈意愿和斗争力量对于统治阶级中一部分爱国人士的影响和推动作用，也交代得清清楚楚。这样就使得故事的梗概非常完整，增强了情节的戏剧性，全部影片显得一气呵成。

邝东山、麦宽和阿宽嫂本来是历史上不曾有过的人物，但是他们却使观众觉得有真实感。这主要因为编导和演员在塑造这几个人物的形象时，是以对于历史真实的深刻研究作为基础，然后再进行艺术概括和加工的。这三个人不正是在鸦片战争期间反抗外来侵略最为积极坚决的渔民、蛋户和"机房仔"等劳动人民的代表么？在他们的身上强烈地迸射出劳动人民光彩夺目的精神火焰。然而他们又不是一般的劳动人民，他们是劳动人民中间的杰出的代表人物。邝东山的老练豪迈，麦宽的憨厚勇猛，阿宽嫂的热情爽直，都在观众的心目中留下较深刻的印象。细心的编导、演员也没有忘记全面地描绘在那个时代里劳动人民的精神面貌，玄帝庙的敬神、给林则徐送匾等几个镜头，使观众清楚地了解当时人民还没有完全从封建思想的统治下解放出来。这与广东义民斥告英夷说帖等史料互相印证，也是切合当时实际的。

影片通过邝东山等的传奇性故事和几个大规模的群众斗争场面，深刻地说明了反对鸦片贸易、反对武装侵略是完全符合人民意愿和得到工农群众有力支持的；如果说，林则徐曾经在一段期间内立下了震惊中外的功勋，那也主要是由于他在某种程度上看到了可用的民心，依靠了雄厚的民力。影片以形象的艺术语言解释了马克思列宁主义关于劳动人民是历史的主人的伟大真理。

影片对于"林则徐"这个人物的塑造特别成功。如果仔细查阅一下《林则徐日记》《云左山房诗钞》《信及录》《夷氛闻记》和有关他的传记等材料，你将发现影片上林则徐从思想品质、性格作风、生活习惯一直到外貌的造型，都是那么近似当时的林则徐。每一个观众在离开电影院时，长久不能忘记这样一个爱国爱民、精明干练、性情刚烈、感情丰富的英武形象。不能不说，这又是历史的真实与艺术的想象的精妙结晶。

影片正确地处理了林则徐的忠君与爱国之间的深刻矛盾。在强烈的爱国心支配下，他在一定程度上运用了人民的力量，在反侵略斗争中造就了辉煌的功业，因而也就受到当时人民的支持和爱戴。但是，他毕竟到死还是清王朝的"林文忠公"，与人民始终保持着不可逾越的界线；人民勇敢而坚定地走着自己的反抗道路，他却只有服从自己所效忠的道光皇帝，也正是这个皇帝，最后与投降派结合起来，彻底破坏了林则徐的事业。林则徐的志向和行为与他所处在的那个阶级环境发生了强烈的冲突，这不能不在这个热情刚毅的人物的内心激起深刻的怨愤；然而怨愤是藏在心底的，影片通过不多几个镜头，如在琦善面前接旨时的眼神，被摘去顶戴时的面部表情，闭门养疴时桌上摆着的《离骚》等，如实地表现了他那有节制的不满心情。在影片将要结束时，银幕上出现了这样鲜明的对照：一方面是平英团奋勇击败英国侵略军，预示着英雄壮烈、如火如荼的人民反抗斗争正在不断蓬勃发展；一方面是林则徐寂寞而感伤地走上戍途，孤独地咀嚼着家国身世的悲痛遭遇。也许可以说这部传记片是悲剧吧？林则徐的伟大事业不是葬送在本身不可克服的深刻矛盾中么？然而影片决绝有仅限于激发观众对于林则徐个人命运的同情，而更多地是引导观众看见人民斗争的雄伟力量和光明远景。影片正因此而散发出思想的光辉和艺术的魅力。

不能不特别提到主演赵丹同志，他真实、深刻地创造了历史人物林则徐的形象。当面痛斥义律、庄严地申明禁烟决心时的正气凛然，痛恨卖国官吏，盛怒之下打破茶杯之后克制情感激动的努力，与政敌周旋时的软中有硬、机警老练，送别邓廷桢时的久久怅望孤帆云天，接受群众赠送匾额礼物时的感激奋发……处处都恰如其分地以一个具有高度正义感、丰富的政治阅历、深厚的文化修养、性情刚直坚毅而又颇知含蓄收敛的爱国士大夫的姿态出现在观众的眼前。可以看得出来，赵丹同志在动作和道白方面还吸收了中国传统戏曲程式中的某些有益部分。那见驾时的跪拜、斟酒时的手势以至摘下顶戴时的全身动作，都显得非常干净利落，线条健劲而又潇洒。在与琦善激烈争执、企图最后挽救危局而终遭摈斥时，林则徐强抑住满腔怒气，悲愤地说："林某上不负皇上社稷，下不负黎民百姓……"那语言简直是一个字一个字地迸发出来的，铿然作金石之声。整个说来，影片中的对白是不算多的，人物的内心活动主要还是通过情节的发展、脸色、眼神、一举手、一投足等表现出来的。这标志着中国电影的编、导、表演技术已经进入了一个新的阶段。

扮演反面人物的几个演员也有出色的表演。道光皇帝的虚骄而又怯懦、穆彰阿的阴险卑劣、琦善的贪婪专横、伍绍荣的奴颜婢膝以至义律的奸诈狠毒……都既揭示了他们的反动阶级本质和社会身份，同时也突出了各自的独特性格，尽管有的人在银幕上出现的机会不多，却给观众留下了鲜明的印象。

影片在故事编排和人物塑造方面确实有很多是虚拟的，甚至有些是与史事不全吻合的，但是所有这些都能使观众相信其真实性，仿佛都是实际发生过的事情一样。为什么会达到这样的艺术效果呢？这就是因为虚拟的和加工的部分是以历史的真实性和必然性作为基础的。像邝东山这样传奇性的英雄，在史书上虽然没有记载，但在当时却是完全可能存在的，浙江沿海的黑水党不就是明证么？麦宽这个人物的经历和事迹虽是虚拟的，但在当时广东人民中间不正是存在着千千万万个类似麦宽的人物么？在麦宽的身上我们难道看不出三元里农民英雄韦绍光等人的威武形象么？以真实性作为基础而又不要过分拘束于它的限制，在历史的必然性和可能性的天地里，艺术构思的神骏有着广阔的原野可供驰骋。不是总有人过分强调创作历史剧的困难么？请看看《林则徐》吧，它将雄辩地表明：我国悠久、丰富、壮丽的历史素材正在向艺术家们伸出热烈欢迎的双手。

尊重历史真实与客观主义和自然主义决不能混同起来。影片《林则徐》的好处不仅在于具有深厚的历史真实性的基础，而更重要的是强烈地吹拂着我们当前伟大的时代精神。因为历史虽然是过去的事，但编导、演员和观众却是现在的人；作品的风格必须与我们国家今天的社会主义建设大跃进气氛相适应。我特别喜爱《林则徐》，正是因为它一扫旧的中国历史阴暗、悲惨、屈辱、消极等灰色情调，而充满了民族自信、坚定、刚毅、英勇、乐观等适合于当前时代精神的强烈色彩。这部影片的内容结构、表演技术、情绪起伏、发展节奏以至布景、音响、光线、彩色都是紧凑的、强烈的、雄伟的、鲜明的。特别是在国庆十周年举国欢腾的时刻，看到这部电影，真是分外意气振奋，干劲倍增。应该认为，影片的创作者（包括所有工作人员的集体劳动和集体智慧）扣紧了时代的脉搏，具有和人民同呼吸共命运的思想感情，才能使这部影片具有可贵的时代风貌。

这部影片也有几处似乎需要改进的地方，下面想提出一些零星的建议。

反映鸦片贸易对劳动人民的严重损害好像过于疏略一些，只有脚夫搬运沉重的烟箱和盲妹的丈夫匆匆溜进破烂阴暗的烟馆等两三个镜头，这样便不能更有力地说明人民群众何以对鸦片贸易具有那样深沉的仇恨。同样，对侵略者残害人民的暴行也缺乏应有的描述，削弱了群众"人人持刀痛杀"侵略者的情感基础。此外，群众的衣着、住处似乎都显得略为"富裕"一些，不大像是正在受着封建势力的残酷压榨。电影创作者可能顾虑如实地描绘这些阴暗场面会破坏整个影片的健康气氛，但我觉得少数陪衬的镜头决不至于损害整个影片的基调，相反的还会使之更加鲜明强烈。作为教育工作者，我深切感到，在今天让人民、特别是青年一代，经常温习一下半殖民地的历史灾难还是很有益处的，这将使我们更加热爱祖国、热爱共产党和社会主义，同时增强对于帝国主义及其走狗的痛恨和警惕性。

有些细节的描述似乎略嫌琐碎，如林邓私访、虎门焚烟等，假若更加精练，效果可能还要好些。但在清王朝君臣议论禁烟问题之前如果能插入1838年12月12日广州人民在鸦片贩子住处前举行的万人大示威场面（把时间顺序稍为移动一下），这样或者可以使人民斗争主流的地位更加突出。本来抵抗派的受命和禁烟运动的实现，就是以人民的强烈意愿和英勇斗争为前提的，林则徐不是早就说过"察看舆情，并非不可挽救"么？

作为传记片，对主人翁林则徐的描写似乎还不够。编导所刻画的只是林则徐爱国御侮这个方面（自然是主要的方面），却漏掉了开明进步、愿意向资本主义西方学习的另一方面（虽然不是主要的，但也是颇为重要的方面）。从整个影片来看，前半部林则徐的个人活动描写很多，后半部则在银幕上出现得过少（特别是在快结尾时），相形之下，不大均衡。其实林则徐在被罢斥后活动还是相当多的，内心也是极端苦闷的。在登上戍途将出玉门关时，他牢骚满腹地寄诗给邓廷桢（邓已先至伊犁）说："中原果得销金革，两叟何妨老戍边。"可是影片的创作者对于这一部分的刻画似乎过于吝啬了篇幅，否则林则徐这个人物的形象将会更加丰满。

还有个小意见，赵丹同志的个别动作略嫌"粗"了一些，譬如炮台前的视察和送别邓廷桢的急行等，有的演技近乎京剧中武生的亮相，"戏"味儿重了一些，不大符合林则徐这样一个进士翰林出身高级文职官员的身份。

关于豫坤，作为戏剧人物的创造和揭露反动统治阶级的卑污黑暗而言，是相当成功的。由于豫坤的出现，才使观众更加深切体会到林则徐处境的困难和意志的坚定。应该认为，这种艺术上的虚构效果很好，也是合乎情理的。可是从历史真实性角度看来，总使人觉得不大妥当。从林则徐日记看来，豫坤应当是林、邓、关、怡（良）等禁烟运动领导集团成员之一，彼此过从甚密，有要事则互相商议，甚至连私事也相委托。邓廷桢"为豫厚庵（坤）榷使题沧浪亭送别图"曾赞扬他"握手知君贤，汪洋见叔度……兹来筦市舶，厘剔起沉涸。"梁亭枏的《粤氛闻记》对一般卖国官员颇多微词，可是却没有一句话微讽豫坤。从现有史料看来，豫坤即令不是禁烟运动最得力的支持者，至少也决不像在影片上那样积极反对和破坏禁烟运动。附带说一句，林则徐下台不久，豫坤也就丁父忧离职了，而且以后两人的关系仍然是很融洽的。林则徐个性很强，他对卖国贼如琦善等往往公开表示不满，至少是用极端冷淡的态度来敷衍，可是对豫坤却不见有任何类似表现。

为什么要为豫坤辩护两句呢？我们倒无意为豫坤翻案，因为他并不是一个十分重要的人物。可是影片对豫坤这样的处理不免容易使人产生一种错觉，好像当时的满族官员都是卖国的。其实当时广东巡抚怡良和海关监督豫坤，与林邓之间很少表现出民族界线，同心协力，共御外侮，都是在鸦片战争中有贡献的人物。如果影片中对他们有所肯定，不是更加符合历史真实吗？那么，用谁来当作广东官员中的反面人物呢？韩肇庆一个人如果不够，不妨对当时的广州将军进行一番艺术加工，以他来代替豫坤这一角，这样似乎要公平合理一些。我们想，如果把广州将军德克金布、副都统奕湘、英隆之流写成反面人物，历史学家一定不会有什么意见。

但是无论如何，这部影片是非常成功的。林则徐赠关天培诗中有一句是"傲霜花艳岭南枝"，非常耐人寻味。在1959年秋天上演的《林则徐》也是一枝傲霜艳花，喷发出浓烈的百余年前岭南民族气节的芬芳，也倾吐着沁人心脾的时代鲜花的甜美香味。这部影片的摄制成功，使我们相信电影界已经完全有可能制作更多更好的历史、传记片，来向广大人民进行爱国主义和提高阶级觉悟的教育。

武汉呼唤研究①

武汉是中国屈指可数的历史文化名城，也是华中地区重要的经济、文化中心或枢纽，而从军事的角度来说则是历来兵家必争之地。因此，武汉有极其丰富的内容值得研究，研究武汉必将获得丰硕的学术成果。

有些人以为我对武汉的研究是从辛亥革命开始的，其实最早引发我研究武汉的兴趣的乃是太平天国。那时武汉正在修建第一条长江大桥，碰巧我在史料中发现太平天国也曾利用木船在武昌与汉阳之间架成一座跨江浮桥，所以便在《长江日报》上发表过一篇小文章：《长江上的第一座大桥》，那还是 20 世纪 50 年代中期的事情。

1961 年 10 月中旬，中国史学会举办纪念辛亥革命 50 周年学术会议，北京的学者希望我们解答一个问题——辛亥革命为什么在武昌爆发？这就促使我必须对武汉乃至整个湖北地区的革命运动及其社会历史文化背景做深入研究，所以便为会议提交一篇学术论文：《武昌起义与湖北革命运动》。但是很抱歉，我对辛亥革命的研究重点很快便转移到张謇与江浙资产阶级，加以其他许多说得清与说不清的原因，自己反

---

① 21 世纪初应日本《近邻》杂志邀约撰写之短文。

倒成为武汉研究的落伍者了。

我在 1981 年曾经在《历史研究》上发表《辛亥革命史研究中的一个问题》一文，强调应该努力研究辛亥革命时期的社会环境，并且指出当年的爱国志士曾把中国比喻为从事革新的舞台，而在行动之前必须"测量此舞台而辨其所以利用之方针也"。1903 年初在东京出版的《湖北学生界》第一期发表的《湖北调查部纪事叙例》，仅所拟经济调查项目即包括：生产、分配、消费、岁入（丁漕、盐法、茶税、烟税、厘金、杂税、捐派、彩票）、岁出（湖北坐支、赔款、解京之数、津贴外省之数）、钱法（官钱局纸币之数、银元局每年铸银之数、铜元文钱每年之制造数、外国钱币流入之数、全省庄号之银抄、市面银元之式样及其价值）、积储（官款、公款）、实业之局（官本、商本、洋商所办）、农业（种植、田价之等差、公私之蚕业及出丝之数目）、工业（机器制造、手工制造、制造之品目）、商业（对外洋之贸易、对他省之贸易、本地之贸易、输入输出之比较、全省大庄号之数目及其资本）等。

这个"叙例"还拟订了社会群体调查项目，包括：官吏（做官之来历、在官之情形、去官后之舆论、僚属来往之状态及其陋规）、幕僚（职司之名目、修俸之累数）、家丁（人数、势力、每年之侵入款项）、吏役（已裁未裁者之名目、现存之累数、裁后之安置、平日之生活、需索之名目及其累数）、局员（繁剧、闲冗、乾俸）、绅董（急公好义之绅董、侵蚀款项之绅董、怙势殃民之绅董）、学生（卒业者之数目及其办事之成绩、现今学生界之真相）、民族之贫富（富民之财产及其事业、贫民之苦况与其之生计）、民族之职业（四民之有职业者、乞丐、僧尼、流痞、讼师、盗伙、博场、洋烟室、娼妓院、婢仆、荡子）等。

此外尚有教育、军事、历史、地理、民族、资源、交通以及"外人势力"等许多方面的调查项目。

这些项目诚如拟定者所言，"未足以尽事物之赜"，无非略举纲目以示例而已。但说来惭愧，就连这 100 年以前提出的纲目，我们至今也未必能够搜集充分而又完备的资料，所以也就无法一一做出具体而又切实的回答。即以汉口的八大行帮（银钱、典当、铜铅、油醋、绸布、杂货、药材、纸张）为例，至今当缺乏系统而又扎实的学术专著问世。至于洋行、租界、教会等等虽然已有若干相关论著问世，但许多重要问题还有待于进一步研究，而且有许多繁杂的资料更有待于搜集整理。即以第二次世界大战期间侵华日军在武汉地区的众多暴行及其所造成的各种损害为例，我们对文献的积累与整理、利用就非常不够，以致去年松冈河女士率团专程访汉收获甚微，这些都是使我至今仍然深感歉疚的。

武汉学者与日本学者，无论在历史上还是在现今，都保持着密切的友好交流关系。我很希望在武汉研究方面，也能像荆楚史、隋唐史、明清史、辛亥革命和民国史一样，大家携手合作、经常交流，争取产生更为丰富的学术成果。

历史记忆与城市升华

——纪念武汉保卫战 70 周年

历史记忆是城市的宝贵文化遗产，它不仅增添城市的底蕴与魅力，而且可以促进城市的升华。

我最近从南京归来，发现南京又有很大变化。其中之一，就是由因日军大屠杀衍生的悲情城市心结，逐渐转向为营造和平博爱之都，显示出更为健康的社会心态与宽阔胸怀。我认为这就是一个城市的升华。由六朝古都到民国首都，到博爱之都，历史底蕴与现实生活相融合，并且预示着更为辉煌美好的明天，这就是南京人的智慧。

从历史记忆的蕴藏而言，武汉并不比南京逊色；但对于历史资源的发掘与利用，则或多或少存在若干差距。南京早在 90 年代，就敢于肯定二十几位外国人救援中国难民的丰功伟绩，其中包括多个美国传教士，特别是还有一个德国纳粹。可是武汉却迟迟未能重视武汉保卫战的历史记忆，虽然也有不少有识之士为此呼吁，然而落实于行动却是步履蹒跚。

武汉保卫战是伟大的抗日战争的一个重要组成部分，也是伟大的世界反法西斯战争的一个重要组成部分。1938 年保卫大武汉的民众热潮，吸引了全世界的反法西斯进步力量的关注，乃至一些"保卫马德里"的国际战士，也不远万里赶来武汉，参与保卫中国战时"临都"，仿佛是投身于一场伟大的圣战。

武汉曾经是抗日战争的政治中心与军事中心，引领着全国各个主要战场的浴血抵抗，特别是通过国共合作而彰显的同仇敌忾，武汉曾经成为凝聚整个民族团结的精神堡垒。武汉保卫战是壮烈的，经由武汉转向西南地区的大撤退也是壮烈的，中外学者已经开始关注那波澜壮阔的难民潮，其中蕴含着可贵的民族刚毅精神和丰沛的生命活力，此乃八年抗战取之不尽用之不竭的民气泉源。

武汉诚然是沦陷了，但百万以上的大规模军队浴血奋战，不仅牵制并消耗了侵略者的主要军力，而且还彻底粉碎日本最高统帅部的速战速决美梦，促使抗战决定性地进入战略相持阶段。即使在武汉沦陷以后，中国军民的英勇抵抗，仍然长期扼守两湖等战略要地，有效地保卫了以四川为主体的大后方，这样才实现了名副其实的八年抗战。

今天，我们两岸学者能够欢聚一堂，纪念武汉保卫战的丰功伟绩，并且深入探讨其历史意义，这是众多热心人士长期共同努力策划推动的结果。我们特别感谢以陈幸、余传韬为代表的辞修先生的亲属，是他们多年如一日地整理出版家藏宝贵文献，为我们提供了丰富的有关武汉保卫战的第一手资料。同时，我们也感谢以蒋方智怡女士为代表的介石先生亲属，是他们慷慨大度地公开提供了蒋氏日记原始稿本，这些都为我们深入研究这段重要史事提供极大方便。早在1995年纪念抗战五十周年时，我在台北就倡言"尊重历史，超越历史"，我们现在既然有这么良好的学术氛围与资料条件，就不应该辜负海峡两岸热心人士乃至整个华人世界的殷切期望，努力研究武汉保卫战，并且宏扬当年那种昂扬的民族精神，把武汉建设得更为美好，尽快成为名副其实的历史名城与国际大都市。只有这样，我们才可以告慰武汉保卫战中外先烈们的在天之灵。

黄鹤楼印象

　　我的黄鹤楼印象产生于童年。那是在 1933 年，由于父亲在武汉参与农民银行筹建工作，我们借住在粮道街靠近县华林的一家老宅内。我与姐姐在胭脂路小学读书，记得学校在蛇山上，风景非常优美。有个星期天，父母带我们去黄鹤楼游玩，全家缓缓走在久经沧桑的石板路上，经由手工业匠人聚集的青龙巷，出巷口不久便是到达黄鹤楼。我们在奥略楼上饮茶，远眺江景与汉口两侧的汉阳与汉口，饭后又到吕祖庙参拜，并且走近"孔明灯"仔细端详。这才发现，我们是站在突出于江岸的黄鹄矶上，只有站在此处的视角与视野，才能真正领略到"孤帆远影碧空尽，唯见长江天际流"的情境。

　　作为刚满 7 岁的小学一年级学生，自然谈不上什么文学艺术方面的感悟。但回家后母亲却趁热打铁，叫我吟诵崔颢那首千古绝唱："昔人已乘黄鹤去，此地空余黄鹤楼。黄鹤一去不复返，白云千载空悠悠。晴川历历汉阳树，芳草萋萋鹦鹉洲。日暮乡关何处是？烟波江上使人愁。"这简直是一幅全息画卷，白云黄鹤，仙人神话，名阁芳洲，烟波乡愁……从此刻骨铭心乃至融入我的生命，成为我对武汉最为美好的回忆。因此，我久久很难认同现今新修的黄鹤楼，常说一句不大诗人喜欢的话："我与我的黄鹤楼已经随风逝去。"颇带一点文化遗老的酸腐。

其实我与许多顽固的"老武汉"一样，我们并没有见过真正的黄鹤楼，别说千年以上晋代、唐代的黄鹤楼，就连晚清重修的黄鹤楼也未曾亲眼目睹，我们所见到的无非是曾经承载过黄鹤名楼的历史遗址。但这遗址也是极其珍贵的，因为它不仅承载过历代不断重建的黄鹤楼，还承载着一千多年以来与黄鹤楼紧密相关的层层文化积累，其价值甚至已经远远超过黄鹤楼古建筑的本体。新黄鹤楼固然堪称建筑史上又一佳作，而且还与长江大桥连带产生了更为雄伟壮美的情景意境。但它毕竟无法代替那已经消逝的黄鹤楼历史遗址，因为那才是千古流传的众多诗文名篇吟咏的真正黄鹤楼文化场域。而对于我们这些"老武汉"来说，那黄鹄矶上的一砖一瓦，一草一木，都蕴藏着历代黄鹤楼的丰沛信息，因而也就形成了自己心目中的黄鹤楼，并且已经成为难以磨灭的美好记忆。

历史是由记忆组成的，但记忆并非全部来自实物，很多也来自非物质文化遗产，包括诗文、神话、故事、艺术等等。所以许多黄鹤楼的痴迷者，其黄鹤楼的记忆包括"实""虚"两个组成部分。所谓"实"，主要是指当年目睹者流传下来的记述、吟诵乃至建筑图录；所谓"虚"，实际上是已经超越实物本身的美学诠释、人生感悟乃至形而上的哲理追究。或许可以把后者称之为虚拟，但这个虚拟世界，毕竟是过去确实存在的历代黄鹤楼衍生的，因而它才能够成为一个绵延千古世代相传的文化流。我们不必为古代黄鹤楼连同它的遗址永远逝去而感伤，因为它的文化精魂已经融入武汉这座城市之中，而且是融入众多武汉人与武汉以外黄鹤楼痴迷者的生命之中。新的黄鹤楼固然不能代替原先的黄鹤楼，但新的黄鹤楼又将形成新的黄鹤楼印象，形成新的更为雄伟壮美的景观与更为辉煌灿烂的新黄鹤楼文化流。可以说，这是武汉文化又一个新的发端。

尊重历史，超越历史；研究历史，创造历史。这是我一贯提倡的历史观。我们不仅仅是历史文化遗产的守望者、讴歌者，我们更应该是新时代历史的参与者与创造者。21世纪应该也必将产生崛起于中部而为全国乃至全世界瞩目的新的黄鹤楼文化流，而且亦将源远流长成为后世人们所珍惜的荆楚历史文化遗产续篇。我很喜欢孟浩然那两句诗："人事有代谢，往来成古今。"所谓历史，无非如此。

因此，我赞赏《长江日报》创办《黄鹤楼·城周刊》，特别是它把"城市文脉的延续"作为一大心愿，更是深得我心。该刊在办刊宗旨中还表明自己不变的追求："见证城市变迁，挖掘城市内涵，彰显城市魅力，促进城市发展。"这也正是我现在所做的一部分工作与晚年人生追求。这个副刊由于取名精当，理念正确，而且广泛团聚了一批热心的作者与志愿工作者，因此办的很有朝气，内容生动活泼，而且雅俗共赏，具有较高文化品位。据我所知，该刊已经拥有众多相对稳定的读者群，在社会上产生比较广泛的良好印象，成为《长江日报》颇具亲和力的重要品牌。作为读者与作者之一，我自当勉尽绵薄，继续为该刊的发育成长当拉拉队。

为满足广大读者需求，长江日报报业集团和红金龙（集团）有限公司最近又编辑、出版了《黄鹤楼·品读武汉》一书。编者向我索序，因而略抒浅见，以尽拉拉队呐喊加油之职责。希望《黄鹤楼·城周刊》越办越好，为文化武汉作出更大贡献。

签名售书有感

不久前，宣传部、学工部和湖北人民出版社，为我的新著《南京大屠杀的历史见证》，安排了一次生动活泼的签名售书活动，沐浴着年轻同学们的洋溢热情，我的内心非常激动。

记得鲁迅有篇文章，回忆到有次在书店碰见一位年轻读者买他的著作，购书者把紧紧握着的钞票交给他。鲁迅隐约地感到钞票还残留着购书者的手温，这温馨的回忆永远伴随着他，使他感奋，促他前行。

我有幸生活在远比鲁迅幸福的今天，阳光灿烂，桂花溢香，科学会堂内外充满着节日气氛。一群群年轻人，手里紧握着 10 元、50 元乃至 100 元人民币（都是从有限的生活费中节省下来的啊），急切地向书店人员购书，然后又跑过来把我围得水泄不通，争相索取我的签名。此时此刻，我感到无比幸福，因为对于一个作者来说，众多读者的关注与理解，乃是高于一切奖励的奖励。我只有不断向索取签名者说"谢谢，谢谢"，以此表达内心的深深感激。

我力求妥善地签下自己的名字，这三个字蕴含着我的感激、我的期望与我的祝福。现在的青少年是幸福的，你们生活在太平盛世,不再像我们青少年时代,饱经战乱和颠沛流离之苦。但是你们应该了解过去,了解今天的幸福来之不易,而创造明天的辉煌则更为艰难。未来属于你们,希望也寄托于你们,你们应该更快地成长、成熟,担负起时代与祖国的重任。

《南京大屠杀的历史见证》并非我现今研究工作的主体,但我却为它付出极多的时间、精力与财力。从1991年7月到1992年3月,我在耶鲁大学神学图书馆整整"泡"了8个月,无论寒冬溽暑,从早到晚在特藏室翻检那些卷帙浩繁的档案文献,竭力搜寻并复印有关南京大屠杀的珍贵第一手资料。在此期间的生活费用也是我一生之中的最高水平,虽然是省吃俭用,但仅房租水电一项每月即达600美元以上,还不包括昂贵的交通费用。与此相对而言,我现在所得的稿费几乎是微不足道的,而湖北人民出版社还得为这本书承受相当的亏损。但我并没有得不偿失之感,因为,在纪念抗日战争胜利50周年之际,我履行了一个中国公民的职责,用这本书来捍卫了民族的尊严;我也履行了一个历史学者的职责,用自己的研究成果捍卫了历史的真实,有力地驳斥了日本右翼分子为军国主义辩护的无耻谰言。

我永远难忘几年以前在美国参加"对日索赔会"有关活动的感人情景。该会完全是海外华人自发组织的民间团体,除个人志愿捐献外别无其他经费来源。我们参加每次活动的交通和食宿费用都是自己支付的,因为有限的捐款只能勉强应付组织会议、出版宣传材料和制作历史文献影片等项开支。记得1991年元旦假期,我们为筹备纪念南京大屠杀55周年大型活动,前往远离纽约的庄严寺开会。时逢寒冬腊月,风雪漫天,汽车开到寺庙所在的山下时,由于积雪太厚,无法继续驶行。我们三三两两,只有踏着厚度逾尺的白雪,在昏暗的树林中摸索着上山。有一位教授全家三口人,从清晨出发开了五六百英里汽车,由于风雪太大,常常是三人下来推着汽车前进,直至深夜才赶到目的地。这一夜,不分男女老幼,都是各据一条睡袋就地卧在空旷而寒冷的僧舍里。但是第二天,大家又精神抖擞,热烈讨论有关纪念活动的各项事宜。

我之所以介绍这些不为人知的琐事,无非是说明世界上确实有许多善良的人们，有许多高尚的情操，有许多超越于金钱之上的东西，而这些人和事甚至就在自己的身边。无可讳言，在市场经济日益趋向发达的今天，无论维持个人生计还是兴办任何事业，金钱都是不可缺少的。但是，金钱毕竟不是人生唯一的或最后的目的。金钱应当为人所用，而且应当用于正途；决不能颠倒人与金钱的关系，把人变成金钱的奴隶（为钱所役）。作为大学生，作为未来的社会精英，应该不断提高自己的思想境界，首先是努力用高品位的精神财富来充实自己。

林木深处觅绿魂

——忆姚水印老师傅

华中师大七号楼下，笛箫亭边，梅园一隅，草地上默默躺着一块石碑。石碑正面赫然镌刻"绿魂"二字，可惜未设碑座，加以林荫甚浓，背面的碑记文字已非我的目力所能辨认。

但我一眼就可看出，这就是原绿化组姚水印老师傅永远的栖息地。

提起姚师傅，当年在桂子山真是无人不知无人不晓，就连在武汉市也小小有点名气。姚师傅来自河南鄢陵，而鄢陵姚氏乃是一个历史悠久的园林世家，据说祖上曾到洛阳为武则天伺弄过牡丹。正如姚水印师傅为华师园林立下汗马功劳一样，武汉市许多公园景点也曾留下鄢陵姚氏后裔的心血与业绩。

桂子山本来是一座荒山秃岭，1956 年 9 月新校舍第一期工程竣工，中文、历史、教育、政治四系首批迁来时，依然是草木稀疏，瘠土裸露，周边相当荒凉。但经过一代又一代华师人的不懈努力，桂子山终于逐渐由荒变绿，终于成为绿化面积高达 70% 以上的全国绿化先进单位。林木森森，芳草如茵，丘陵起伏，曲径通幽，乃是几代华师人铸就的桂子山美学诠释。

我爱桂子山，因此我特别敬重园林工人，历届的华师领导内心都怀有对他们深挚的敬意。

但是说来惭愧，由于平时忙于教学、科研，政治运动一来又困于应对批判与检讨，有时还要发配到外地荒僻农场接受再教育，所以我与绿化组职工一向很少接触。直到"文化大革命"初期被关进"牛棚"，除经常接受批斗外，被勒令与其他"牛鬼蛇神"一起参加绿化组劳动，这才与他们朝夕相处。在盛暑烈日下，我们一起锄草施肥，挑水抗旱，默默地为维护这满山绿荫而辛勤劳作。我们以汗水洗去羞辱，在珍惜草木生命之中重新发现自己的生命价值，乃至恢复人性尊严。绿化组职工对我们从未以恶言相加，始终是平等相待，善意慰解，大家在艰苦的劳动中相知渐深，结成深厚友谊。也许是不大恰当的比喻，在"文革"的狂风急浪中，绿化组仿佛是我们的一个小小避风港，在这里可以享受暂时的宁静，缓解若干内心隐痛。

1984 年谬膺校职以后，总想对绿化组表达若干敬意，其他校领导，特别是先后主管过后勤战线的副校长，也都是人同此心，心同此理。于是经集体研究决定，首先对年长而又德高望重的姚水印师傅给以表彰和奖励，因为武汉市历届花展中华师的优异表现早已有口皆碑。大约是在 1986 年初，我校被授予武汉市绿化红旗单位，于是校领导为姚师傅祝贺 60 大寿，并且由生物系特聘为园艺学讲师，借此也充分肯定了整个绿化组职工的辛勤劳绩。

我在校长任内，念念不忘总想为过世的后勤老职工留点纪念性标志，但人事天心两相违，直到 1990 年夏去国经年，此愿始终未能实现，内心深觉遗憾。凑巧最近参加省委宣传部召开的一个小会，会后有位年轻人紧握我的手，深情地说："老校长，还记得你曾为我外公做过 60 大寿吗？"原来 20 年前学校为了照顾多年单身独居的姚师傅生活，把他的女儿从河南调来，如今他女儿的女儿竟已参加工作了。我再一次感到岁月如歌，岁月如梭。

几经周折，我终于找到华师绿化委员会为姚师傅立的石碑，下面埋着他的骨灰，"绿魂"二字精炼地概括了老人平凡而又伟大的一生！

"良辰美景奈何天，赏心乐事谁家院？"远远隐约传来白先勇等改编的《牡丹亭》昆曲新腔，使我又复想起来自牡丹故乡的园林先驱者。年轻一代的桂子山人，愿你们在课余饭后，也去梅园探访绿魂。

怎样对待草坪为好

——读《小草青青，践踏何忍》一文有感

阅读 4 月 5 日《光明日报》"教育周刊"，其新辟栏目"校园荣辱角"刊登一篇短评《小草青青，践踏何忍》，并附有漫画，图文都很醒目，确有警示效果。

此文提倡爱惜草坪，维护校园，并与荣辱观相联系，这都是正确的。但作者批评的若干"践踏"现象，如"有晒太阳睡觉的，有坐在草地上看书的……"却令我产生若干困惑。

怎样对待草坪为好？特别是大学校园的草坪。

1949 年前我读过旧大学，那时的校园草坪是开放式的，学生不仅可以"晒太阳睡觉""坐在草地上看书"，三三五五师生叙谈，甚至还可以嬉戏追逐。草坪是一片充满温馨的人情味空间，是以师生为本的校园文化不可缺少的重要组成部分。1979 年以后，我在国外看过许多大学校园，情况也是如此。

在我的记忆中，1958 年"大跃进"与"教育革命"以前，大学校园的草坪依然是开放式的，学生可以在课余尽情享用。但此后在"左"倾思潮影响下，草坪被看成"资产阶级腐朽文化"，大多被铲除改为操场，经济困难时期被用以种植蔬菜、红薯……

直至"文革"结束并拨乱反正好多年以后，大学才逐渐恢复了草坪，而许多草坪依然是开放式或半开放式的。但近些年全国城市建设一片"广场热"，校园建设也照搬不误，于是草坪便升格为"广场"，而且还追求面积大而无当的视觉效果，以取悦于上级视察者的眼球。但学生却吃了亏，草坪成为"只能看，不能碰"的封闭式禁区。草坪诚然美丽至极，但小草却非常娇贵，大多是从国外引进的洋种，不大适宜中国的土壤，必须经常耗费大量自来水喷洒；又竞争不过土生土长的野草，虽然频繁地拔"土"存"洋"，也难免冻死或枯萎，于是又得大动干戈再次种植，这样造成的浪费难以数计。有次上级领导人视察之前，某地仅紧急铺种草皮就花费6位数以上钱财，乃至有人气愤地称之为当代"花石纲"。

校园草坪到底是为谁铺建的？难道作为校园主体的学生就理应被圈禁在美丽的草坪之外吗？有时我看见若干宠物小狗在草坪上肆无忌惮地追逐嬉戏，而学生却只能眼巴巴地站在护栏以外看着，心里真不是滋味！

"野火烧不尽，春风吹又生"，中国土生的小草生命力非常顽强，即令是教会大学从国外引进的洋草，由于多年驯育改良，对学生的肢体接触也有较高的承受力。学生本来有权享受草坪，我们不应把他们圈禁在草坪以外，这是一个重要的办学理念问题，不可等闲视之。我劝有关学校领导多考虑些实效，少考虑些政绩；多注意点节约，少追求点奢华。

清人诗云："多情唯有是春草，年年新绿满芳洲。"小草本来是喜欢与人接触的，我们凭什么要鼓吹人与自然隔离。

落红不是无情物，化作春泥更护花

——校园见闻有感

爱花之心，人皆有之；自珍佳句，世代流传。

但凡文明社会公民，都懂得爱护公共园林花草果木。我曾在北美旅居多年，所到校园、公园无数，从未见过"请勿摘花"之类警示牌，因为已无此需要。有年暑假，到西北小城波伊西女儿家小住。当地有一规模甚大的玫瑰园，据说有名贵品种百余，日夜向公众开放，从未见有任意摘花者。

在美国有些州，环保意识特强，甚至连路边野生花草也给以法律保护。有一对中国老年夫妇初次赴美探亲，全家驱车出游，见郊外芳草如茵，山花遍野，遂停车摘花一束，不料有警车尾追而来，原以为是超车挨罚，却不料警察敬礼进言："本州法律规定不得随意采摘野花"，但理解老年夫妇初次前来，仅给以规劝了事。本来是欢乐出游，却于无意中触犯他邦法律，归程中全家静默无语。开车的子女为了安慰父母，放送音乐解闷，却不料正是邓丽君的流行歌曲《路边的野花不要采》。此事千真万确，是我亲身见闻，所以印象特深。

可是回国以后，每逢花开季节，我都要为校园花木担心。平心而论，最近几年校园风气确有明显好转，至少桂花连带枝叶任意攀折的情况已经基本绝迹。新建的桃李园、牡丹园也少见有人采摘。只有香气浓郁且体量较大的栀子花，仍然为少数贪婪者所垂涎，常有成束成堆肆意采摘者，嬉笑张扬，毫无顾忌。今年又逢栀子花盛开，但反来到处难以见花；校园网上有同学反映，连花苞都看不到。可怜有些北方新生初到武汉，至今连栀子花是什么样子都不知道。前几年我曾写过短文，为自己劝阻摘花无效感到无助。现今我更为栀子花遭此浩劫深感羞愧，号称百年老校的华师校园，连栀子花都得不到应有的保护！

但我现在已经不再感到孤苦无助，因为有众多的青年学生奋起谴责随意摘花果者，他们以实际行动爱护校园，抵制不良行为。其中最突出的就是子悠同学，这个 19 岁的小女子敢于仗义执言，虽被打受伤仍坚守正确立场。我为此感到欣慰，因为毕竟还有这么多同学与学校一起，努力营建并且保护美好校园，我在他们的身上看到希望，看到光明。我认为应该因势利导，鼓励更多同学参与有关建设文明校园的深入讨论。和谐校园不等于不问是非，随波逐流，应该建立在较高的道德水平与思想境界上，否则就谈不上什么素质教育。

坦率地说，这几年我所看到的随意摘花者不再是年轻学生，大多是 30 岁以上的"闲杂人员"，好像也不一定都是"教工子弟"（没有调查研究，所以很难作明确结论）。譬如北区有两位中年妇女，常公然提篮摘花到路边卖，就不大像教工家属。但由于无人干预，有些教工家属不愿"肥水外流"，也理直气壮地参加了摘花队伍，以致今年栀子花遭灭顶之灾。这就涉及校园管理加强规范的问题，大学应该有大学的样子，不能连普通街道社区都不如。听说为避免今后偷摘枇杷，有关部门打算采取"摘花限果"的对策。这岂不是面对不文明行为的退让？为免摘果就自行摘花，那么为免任意采摘，华师是否今后就不种栀子花？

我希望大家都能面对现实，正视问题，通过理性讨论明确是非荣辱，进行积极有效的爱护校园的自我教育。今年是奥运年，是向全世界展示中国人民精神面貌与公民素质的一年，希望华师能够走在社会的前面，以更美丽的校园与更文明的人群展示于海内外。

草木有本心，何求美人折

——读张九龄《感遇》有感

张九龄是广东人，唐玄宗时官至尚书右丞相，后因受李林甫排挤被贬为荆州长史。《感遇》一诗作于贬谪以后，其中第二首云："兰叶春葳蕤，桂华秋皎洁。欣欣此生意，自尔为佳节。谁为林栖者，闻风坐相悦。草木有本心，何求美人折。"此诗自有其身世之感与政治寓意，但如仅就景物描述而言，则颇与华师校园近似。

一天早晨，雨后天晴，林木葱郁，空气清新，路边石凳上坐着许多同学阅读或朗诵外语。我匆匆走近三号教学楼，缕缕栀子花幽香随风扑鼻，心情特别愉快。但突然发现有几个人在林木深处摘花，并且时时发出志得意满的欢叫。我惊呆了，随即恳求她们不要摘花，却没有任何效果。我感到无奈，发现旁边还有两位衣着光鲜的女士也在观看，便提醒说："不能折花。""我们没有折花，只是看看。"回答简明得体，颇有知识人风度，但似乎并未理解我的求助。周围的同学也没有任何反应。

折花者以胜利的姿态出现了，约有四五个，都是装扮入时的年轻女性。好像是事先有所约定，那两位举止高雅的旁观者与折花者一起消失了。她们带走刚摘下的沾着露水的成把成包鲜花，留下的是一片伤痕累累、朵花不剩的栀子树。周围坐在石凳上的同学依然没有任何反应，哪怕是一抹不屑的眼神。

突然感到孤独与无奈，欲哭无泪，欲言无声，意识到正是我们教育的失败！唯愿一个老人悲哀而又失望的眼光，可能会与某个摘花者或旁观者终生相伴。

归来只有从前人诗句中汲取某些慰藉："草木有本心，何求美人折？"

犹忆玉屏笛箫声

——参加笛箫专场演奏会后的遐思

5 月 15 日晚，应邀参加笛箫亭揭牌仪式，随后又欣赏了时尚旋律笛箫演奏。丰富多彩的节目，优美欢快的笛声，使我心旷神怡，与年轻人一起度过这美好的良宵。而学生送给我的一支长箫，则勾起我许多往事的回忆。

1938 年秋，我进入国立九中学习。虽然校舍简陋，生活清苦，但却有许多可敬可爱的好老师，其中对学生影响最大的就是音乐教员瞿安华。他不仅课堂教学效果极好，而且善于组织课余歌咏活动；除多次组织四声部大型合唱外，还教会一批又一批学生拉二胡。难民学生买不起乐器，只有满山遍野捕蛇剥皮，偷摘马尾，利用竹筒自制二胡。尽管比较粗糙，然而熟能生巧，我们很快都学会演奏刘天华的许多名曲，如《良宵》《光明行》《空山鸟语》等。每当课余或假日，校园内外经常缭绕着悠扬的琴声，"弦歌之音不绝"。

从来不知疲劳的瞿老师，在艰苦岁月把我们引入美好的音乐世界，用音乐的乳汁滋育我们稚嫩的心灵，而那把二胡则从此伴随我流浪各地，琴声化解了我的乡愁、孤寂与饥寒。我永远难忘瞿老师对音乐的无限痴迷和对学生的深挚怜爱。

八年抗战好不容易在 1945 年 8 月 15 日胜利结束了，但我因为贫穷且无权势背景，一直熬到 1946 年 8 月才同一大批天涯沦落人复员还乡。我们弄不到船票，没有福气"即从巴峡穿巫峡"，而是舍近求远，取道西南公路，经贵州到湖南，然后从衡阳转火车到武汉，再换轮船东下返乡。西南公路盘山环行，崎岖艰险，汽车又多有以木炭代汽油的老爷车，所以一路风餐露宿，灰头土脑，非常辛苦。有天黄昏，汽车停在贵州玉屏，借宿在车站边一家山村野店。年轻人生性好动，听说玉屏以产箫闻名，顾不上洗去风尘便蜂拥而至附近集镇买箫，我也随俗买了一支。这支箫与我在重庆以复员费的 50% 在旧货店买的一把楠木柄蟒皮二胡，遂成为我随身携带的最贵重的财产。

山村夜晚极为寂静，月光似水从窗外洒进床边，只听得微风吹拂竹林簌簌作响，邻近小溪淙淙流过山谷，偶尔还传来略带乡愁的游子吹奏的箫笛之音，简直像是天籁一般使人沉醉。这是一个不眠之夜，箫声撩动了多少浪迹天涯的游子心弦。思乡情切，近乡情怯，八年离乱以后，故园何状？家人安否？……我永远难忘这个夜晚，难忘这凄美的箫声。

我终于回到自己的老家，见到离别已达八九年的亲人。但这支箫却一直挂在卧室墙上，从来不敢吹奏。因为姐姐告诉我："由于长期接不到你的来信，母亲总以为你死在四川，日夜思念，眼泪都快流干了。"我怕惹慈母伤心，从此放弃学吹箫的念头，连二胡也不再敢拉《病中吟》之类感伤乐曲。因此，当现今听见笛箫可以演奏《喜洋洋》《紫竹调》《好日子》等欢快而又优美的旋律时，我又后悔当年未曾学笛箫。

我好羡慕今天的年轻同学，你们生活安定，衣食不愁，在美丽的校园里努力学习，健康成长，并且可以充分享受课余生活的各种有益乐趣。我为大学生在此次活动展示的组织能力与艺术才华感到由衷的欣慰。我对热心指导、支持此次活动的农新瑜、周可奇等老师特别敬佩，仿佛在他们的身上又看见瞿安华老师的影子。音乐是生命的甘泉，好的音乐可以引导青年追求真善美的人生，我愿有更多的师生参与此类社团活动。

回想 50 年前，当我经过八年离散终于回家时，祖父一见面就沉重地说："乱世人不如太平犬！"这句话包含着多少国家与家族的痛苦与辛酸，仅就个人而言，战争就夺去我三个弟弟，一个死于七岁、两个亡于襁褓之中。所以，我们不仅要珍惜今天的幸福，而且更要珍惜和平、保卫和平，决不能再让中国人民重受侵略战争的苦难。这是我发诸内心的对当代青年的叮嘱。

校报也应以学生为本

—— 从陶行知编《金陵光》说起

陶行知1911年秋季进入金陵大学，曾经回家乡参与辛亥革命。回校复读以后，不仅学习刻苦勤奋，各科成绩名列前茅，而且关切时事，热心公益，积极参加社会活动。金大校报《金陵光》原先只有英文版。在他积极策动下，终于在1913年2月开始出中文版，并且在半年以后担任主笔。当时他还只是本科三年级学生，竟敢在中文版增办的"缓起"中尖锐地批评过去教会学校"醉心欧化、蔑视国文"的积弊，同时也提倡"借西学之长以济己之短"的办报方针。中文版《金陵光》办得生气勃勃，内容充实，颇受师生欢迎。

回顾早期大学校报，包括北京大学在内，学生担任主笔或编辑者甚多。我在海外多年，所见各大学校报，也有许多由学生经办，并且享有较大自主权利。这是值得我们作为参照的，当然也不必机械模仿。

我与华师校报可以说是相伴终生。我爱看校报，也经常主动为校报撰稿，主要是把校报作为与学生交流的重要桥梁。通过校报可以捕捉大量学生信息，知道他们正在做什么，想什么；同时我也借校报向他们倾吐心声，这就是师生之间必要的思想交流。我以此为乐，而且乐此不疲。

我是华师校报的历史见证人之一。眼看复刊千期以来，校报由小到大，由单薄到充实，由呆板到活泼，感到由衷的欣慰。特别是校报刊载了学生许多才华横溢、青春鲜活的诗文，有些已经深深记在我的脑海。

但是，综观近年校报，也不免增添若干忧虑。校报的篇幅越来越大，这本来是好事；但是越来越向"官方"大报看齐，却不免削弱了大学校报的本色。大学就是大学，不是政府机关；校报应该以学生为主体，并且为学生所喜闻乐见。如果把校报办成主要是政府文件、领导讲话的"官报"，那就与作为独立教化实体的大学身份很不相称。根据现今的宣传体制，我们一时还很难让学生自己办校报或以学生为主导办校报。但是从办报理念来说，更多体现"以学生为本"，更多吸纳学生的活力，更多反映学生的学习、生活和意见，在风格上也更多地符合青年学生的爱好口味，我想还是有很大改进空间的。

什么时候，听见有更多的学生说："这就是我们自己的校报"，我将会从梦中笑醒。是所至愿，即以此作为复刊千期的赠（诤）言。

泰晤士河源头的思考①

　　我对文化产业与文化创新本无多少研究，不够资格班门弄斧。但城运会上武汉人唱的一首歌说得好："天上九头鸟，地上湖北佬，我们要用九个脑袋来思考。"武汉、湖北和全国一样，不缺乏热血沸腾、轰轰烈烈，缺的是深层的理性思考，特别是众多的人共同思考。

　　今年夏天，有幸应邀到牛津大学学术休假，学校安排我住在泰晤士河源头（Head of the river）附近的旧式宿舍。工作之余常在河边散步或小坐，遥望蓝天白云，古木参天，芳草如茵，与天鹅、大雁为伴。一扫世俗尘嚣，遂得沉静思考，思考最多的问题就是"牛津现象"。

　　牛津是一座古老城市，牛津大学已有近900年的悠久历史。牛津的特点，在政治上偏于保守，在文化上善于守旧。我不知道牛津人是否也在研究文化产业与文化创新，但我看到的却是数百年以来牛津人守旧的光辉业绩。古建筑和古籍保护得极为妥帖，十五六世纪的校园风貌依然保存，某些学院的守门人仍旧穿戴着当年衣冠，宽袍长裙的男女学生比比皆是，潇洒飘逸。牛津大学每年要投入大量精力、财力、物

---

① 2007 年在文化部"文化产业与文化创新"论坛上的讲话。

力，用于维修古老建筑，师生都以为是理所当然；但如果有新建筑动工而损害周围固有风貌，则很容易引发激烈抗议乃至游行示威。泰晤士河及其周边的生态环境也保护得很好，流水常青，天鹅、大雁、野鸭悠游嬉戏，百年以上的古树郁郁葱葱，一望无际的草原、牧场赏心悦目。周边没有高楼大厦，只有少数乡村野店点缀其间。

牛津就是这样悠然自得地经历了几百年的沧桑巨变，旧貌并未完全换新颜，然而却又不紧不慢地跟上时代的步伐。无论是人文还是科技，许多学科仍然处在世界前沿，人才与成果之盛实乃有目共睹，遑论诺贝尔奖获得者的连绵。

最使我羡慕的是暑假牛津人气之旺，老师和学生多半出外旅行，但外来的世界各地游客却蜂拥而至，从早到晚，一批一批的旅行者成群结队遨游在大街小巷，而古老的波德林图书馆俨然成为朝圣者的麦加。泰晤士河两岸多的是熙熙攘攘的步行漫游者，河上则是来往交错的各色游船……

牛津何以保持历久不衰的魅力？我逐渐领悟出，人们来此就是为了要领略她的老、她的旧、她的随处可见的原生态，特别是她的人与人、人与自然之间的和谐。

也许我会引发一场争论，但我的用意确实是强调创新必须有深层的思考。现代与传统并非截然两分，创新与守旧本应相生共存，否则创新便会成为一种浅薄的时髦，甚至流于单纯的形式创新乃至空空洞洞的话语创新。多年以来，如此这般的现象难道还少吗？

也许有人认为历史学家只晓得回头看，习惯于怀旧保守。其实，真正的历史学家总是力求把自己定位为联结过去、现在、未来的桥梁。他们当然会回头看，但同时也会向前看，特别是关注现实、关注社会、关注未来。即使是回头看，也不仅仅是从现代回头看过去，而且往往是从未来看现在，从世界看中国。这是一种时空的超越，也是深层理性思考所必需。

中国现在的文化，发展很快然而问题也奇多，新旧并存，雅俗交错，光怪陆离，瞬息万变，往往使人难以理解，难以把握。然而冷静看来，这都是处于全球化大潮中社会转型的必然产物。

中国文化现在实际上是前现代、现代化与后现代混杂并存，这不仅是指时间序列，而且还体现文化版图（从地区而言）。主流是现代化，但苦于发展不足，前现代依然大量存在；又由于现代化本身的缺陷与外来的各种影响，后现代的问题与反应已经迅速彰显。当前的文化创新与文化产业研究，不能不面对这些严酷的现实，不能不认真处理好上述三者之间的关系。

前现代并不意味着落后，相反的还包含着宝贵的历史文化遗产，所以保护遗产，继承并发扬其精华，仍然为文化创新所必需。杨丽萍倡导原生态，实即"推陈出新"，已经取得很大成绩并产生深远影响。但不能简单地搬用"原生态"，既需要提高升华，又需要吸收现代先进因素（包括声、光、电、化科技手段的运用）。云南是这样做的，其他各地大多也是这样做的，我认为大方向是正确的。

现代文化当然是主体，但现代化本身就存在着固有的缺陷，因为市场经济毕竟是以个人利益作为主要驱动力，功利主义与拜金主义诱使文化走向庸俗乃至病态堕落，这是全球性通病。中国虽然标榜走自己的路，但仍然无可避免地为现代化付出沉重代价。什么是我们需要的时代精神与时代风貌，仍然是一个亟须深入探讨并实践的难题。

后现代化思潮的积极因素是揭示现代化存在的缺陷并进行反思和清理，但破坏性也愈益萌生，其表现就是解构的滥用，把颠覆固存文化视为最大乐趣，甚至作为沽名钓誉的登龙之术。如何正视后现代面临的严重问题，并且把纠正现代化弊病的诉求引导到正确的健康的建设性方向，乃是我们文化界与教育界共同的责任。

我很高兴看到有此共识的人士越来越多。"八艺节"所倡导的基本上就是这个方向。前几天，我看到《家住长江边》大型歌舞的彩排，也正是遵循这个方向所取得的优秀成果。开演的时候，因为小孩较多，有些观众来的稍迟，秩序不大好，但很快便趋于安静，舞台上下的相互感应触目可见，优秀的艺术终于征服了全体观众。没有什么提示，没有任何组织，全体观众自发起立长时间热烈鼓掌，这是对于演出成功的最高奖励。

我看到希望，看到中部崛起的苗头，看到光明的前途。谢谢！

教育就是完善自己①

今天来了很多基层的老师，有很多年轻人，首先我要向勤劳奋斗在第一线的老师们表示敬意。在这样一个场合，我的心情与大家有一样的地方，也有不一样的地方。纵观人类文明史，人类持续永恒的任务就两个，一个是改造自然；另一个是在改造自然的过程中改造自己、完善自己。教育就是一个人类改造自己、完善自己的方式和过程。现在人类文明发展到了一个很关键的时期，我们一定要有清醒的认识。

今年我已经82岁了，我对自己要求很低，对别人而言是人尽其才，我对自己的要求是物尽其用。你想一个82岁的人了，精力体力都很有限，就像一台老机器一样，不能使用太厉害，否则就可能散架。我担任了很多学会名誉兼职，国内的、国外的都很多，一般而言，我来者不拒，就是不能指望我起多么大的作用。可是这个研究会不同，陶宏开老弟给我打了一个又一个电话，我感到压力很大。

教育是关系人类命运的一个根本问题，关系到人类未来的命运。一直以来，我们都非常自负地说，人是万物之灵。可是长期以来人类的教育出现很大的问题，重知识轻道德，

---

① 2008 年 4 月在湖北省素质教育研究会筹备成立大会上即兴发言。

重科技轻人文，这不仅是中国的问题，也是世界很多国家普遍的问题。教育最重要的是人的自我完善，而首先是道德提升。现在我们人类有可能从"万物之灵"变成"万恶之源"。现在我们浪费资源破坏自然，其实也是在毁灭自己。

教育就是把十字架背负在身上，让更多的人救赎自己。但是我们也不要悲观，是有希望的。在火炬传递中，我对金晶的表现特别钦佩，还有我们许多国民的表现，这说明国民素质提高了，能够在爱国行动中体现理性精神。金晶是我们自己培养出来的一代人才的代表，她在抵制外国反华势力的时候，公开表示不抵制家乐福，并且不怕别人在网上的谩骂，这是很了不起的。这是我们教育的结果，国民素质提高的结果。

在这代人身上，我看到了希望。工作是要人做的，教育也是这样，要一步一步来。湖北有一个大人物，李先念病重时，另一个大人物李尔重去看望，先念说"江山留与后人愁"。要做的工作有很多，一个人做不完的。现在的教育问题极其繁重，其中很重要的一个是自我改造、自我完善。

今天，素质教育研究会成立了，这标志着一个新的开端。大家要团结在一起，真正把素质教育向前推进一步。向前推进是很难的，因为素质教育的最大阻力不是政府，不是学校，不是老师，而是家长，是每一个家长的自我革命。历史证明，自我革命是最难的，因为这涉及整个社会大环境，并非个人可以完全实现。

我们不要假素质教育，我们要真素质教育。真素质教育就是每个人的自我教育，就是人人自觉去追求真善美，追求德智体的全面发展。在这样艰巨的任务中，我起的作用很有限，我只能当"拉拉队"，为大家喊"加油，加油"。

最后要强调一点，我们不要把素质教育单纯看成是对青少年的教育，而是对每一个人的自身教育。包括老师，包括家长，我也要不断改造自己、完善自己。

素质教育要从一点一滴做起，从眼前小事做起，从自己做起。我建议，今天会后没有喝完的矿泉水自己带走，这也是素质教育。

寻梦无痕：史学的远航

师 范 终 身

着眼于培养 21 世纪的新人[①]

　　此次会议的主题是："21 世纪的大学——发展、问题、前景及预测"，但我只想就一个问题发表意见，即当前大学教育的着眼点应是培养 21 世纪的新人。

　　现在已经是 1988 年，还有 12 年，20 世纪就要结束，21 世纪就要开始。今后培养的大学生，如果按每个人有 40 年的工作时间来考虑，他们一生的大部分乃至全部时间，都将生活、工作于 21 世纪。前瞻性是学校教育（尤其是高等教育）应有的属性。因此，今天的大学就应该注意如何培养学生，使之能够适应 21 世纪的工作与生活。

　　21 世纪的世界将会出现什么样的状况？未来学者们已经并且正在做形形色色的预言，包括各种截然不同的乐观的与悲观的判断。我是史学家而不是预言家，但至少有一点可以达成共识，即本世纪末和下世纪初科学技术的迅猛发展，特别是信息科学、生命科学乃至若干重要的新能源与新材料的开发，必将很快应用于生产并带动社会生产力的飞跃发展。而这种生产力的新进展，又必将引起社会生活、社会思想、社会结构，乃至整个世界格局的深刻变化。所谓教育的前瞻

[①] 1988 年在索菲亚大学百年校庆大会上的讲话稿。

性，就是要预见并力求适应这种深刻的变化。

当今的大学，为了迎接新的科学技术革新浪潮的挑战，大多调整了自己原有的专业结构，即增添新专业并改造老专业，与此相适应的则是课程设置、教学内容、教学方法乃至教师知识结构的更新。这些当然都是必要的，但人们在应付眼前事变的过程中，往往容易忽视更为长远的战略目标：21世纪所需要的大学毕业生，究竟是适应性较强、基础知识比较广博的通才，抑或是专业性特强而知识面比较狭窄的"专才"？

我的思想倾向于前者，理由如下：第一，所谓新技术或高科技，多半是许多学科交叉或边缘学科的产物，知识面对于狭窄的"单一"专门家很难在技术革新的潮流中作出较大的贡献。应该注意到，当代科学的发展，具有从分离走向综合的趋势，这不仅是自然科学、应用科学内部与外部的相互渗透，而且还有人文社会科学内部的相互渗透以及与自然科学之间的相互渗透。因此，在专业调整与课程设置方面，包括基础课、专业课、选修课，都必须适应这种由专到博、由分到合的新趋势。

第二，为适应现代化建设的需要，强调理论与实际结合，特别是加强各种应用科学的发展，这些都是必要的和正确的。但是，在任何时候都不能忽视基础理论，因为基础理论毕竟是科学发展的源头与根本。一些基础理论的重大突破，特别是带体系的突破，往往是科技革新浪潮的先导；而任何科技的重大发展，又必须经过理论的总结与升华，才能对科学本身的发展产生较大的推进作用。只重技术而忽视基础理论的国家，可能获益于一时，但迟早会遭到历史的惩罚。

第三，当今和未来的科技革新日新月异，新学科的纷然杂陈与老学科的分化改组，不断对大学的专业结构与课程设置以冲击。面对这些接踵而至的冲击与挑战，大学既要有应变性，又要保持相对的稳定性，而预见性则是保持相对稳定性的前提。因为，科学技术与国民经济的格局总是在不断变化，今天供不应求的热门新学科，若干年后也有可能成为"产品"大量积压的"冷门"。有经验的大学校长都懂得，除了国家某些特别急需的短缺专门人才以外，一般专业设置都不宜太专太窄，而必须考虑其得以比较长远存在的基础，以求避免新式专门人才刚刚培养出来就面临就业困难的尴尬局面。

我们强调培养具有比较广博的基础与通识型的人才，但决不意味着可以忽视实际与放松培养学生的实践能力。理科学生需要加强实验课、野外作业并适当参加工农业生产实践。文科学生则需要加强社会调查，适应参加生产劳动与社会服务，多方面接触社会实际。学校当局还要注意发挥学生会、研究生会、各种学生自己组成的学术团体与社会团体的作用，引导他们实现自我教育、自我管理、自我服务、自我完善。鼓励学生利用假期回故乡或到边远地区以智力为当地建设服务，这样不仅可以培养学生热爱祖国、关心社会、献身"四化"的优良品格，而且可以检验与发展其在校学习的收获。

公费上大学，曾经长期被认为是社会主义的优越性，但实践已证明其弊端甚多，它与国家包分配一样，是"铁饭碗""大锅饭"在高校校园之内的表现。所以，我国一般大学已将公费改为奖学金与助学金制度，并与学籍管理中的评估优秀学生、留级、淘汰等奖惩制度相结合，把竞争机制引进大学教育，促使学生勤奋学习，早日成才。同时，鼓励并引导学生开展多种形式的勤工俭学，培养学生的自立精神、劳动技能与劳动习惯。

为了加强学校与社会之间的联系，我们学校正在试验"一校一县"模式，即一所大学与一个县（或县级市）订立"科技与教育发展协作合同"，从帮助该县编制"经济、科技、教育与社会协调发展战略规划"入手，鼓励并组织各系、所与该县有关企业、事业单位分别签订专项协作合同。

从学校来说，是借此把学校与社会生活融为一体，实现教学、科研、生产（包括其他各种社会实践）三结合。从县（或县级市）来说，则是以高校为依托，通过加强科技、教育的发展，以求当地经济、文化乃至社会各层面的振兴。经验证明，一个人口一百万（包括城乡人口）的县（或县级市），可以比较全面地为一所重点大学师生提供教学、科研与社会实践基地，而且大体上适应于一所重点大学的自身需要与承受能力。中国现在有一千多所大学，如果每一所大学都能与一个县或二三个县全面协作，必将大大有助于全国经济、文化面貌的变化，同时又必将有力地促进大学自身的教育改革，促进教学、科研工作的发展，为培养 21 世纪所需要的新人提供极为优越的环境。

关于通才或通识教育，前人论述已多。爱因斯坦早就说过："青年人在离开学校时，应是作为一个和谐发展的人，则不作为一位专家。否则，他连同他的专业知识就像一只受过训练的狗，而不像一个和谐发展的人。而要成为一个和谐发展的人，而需要培养全面的自我辨别力，而这取决于自由而全面的教育。"英国大历史学家汤因比（Arnuld Toynbee）也说："我们人类自命为灵长类（Homo Sapiens），可并没有自命为技长类（Homo Faber），如果我们能通过目前科技革命的考验，我们才配得上灵长类的称呼。"他的所谓"技长"，指的是科技才能与管理才能，而"灵长"则是艺术才能与宗教才能。汤因比对才能层次的区分是否恰当，自然可以商榷；但他也主张培养通才或通识型人才，则是显而易见的。

教育的目标与功能都是伟大的，人类文化历史长河的绵延发展靠的就是教育。教育推动时代前进，教育理应也能够协助消除社会弊端。但是恕我直言，当代教育（包括高等教育）自己已经生病，教育应该首先治疗自己，然后才能治疗社会、治疗全人类。在新世纪到来之际，挑战与机遇并存，福祉与忧患俱进，教育工作者应该保持高度的使命感与社会责任感，决不能随波逐流，更不应悲观消极，无所作为。我们要以理性的深思与强者的心态来面对现实、研究现实，解决现代化给教育带来的众多问题。此时此际我不禁想起我国伟大的教育家陶行知，他终生着力培养并寄予厚望的"真善美的活人"，其中就包括我们后起的一代又一代的教育家与众多教育工作者。

根据我的粗浅理解，所谓"真善美的活人"，就是具有求真的勇气、为善的热忱和美好的心灵。我们应当学习陶夫子的榜样，永远走在时代的前面，走在教育革新运动的前沿，行其所知，行以求知，切实履行现今"天降之大任"！

陶行知与哥大

陶行知是中国现代最为著名而且影响深远的伟大教育家之一，我与已故同事唐文权教授曾合著《平凡的神圣——陶行知》一书以示敬意，而在写作过程中深感陶行知的一生与哥伦比亚大学的关系非常密切。今年是哥大建校 250 周年，谨撰此文作为纪念。

一

陶行知 1891 年出生在安徽歙县西乡黄源潭村。幼年在私塾接受传统教育，15 岁进入县城小北街耶稣堂附设的崇一学堂接受两年新式教育并正式卒业。1908 年春，陶行知前往杭州进入教会办的广济医学堂，初次走出封闭守旧的皖南山区。但进校仅三天便因该校歧视非基督徒学生"愤而退学"，回乡"专心于英语学习，直至次年"。① 1909 年考入南京另一所教会学校汇文书院的成善馆（大学预科），1911 年直接升入金陵大学文科就读，成为该校首届本科生。

陶行知在金陵大学接受系统的新式高等教育，除知识结构全盘更新以外，还形成比较明确的民主共和信念，并且把

① 陶行知：《为申请利文斯顿奖学金致哥伦比亚大学师范学院罗素院长的信》，1916 年 2 月 16 日。

"教育"与"生计"并列为共和之两大"要素"。① 同时，他还潜心研究王阳明学说，从此恪守"知行合一"的哲学原理与人生信条。在此期间，他曾参与辛亥革命，而更多的是在校内热心参与各种课余活动，包括出任金大学报《金陵光》中文版主笔，初步显示出一个未来社会活动家的风范。而金大校园基督教的文化氛围与道德教化的潜移默化影响尤深，他不仅自称"于1913年成为一个基督徒"，并且以自己的人品风范体现出"耶稣舍己为人的自我牺牲精神。"②

以上所述，都可以看作陶行知进入哥伦比亚大学以前的人生铺垫。

1914年8月，陶行知自费赴美留学，以一年时间在伊利诺大学研究院修完政治学专业全部课程并取得硕士学位。早在赴美之前一年，陶行知已选定哥伦比亚大学为"在美国的最终目标"③，所以他利用1915年暑期在伊利诺修习了"教育研究方法""中学课程"和"素质心理学研究"等课程。9月便匆匆赶到纽约，进入向往已久的哥伦比亚大学师范学院，转攻教育学更高一级学位。在哥伦比亚学习虽然只有两年，但哥大的教育与杜威的具体引导，却深刻地影响了陶行知的一生。

根据同年注册进入哲学系研究部学习的胡适晚年回忆："这几年正是哥大在学术界，尤其是哲学方面，声望最高的时候。杜威那时也是他一生中最多产的时期。……当时哥大其他各系如历史系、社会系、教育系等等，也同样享有盛名。"④ 陶行知与胡适同年进入哥大，虽然分别攻读教育与哲学，然而都受业于春秋鼎盛的杜威。⑤ 杜威在思想与实践两方面对他们产生极为深刻的影响。

陶行知进入哥大以后，1915—1916学年的第一学期修习课程为："美

---

① 陶行知：《共和精义》。

② 据陶行知致罗素函，儿子陶宏《我和我的父亲》一文，以及蒋梦麟、司徒雷登等人在其生前或死后的评价。

③ 陶行知：《致罗素院长函》。

④ 《胡适的自传》，唐德刚编校译注，载于《胡适哲学思想资料选》（下），97页，上海，华东师范大学出版社，1981。

⑤ 《胡适留学日记》中有一张杜威与安庆胡天瀓的合影，并注明系陶行知所摄。其1916年6月16日日记称杜威为"今日美洲第一哲学家""而胡陶二君及余皆受业焉。"

国公众教育管理""学校与社会""教育史""教育哲学"与"财政学"5门；第二学期除继续修习前4门外，增修"进步社会的教育"与"中学原则"。1916～1917学年第一学期修习课程为："教育史""教育社会学实习"和"国外学校系统的社会基础"3门；第二学期除继续修习前2门外，增修"教育社会学研究"。①

陶行知在金大已经是才华横溢的高才生，在哥大更有极为优异的表现，所以胡适称之为"今日留学界不可多得之才"②。哥大的老师对这个品学兼优的中国学生非常器重，除杜威在学业上给以精心指导外，孟禄与罗素院长也曾多方面给以关切与帮助。陶行知在哥大学习不过两年，但所受影响之深却是前所未有的。正如美国教育学家布朗所曾指出，包括陶行知在内的许多献身于近代中国教育改革运动的学者，"在美国进步主义思想的中心哥伦比亚大学学习，并在其生平的某点上自认是它公认的大师约翰·杜威的追随者"③。

我们曾将哥大对陶行知的影响总括为三个方面：1.在政治上为陶行知展现了一个民主主义和自由主义的新世界；2.在教育上为陶行知展现了一个教育革新运动的新世界；3.在哲学上为陶行知展现了一个实用主义的新世界。④ 这些影响将在陶行知回国以后从事教育改革的实践过程中逐渐彰显出来。

二

陶行知回国后，于1917年9月应聘任教于南京高等师范学校，并先后担任教育专修科主任教员、教务主任，此校遂成为他教育改革事业的首发站。在归国后的一年多时间里，他除了在校内推行一系列教育改革外，还参加了新教育共进社，以南京高师代表身份参与该社主办的《新教育》月刊编辑工作，并在创刊号发表《试验主义与新教育》一文，鲜明地展现

---

①　朱宕潜《新国家的教育转型》，《行知研究》第7期，66页。

②　见《胡适留学日记》，第4册，939页。

③　布朗：《中国教育中的美国进步主义：陶行知个案》，载于许美德、巴士蒂等《中外比较教育史》，184页，上海，上海人民出版社，1990。

④　详见章开沅、唐文权《平凡的神圣——陶行知》，97～102页，武汉，湖北教育出版社，1992。

出要把以实验主义教育为代表的美国教育革新运动与中国新教育联结起来的意向。在文章中，陶行知认为试验主义是中国教育除旧破新的最佳工具，"既能塞陈旧之源，复能开常新之道，试验之用，岂不大哉！推类至尽，发古人所未发，明今人所未明，皆试验之责任也。"①

正在此时，杜威利用哥伦比亚假期应邀到日本讲学的消息传来。陶行知本来就有邀请自己最景仰的业师来华的打算，现在更迫不及待地商请时任南京高师教务主任的郭秉文赴日面邀杜威访华，并且致函在北大任教的胡适，同时写信敦促杜威前来讲学。杜威深感盛情难却，不但允诺于 4 月结束在日本讲学后立即来华，而且表示愿意在中国讲学一年。陶、胡、郭等自然兴奋异常，随即由蔡元培以北大校长名义正式聘请杜威在该校主讲一年，此事遂成定局。

为向国人广泛推介杜威，陶行知于 3 月 31 日《时报》"教育周刊·世界教育新思潮"专栏发表《介绍杜威先生的教育学说》一文，强调指出：他"素来所主张的，是要拿平民主义做教育目的，试验主义做教学方法。这次来到东亚，必定与我们教育的基本改革上有密切关系。"此文除介绍杜威简史外，还重点介绍其 16 种著作，特别是其中与教育有关的四种：《民本主义与教育》《将来的学校》《思维术》《实验的伦理学》，称之为"教育界人人都应当购备"的参考书。②

1919 年 4 月 30 日，杜威偕妻女抵沪，陶行知作为南高代表，与北大代表胡适、江苏教育会代表蒋梦麟等前往码头迎接。陶、胡、蒋三人都是哥大中国留学生中的佼佼者，回国以后已成为教育界的头面人物，师生相见自然倍增欣慰。杜威先后在上海、杭州游历并讲演后，5 月 18 日至 26 日到南高讲学，亦由陶行知等担任翻译。这一年杜威主要是在北大讲学。1920 年 4 月北大延聘杜威一年，首先南下在南高安排一个半月的讲座，包括《教育哲学》《哲学史》《试验伦理学》。此后，杜威又到各地讲演，亦由南京陶行知、郭秉文及金陵大学刘伯明等轮流担任翻译。③ 同年冬，陶行知为杜威《民本主义与教育》中译本校订，并介绍给商务印书馆作为

---

① 《陶行知全集》（湘版），第一卷，95 页。
② 同上，102 ~ 104 页。
③ 《民国日报》，1920-4-22。

"大学丛书"出版。此外，他还把南高所办的那所实验学校命名为"杜威学校"，作为对这位著名教育家的讲学纪念。

1921年7月11日杜威离华，前后在中国逗留两年两月又12天。在此期间，除在北京、南京两所高师作系统讲学外，还到外地巡回讲演，足迹遍及京、津、沪、辽、冀、晋、江、浙、赣、鲁、鄂、湘、闽、粤14省市，不同规模讲演200余次，京、沪各地报刊纷纷跟踪报道。北京晨报社将这些讲演以《杜威五大讲演》为名结集，两年内印行十余版之多。①

杜威此次来华，正好碰上五四运动蓬勃发展，中国文化教育领域出现迅猛变化。因此，杜威的哲学与教育基本理念得以广泛而又快速传播，特别是对中国的教育革新运动产生重大影响。同时，此次访华对杜威也有极其明显的影响。他的女儿根据父亲提供的材料写成的《杜威传》（1939年），明确指出："不管杜威对中国的影响如何，杜威在中国的访问对他自己也是具有深刻和持久的影响。杜威不仅对同他密切交往过的那些学者，而且对中国人民，表示了深切的同情和由衷的敬佩。中国仍然是杜威所深切关心的国家，仅次于他自己的国家。中国是世界上最古老的文明国家，正在为使他自己适应新的形势而斗争。杜威从美国到中国，环境的变化如此之大，以致对他的学术上的热情起了复兴的作用。这就为社会教育作为一种社会进步工具的重要性，提供了一个生动的证据。"②

紧接着杜威访华的便是孟禄。

1921年夏，陶行知与范源濂、蔡元培、张伯苓等在北京创建实际教育调查社，并议定首先请孟禄来华进行为期四个月的教育调查，目的是"诊断我们教育症结之所在，以定医法方案。"③ 9月5日，距杜威离华还不到两个月，孟禄就来到中国。陶行知几乎是全程陪同，协助孟禄在上海、南京、苏州、南通、广州、福州、杭州、北京、天津、太原乃至东北各地调查与讲学。

---

① "五大讲演"共收58讲，包括：现代教育趋势、社会哲学和政治哲学、教育哲学、伦理学、思想流派五类问题。

② 简·M.杜威：《杜威传》，单中惠编译，52页，合肥，安徽教育出版社，1987。

③ 《陶行知全集》，第一卷，247页。

如果说，杜威访华主要是介绍与推广实验主义的教育理念与方法，那么孟禄的访华则主要是协助中国解决教育改革中的实际问题，其讲学更具有现实的针对性。所以，陶行知与胡适合作，把孟禄此行的主要成果编辑为《孟禄的中国教育讨论》一书，并且充分肯定孟禄"以科学的目光调查教育，以谋教育之改进，实为我国开一新纪元。"[1] 这决非溢美之词，因为 1921 年 12 月下旬，也就是孟禄即将回国之前，陶行知曾代表中华教育改进社在北京举办一次中国教育调查讨论会，由孟禄报告调查收获并参与集体讲论。到会者有教育总长以下各省教育行政负责人，各省教育会负责人和其他教育团体代表，还有经指定的大学校长、教育系主任和特邀代表共 1 000 余人。会议所讨论的问题涉及中小学校教育、教授法、课程、教育行政、教师职业、成人教育、特别教育、学校建筑与卫生、民办教育与政府认可等等。为一个外国专家召开如此高规格的大型研讨会，在中国现代教育史上实无先例，亦可见中国教育界朝野人士重视的程度。

如果说，杜威来华可以看作中国教育走近欧美教育革新运动之始，那么，接踵而来的孟禄就使中国教育进一步靠拢这个运动。

附带还需要叙述一段往事。

1936 年 7 月，陶行知从香港出发，开始两年多的环行世界宣传抗日活动。同年 11 月 9 日，从欧洲到达纽约，重新踏上这块阔别近 20 年的北美土地。他在美国各地宣传抗日，前后有 20 个月之久，其间再次得到哥大师友的同情与支持。一是为了援救被捕入狱的"七君子"，促成美国学界知名人士 16 人联名致电南京政府："中国处境困难，至表同情。我们以中国朋友的资格，同情中国联合及言论结社自由，对于上海全国各界救国联合会七位学者被捕的消息传到美国，闻者至感不安，同人尤严重关注。"署名者中的杜威、孟禄、罗格等 6 人，都是陶行知哥大的老师或以后在中国的同事。由于罗斯福总统也曾在哥大就读，而"新政"智囊团主要成员也大多来自该校，这就更加增添了哥大教授在声援电上的分量。另一件事是抗战爆发以后，陶行知于 1937 年 12 月 6 日为杜威草拟一份宣言书，经杜威同意，致电在美国的爱因斯坦、法国的罗曼·罗兰、英国的罗素和印

---

[1] 《陶行知全集》，第一卷，173 页。

度的甘地，于一周后联名发布。宣言原文是："由于日本肆无忌惮地摧毁东方文化，为了人类安全、和平和民主，我们建议全世界人民自愿地组织起来，拒绝购买日货，拒绝出售日货，拒运战争物资去日本，停止在各方面与日本合作，不支持日本的侵略政策，尽可能支援中国自卫和救济的物资，直到日本从中国全部撤退武装力量，停止他的侵略政策为止。"由于宣言签名者具有极高的声望，所以在北美乃至全世界产生极为重要的声讨侵略战争与动员支援中国的巨大力量。

以上或许都可以看作陶行知的"哥大情缘"。

三

当然，陶行知与哥大的关系，最主要的还是表现为对于杜威的师承渊源。

陶行知对于杜威教育思想理论的传承主要表现在三个方面：1. 反传统的教育革新精神；2. 对于教育社会本质的认定；3. 教育方法上的"从做中学"（Learning by doing）。这种传承关系在陶行知回国后一系列教育革新实践中表现得特别明显。但是，随着对中国国情认识的深化，陶行知对于杜威教育思想理论逐渐产生新的认知，开始有所反思有所扬弃。及至晓庄师范时期初步形成自己的生活教育理论，已经显示出与杜威离异的鲜明陶行知风格。

所谓陶行知风格也表现为三个方面。

其一，生活即教育。

杜威的著名教育理念之一，就是"教育即生活"。陶行知经过实践探索并深入思考，断然修正此说。他认为："生活与教育是一个东西。在生活教育的观点看来，它们是一个现象的两个名称，好比一个人的小名与学名。"① 生活教育乃生活所原有，生活所自营，生活所必须，所以需要把杜威的理念"翻半个筋斗"。

其二，社会即学校。

"学校即社会"乃是杜威教育理念另一基石。杜威确认教育与社会的

---

① 《陶行知全集》，第二卷，288 页。

密切关系，主张学校设置相当的社会生活模式，为学生提供必须努力解决问题的情境。陶行知则把学校比作狭小的鸟笼，主张应把小鸟（学生）放到天空（社会）自由翱翔，亦即把学校的一切延伸到广阔的社会与大自然中去。"与人民亲近是'做人'的第一步，与万物亲近是'格物'的大门口。"① 陶行知从更高的境界把"社会即学校"与五四的科学与民主传统结合起来。

其三，教学做合一。

"在做中学"也是杜威一个重要教育理念，他认为所有学习都是行动的副产品，所以教学方法应该出于行动与操作，建立在对学生有意义的直接具体经验之上。陶行知接受了这一理念，但在张伯苓有关"学做合一"建议的启发下，进一步将其发展为"教学做合一"。他认为，只有这样才能把"生活即教育"和"社会即学校"这两个命题落到实处。同时，他还强调，"教学做合一"不仅是方法，而且是关系，即对事说是做，对己说是学，对人说是教；再则是目标，教育不仅是教人学，而且是教人学做事。②

陶行知的生活教育是现代中国教育史上的光辉篇章，至今仍然具有旺盛的生命力与深远的影响。人们不能忘记，陶行知在中国革新运动中的伟大贡献，与早年受教于哥伦比亚大学杜威、孟禄这批名师确实具有密切关系。我很欣赏费正清的客观评论："杜威博士的最有创造力的学生却是陶行知。……陶行知是杜威的学生，但他正视中国的问题，则超越了杜威。"③

① 《陶行知全集》，第二卷，208 页。
② 同上。
③ 费正清：《陶行知与杜威》，载《陶行知研究在海外》，397 页。

春风化雨，桃李芬芳

——向第一个教师节献词

　　人们常以红烛比喻教师，虽然含义颇深，却不免带有少许凄苦、几分自怜。倒是章太炎夫人汤国梨早年的诗句"春蚕不肯无情死，吐尽丝还化蝶来"（《春蚕》），更能抒发献身教育事业的人们的壮美情怀。

　　教师是人世间最伟大的职业。他们以自己的终身辛劳，奉献给人类历史文化长河的绵延。古今中外，人不可无学，学不可无师。人才的成长，学科的繁荣，技艺的发展，无时无处不凝聚着教师的心血与智慧。教师的劳动业绩似乎是无形的，然而他们确实是创造了世界上最为宝贵的财富，他们的劳动属于尖端的学科——灵魂工程。教师贡献极大而又自奉甚薄，他们的生活常与清苦为邻。君不见艺术形象中的教师，或穿褪色布衫，或着破旧制服，或戴深度眼镜，或执竹杖以支持病躯……这往往是现实生活的反映，并非文艺家们的主观臆测。今后即令是政府努力改善教师待遇，他们也难于臻于富有，无非是生活稍得宽裕而已。然而教师在精神上却从来都是丰富的，这种丰富既表现为学而不厌，更蕴含于诲人不倦。他们勤于求知，乐于传知，食叶吐丝，采花酿蜜，自身虽苦，泽惠人间。教师是社会的功臣，社会理应报以极大的尊敬。

教师是人世间最艰难的职业。他们不仅需要具有广博的专业知识，而且需要通晓教育规律并且掌握教育技能。教师的劳动产品是人而不是物，因此他们的任务不仅是传授知识，而更重要的是塑造灵魂。教师的劳动貌似平凡，实极高超，既是一种综合性的科学，又是一种综合性的艺术。语言文字以至各种新式传导、显示的设备与技术，固然是教育不可缺少的工具与手段，然而教师的风范却可以产生更为深远的影响，"桃李不言，下自成蹊"。教师的良好风范不是与生俱来的自然功能，而是长期刻苦磨砺形成的优秀素质，包括思想作风、道德操守、文化素养、生活情趣等各个方面。晚清诗人龚自珍曾有佳句："一事平生无齮齕，但开风气不为师。"（《己亥杂诗》十二）实际上，这种无声的师无形的师，不自以为师而人尊之为师的师，乃是最高层次的教师，潜移默化的教育，其精英堪称万世师表。当然，社会上至今还存在着轻视教育、轻视教师的形形色色偏见，但那是愚昧和无知的表现，丝毫也无损于教师的地位与尊严。

教师是人世间最可爱的职业。在古今中外人们献给教师的各种美称之中，我较为喜爱园丁一词。春风化雨，桃李满园，精心培育，乐在其中。教师与学生的关系，应是世界上最纯洁、最真挚、最高尚的关系。学生虚心向教师求教，教师殷切望学生成才，除此而外相互都别无他求。每一个人回顾往事，都不会忘记老师如何启发自己智慧的窗扉，如何以新知的清泉滋润自己的心田，如何一点一滴培养自己最初的实践能力。学生的成长，就是教师的劳绩，就是教师的最大欣慰。教师头上的白发，额上的皱纹，记录了讲坛生涯多少辛酸与甘甜！但是，教师对于学生并非单方面的给予，他们可以而且也应该从自己的教学对象那里汲取精神营养与青春活力，这就是人们通常所说的"教学相长"。学生如饥似渴的求知欲望，永远是促使教师在专业上精益求精的推动力量。学生如行云流水般的活泼思维，常常能触发教师创造新的灵感火花。教学作为一种运动过程，最可贵的是师生之间的思想交流。通过相互问难、热烈讨论以至课余无拘无束的对话，从治学经验到人生真谛，处处都体现了传道、授业、解惑的复合功能，一代又一代新人就是在这样水乳交融的流程中成长。真正的教育家之所以经常感到幸福与快乐，而且能够永葆其事业上的青春，其原因正在于此。

今年九月十日是人民共和国第一个教师节，这是全国人民一个盛大的节日，并将产生转移社会风气的深远影响。我认为，社会需要给教师以应有的尊重，教师更应该自己尊重自己。这种自我尊重，决不是因为有某种专长而自高自大，其确切的含意是对于教师的地位和作用的自我认识，是一种高度的教师自觉和责任感。教师应该是一个大写的词，他们肩负着历史的责任和人民的嘱托。父母把自己的子女交付教师，国家把下一代公民交付教师，这是对教师最大的信任，也是对教师最殷切的期望，而教师最好的回报是通过教育促使青少年尽早成为有益于社会的人才。教师的责任感主要表现为对学生的关怀，时时刻刻都要想到如何帮助学生健康成长，时时刻刻都要把学生放在自己的心上。否则他就不是一个称职的教师，因为他已经在某种程度上失去教师的自我意识。学生应当尊敬教师，但教师只有爱护学生才能赢得学生发诸内心的尊敬，这是一切有经验的教师的共同体会。

但是，从当前的情况来说，更应该强调的还是全社会对教师的尊重。因为相对而言，教师的地位和待遇仍然偏低，许多教师（特别是中小学教师）缺乏必要的工作以至生活条件，歧视、欺压以至虐待教师的现象时有发生，某些违法事件情节之恶劣令人发指。当务之急是努力提高全国人民对于发展教育事业的战略意义的认识，包括帮助某些领导干部改变自己轻视教育、轻视教师的短见浅识。重视教育和教师乃是关系国家民族命运的百年大计、千年大计，社会主义与共产主义决不可能产生于愚昧与无知。如果连这点常识都不懂得，甚至对此还有某些抵触，那还叫什么共产党干部。庆祝第一个教师节必须提高对教育与教师的认识，而认识又必须见诸行动，必须为教育事业的发展，为教师工作、生活条件的改善，切切实实多办几件好事。在历史上，凡是为发展教育事业做过一些好事的人，后世的人们总是不会忘记他们的。譬如清末湖广总督张之洞，至今在湖北还有一定的影响，其重要原因之一就是他对湖北乃至全国近代教育的发展起到了开创风气的作用。我相信，我们共产党的干部，对于教育的认识，对于教师的态度，应该比作为封建官员的张之洞高明得多。我们应该而且必将能够为发展人民教育和提高教师的地位和待遇作出前人无可比拟的重大贡献。如果我们这一代人依然不能解决这个战略性问题，那就是未能履行历史的职责，是对民族的极大犯罪。

节日需要欢乐，但作为教师的节日更需要思索。欢乐可以形成节日的气氛，思索则可以深化节日的意义。我终身以教师为业，近年又做一点学校管理工作。在举国欢庆的第一个教师节之际，我不愿说一些浮泛的应景之词，唯以多办实事自勉，并愿将自己思索的内容和盘托出，以求教于一切热心于教育事业的朋友们。

追寻老大学的足迹

——《中国大学校长书系》总序

　　中国新式高等教育已有百年以上的历史，这些大学虽然有许多不同的类型、层次、水平，但凡能赓续流传至今者，大多经过漫长的艰苦而又曲折的奋斗历程，并且留下极为丰富的经验教训。认真总结这些经验教训，对于当前高等教育的健康发展必将有所裨益。历史同样呼唤人们面向未来，它只为现实提供借鉴与智慧，决非单纯诱使人们沉溺于怀旧之情怀。

　　在百余年中国新式高等教育发展过程中，有一大批筚路蓝缕、披荆斩棘的先驱者，他们呕心沥血、殚精竭智，为中国现代大学的奠基与成长做出无可磨灭的贡献。我们应该永远铭记这些先驱者的劳绩，特别是其中那些办学有成的著名校长，他们和他们所辛苦经营的著名大学，乃是中国高等教育史上一块块丰碑。他们教育思想的丰富精粹，办学理念的卓越高远，以及实践业绩的泽惠后世，至今仍然受到中外学者的肯定与尊重。可以说，无论是其成功或是错误（甚至失败）之处，都给后世留下一笔极其宝贵的遗产。我们编辑出版这套《中国大学校长书系》，正是为了继承这笔遗产，认真总结其经验教训，并给以阐析评论，不仅仅是为了纪念逝者，更重要的是为今日高等教育的深刻变革提供参考。

现今的高等教育的整体，无论是从数量、规模、师资、设备、水平哪一方面来说，当然都远远超过了历史上的那些大学。然而这些老大学毕竟为当代高等教育的发展奠定了最初的基础，它们的校园、师资、学生、图书、设备不仅是历史的遗迹，而且至今仍然为许多大学的发展作出贡献。历史本身就是一种资产，而某些重要的无形资产的价值甚至远远大于其相关联的有形资产。所以，这些年来，不少精明的高校管理者都极重视保存本校的历史，除档案文献以外还努力维护古老的建筑、景观乃至图书设备，用意在于彰显其悠久而又丰厚的历史底蕴。这些工作当然非常重要，而且迟至现在也只能说是亡羊补牢。

其实，更重要的还是应该认真总结这些既往办学者的经验教训，继承与发扬其优良传统，避免其已经走过的弯路，克服其弊端遗留的消极影响。只有这样，历史才能成为财富而不是包袱，而人们也只有在尊重历史的前提下实现对于历史的超越。也只有这样，我们才不会重复走前人已经走过的路，真正以前人已经达到的高度为起点去攀登新的高峰。我反反复复讲这些老生常谈，绝不是无的放矢，更不是因循守旧。因为1949年新中国成立以来，我们由于不尊重历史而蒙受的损失与走过的弯路，已经太多太多，而且这种错误往往是周而复始地出现。真理不怕重复，至少是对于那些不知历史为何物而盲目自信的所谓权威人士，更应该经常忠言直谏（请原谅我用了一句陈腐话语）。我们这一代高等教育工作者，亲身经历此类弯路太多，因而才有如此深沉的感慨，也才有如此深切的醒悟。

教育史是人类史的一个重要组成部分，其所以重要就在于它是着重研究人类如何改造与优化自己，包括相关理论、观念、方式、方法及其实践等方面。现时人们总是片面强调教育必须适应社会的需要，殊不知教育还必须正确引导社会的走向。教育史不仅记载教育如何随着社会的进化而不断发展变化，同时也记载教育如何促进社会进化，特别是具有前瞻性的教育如何纠正时弊乃至推动社会变革。教育并非总是被动地亦步亦趋地随着社会变化而变化，教育的发展具有前后自相延续的相对独立性，而其中恰好蕴含着绵延千年衔接古今的内在规律。如果背离教育的基本规律，任何貌似新奇的变革终将遭到失败，甚至遗留长远的负面影响。这类惨痛的经验教训，我们经历的还少了吗？

20 世纪 80 年代，我也曾参与高校管理工作，深知校长责任的重大，不仅其办学理念、谋划决策关系着学校的发展走向；而且其一言一行所体现的品格、作风，也悄然无声地对众多师生员工产生某些影响。甚至在卸职多年以后，偶然在外地遇见相识的或已忘记姓名的校友，经常可以听到"某年某月某会曾听过你的报告，你说过的某几句话给我印象特深"之类亲切怀旧话语。我给学生作报告一般不带讲稿，往往采用对话交流方式，学生虽然听得兴趣盎然，但自己却唯恐口无遮拦而可能给他们以某些误导。所以每逢听见过去的学生复述我的若干"佳句"时，我的内心深处往往涌生惶悚之感。也正因为如此，才使我对于历史上这些著名大学校长理解渐深而敬佩日增。他们当年的办学条件比我们差，困难比我们大，可以利用的资源比我们少，但是却能与众多教职员工同心协力、苦心经营，把学校办的各有特色，并且培养出一批又一批优秀人才，并且在国内外赢得与日俱增的声望。可以说，他们的生命与学校已经融为一体，而学校的声名正是他们与众多教职员工一起用心血浇灌铸成。所以，在人们的心目中，一所名校往往与一位或几位校长的名字紧紧联结在一起，如北京大学与蔡元培、清华大学与梅贻琦、南开大学与张伯苓、浙江大学与竺可桢、金陵大学与陈裕光、金陵女子文理学院与吴贻芳等等。我想，这套《中国大学校长书系》的出版，当可使读者重温这些著名教育家的音容笑貌，并从他们的生平业绩中汲取许多有益的养分。

他们之所以能把自己的大学办成海内外公认的名校，首先就在于他们具有明确的办学理念，并且把人格的塑造放在首要地位。在他们看来，知识传授与能力训练只是手段，新型的全面发展的人才的培养才是主要目标。因此，在要求学生努力读书的同时，更强调学会做人，而人格教育遂与通识教育合为一体。同时，他们都具有世界眼光，不仅注意教育与国际接轨，加强对外学术交流，而且经常关注世界教育改革潮流，并且瞄准发达国家顶尖名校，以一流标准严格要求自己。此外，他们还善于节约运用有限的资源，决不好大喜功，贪大求全，而是在一定时期集中力量办好若干重点专业和重点学科，以求形成自己的特色，并在某些领域形成学校的优势。当然，他们都是长期工作在教育第一线的科学家，深切理解并极为尊重教育的内在规律，譬如重视基础，循序渐进，学用结合等等，因此才能以较少的资源获致较大的效益，使学校的发展蒸蒸日上。

这些校长本身就是全校师生员工的学习榜样，他们的人格魅力、深厚学养、儒雅风貌，处处都如春天的细雨一样润物于无声。言教不如身教乃是多数著名校长的准则，他们反对哗众取宠，恪守职业伦理，注重行为规范，这些都对学校优良传统的形成产生深远的影响。当代大学校长在国际视野、知识更新与管理能力等方面可能有超越前辈之处，但是在尊重教育内在规律、恪守伦理行为规范和艰苦奋斗勤俭办学等方面，恐怕仍然需要继续向先驱者学习。对于当前社会风气的某些不良影响，并非所有高校主管人员都能高度自觉且富有成效地抵制，大学校园已经不再是纯洁的净土。尽管现在的主政者已把大学的定位从精英教育改为大众教育，但大学（特别是著名大学）就整体而言仍然是培养人才的最高学府。因此，大学校园风气的败坏，乃是最可怕的败坏，因为这必将影响一代新人的健康成长，甚至正如海外某些报纸的直言：意味着社会良心的迷失。我们并非过高期望大学的作用，而是希望大学应该自觉地承受更为重大的社会建设的责任，不仅是物质文明而且是精神文明。如果这套书系能多少增强读者在这方面的醒悟，那将是我们最大的欣慰。

回顾前人已经走过的道路，我对现今大学校长任期制的具体运作还有一点看法，即千万不可也不必机械执行。因为熟悉一所大学的内部情况与外部环境，需要花费很长的时间才真正有所认知；而制定学校发展的目标与规划，以及相应的制度、条例等，则需要更长的时间才能检验其利弊得失。在短短四五年期间，是很难实现一个校长的宏大抱负与施政方针的。实践表明，校长与领导班子的频繁更换或更换幅度较大，对于一所大学的发展并不一定有利，有时反而产生负面作用。校长与教职员有一个相互认识过程，其所花费的精力与时间，远远超过对于校园、建筑、图书、设备的熟悉。平心而论，仅仅了解一所万人以上的大学的全面情况，没有三五年也很难形成校长自己的真知灼见。萧规曹随容易被等同于因循守旧，但其中确有合理的成分，即应该尊重前任的经验教训；对于那些行之有效的大政方针，不必也不应轻率加以变更。譬如蔡元培有关兼容并包、择才而用乃至提倡美育等等精彩教育理念，从蒋梦麟到胡适等后任校长都能承续推行并加以发扬光大，这样才能在数十年内形成北大优秀的传统校风——北大精神。如果每逢来一位新校长，下车伊始便哇啦哇啦宣称什么学校发展的新纪元，另提一套未经深思熟虑的新目标、新蓝图、新口号，势必会造成师生员工思想混乱，很难形成新的共识与默契。20 世纪 50 年代以来，我们高校最大的痛苦即缺少相对持续稳定且行之有效的办学准绳，不断地推倒重来又不断的整顿纠偏，乃至形成周而复始的恶性循环。我期望有更多的人温故而知新，从这套书系中汲取若干有益的办学规律。

当然，强调大学校长绝非提倡人治，更不是提倡家长制的独裁。对于大学来说，民主作风与学术自由具有同等重要意义。每一个办学卓有成效的著名校长，大多具有较高的民主观念，至少是认真逐步推行教授治校，努力发挥教职员工的积极性。与个人资质相较而言，应该承认制度更为重要。任何优秀的校长总有自己的任期（或长或短）限制，但健全的行之有效的规章制度往往可以延续数十年。我在海外一些名校工作，深感规章制度相对稳定的重要，而严格遵守规章制度更为重要。我每到一所学校，开学伊始接受 Orientation，时间不过两个小时，主要是介绍学校重要规章制度，不像我们对新教职员的岗前培训要花费 3 天乃至 1 周，而且要花费很多时间"务虚"接受思想教育。我常爱说一句话"铁打的营盘流水的兵"。校园譬如军营，师生如同士兵，老师（包括校长）职工和学生一批一批来了，又一批一批走了，如同连绵不绝的流水，但名校如同铁打的营盘，历经世变沧桑而长盛不衰，靠的就是一套人人必须遵循的合理制度。光靠校长自身的聪明才智是治理不好大学的。我愿读者认真体味斯言。

我热爱高等教育，尊重前人的劳绩，更关心现今乃至未来高等教育的发展。抚今思昔，感慨万千，因此下笔不能自休，尚希著者与读者有所鉴谅。

大学啊，大学！

——《政局与学府——从东南大学到中央大学（1919 – 1937）》读后

    我一生与大学相伴，即令是浪迹海外多年，依然到处以大学为家。在我的心目中，一座座大学都是有生命的，有人格的，有个性的，各有自己的人生道路，各有自己的历史沧桑。或许也可以说，每一座大学都是一本厚重的大书，永远都难以读懂，读通。

    作为绵亘千古的大学流水筵席上的迟到宾客，中国大学生不逢辰，时运不济，堪称是先天不足，后天失调，历经坎坷，步履维艰。但是，它毕竟是富有生命力的新生事物，顺乎潮流，适应社会发展与救亡图强的需要，因而始终没有停止前进的脚步，也曾有过自己的兴盛与辉煌，而且还满怀着对于更为美好明天的憧憬与期望。

    我曾经两次亲历过中国大学遭遇的大劫难，一次是日本侵华战争，一次是文化大革命。1937 年侵华战争爆发后，中国国土大片沦陷，绝大部分大学校舍被霸占甚至焚毁、炸毁，许多学校师生被迫流亡千里，辗转西迁。"文革"十年动乱以后，直至 1984 年我接任一所大学校长，放眼校园依然有山河破碎、满目疮痍之感。但是，使我感受更深的，却是大学生命力的旺盛与顽强，只要是稍具规模并略有特色的大学，一般都有相当坚韧的灾难承受能力，大多能够像凤凰涅槃一样浴火而重生，并且孕育着新的发展。

抗战期间的大学西迁，看来是被动的撤退，但似乎又可以看做是积极的西进，即文化教育资源由先进地区向落后地区的大幅度转移，其短期效应是文化版图的变易，而其长期效应则是对于西部腹地社会经济、文化发展富有成效的深层促进。经过史无前例的抗战磨炼的大学，在颠沛流离的艰难岁月里所焕发的大学精神，至今仍然为时人所神往，是教育史上一笔丰厚的遗产。同样也是史无前例的"文革"，尽管给大学造成的是另一种严重破坏，其后果亦堪称为创深痛巨。而经过此番劫难的大学在"文革"后又复重整家园与百废俱兴，人们备受压抑而又积蓄甚久的积极性，如同埋藏在地下的泉水一样突然喷涌而出，还来不及抚平自身的伤痛，便雄心勃勃地踏上改革开放的征程。大学在解放思想，革故鼎新方面走在社会的前列，无愧为时代的骄子与文化的先锋，在某种程度上也呈现出一种新的大学精神。这或许正是许多人至今还保留着20世纪80年代美好回忆的重要原因之一。

回顾百年来中国大学的风雨历程，可以看出大学在人世间绝对不是孤立的存在，它无时无刻不与国家、政党与社会密切相关。因此，研究大学的历史，既要研究大学的内部结构，也要研究大学的外部环境，特别是研究大学与环境之间的互动关系。许小青博士研究中国大学史多年，深知其中奥略，这本《政局与学府——从东南大学到中央大学（1919–1937）》是经由其博士论文修改而成的。他刻意将这所大学视为一个处于特定社会结构之中的组织而置于国家、政党与社会之中，考察在政治变迁过程中，东南大学如何从一所地方性大学演变成首都最高学府，以此揭示这所大学与国家、政党、社会之间的关系。

如果说，由校长、教师、学生组成的大学是一个小社会，那么它所厕身的大社会更是包罗万象，不过对学校运作关系更为直接的毕竟是政府（国家）、政党与相关社会群体。从1919年到1937年，正好是从五四运动，经由国民党"统一"中国并迁都南京，于是有所谓经济、文教的"黄金十年"，直至"七七事变""淞沪之战"与抗日战争的全面爆发。这十几年是中国的多事之秋，内忧外患，变幻莫测。政治重心的南移，是东南地区经济、文化优势扩大的结果；而政治生态版图的变化，又必将引发文化生态版图的相应变化。这就是从东南大学（地方大学）演变成为中央大学（首都大学）的大背景与大视野。

但是，作者并没有预设结论或单纯作理论推演，他的着力之处，也正是他的高明之处，主要是依托于"人""事"两大要素，通过具体历史情境，力求客观地陈述来龙去脉，让史事自身的情况来形成结论。在作者的笔下，书中出现的重要人物，大多都是有个性，有特点，非脸谱化的。几位校长，如郭秉文、张乃燕、朱家骅、罗家伦，都有各自的政治背景、教育理念，乃至个人的性格、作风，不会让读者有雷同之感。特别是学校以外而对学校有重要关联的人物，如蔡元培、吴稚晖、李石曾、黄炎培等，也能从大处着眼，细处落笔，不仅廓清其不同社会背景、教育理念，而且还能显现其不同处世风格与因应方略。有些篇章简直可以看作东南地区高等教育界的风情画。

作为中央大学前身的东南大学，以东南地区社会精英为凭藉，郭秉文校长历来秉持的自由主义办学理念尚能保持若干贯彻的空间，因而能够发展成为与北京大学抗衡的地方强校，随着首都的南移，政府与政党对学校的渗透和控制日益增强。中央大学取代北京大学成为首都最高学府，虽然在办学资源上可以获得优渥待遇，然而与东南地区社会的固有联系却因此而逐渐有所疏离，大学的独立自主相应缩减了必要的空间。1943 年蒋介石亲自担任中央大学校长，在对全校师生训词中再次重申："中央大学顾名思义，应自勉为全国大学之模范，始不负其所处地位之重要。"其党化与国家主义教育理念可谓达到极致，而且也可以看作当时整个高等教育异化过程的一个缩影。

也正因为如此，学校与国家、社会、政党之间便存在着连绵不绝的角力。大学本来就是作为旧社会的对立物而产生于中世纪，中国大学更是作为革故鼎新的弄潮儿而出现于神州大地。大学催生了共和，共和却愚弄了大学。在徒有其表的民国政府统治下，大学与国家、社会、政党之间的矛盾与冲突是无可避免的。五四运动正是这些矛盾与冲突的集中爆发，而北京大学则俨然成为引领历史潮流的旗舰。1988 年夏天，我应邀参加保加利亚索菲亚大学百年校庆，日夫科夫总统在大会演讲中热情洋溢地赞誉"索菲亚大学是保加利亚自由思想的摇篮"。当时我就想到，北大在近代中国的历史地位又何尝不是如此。过去人们只知道歌唱"没有共产党就没有新中国",其实也未尝不可以咏叹"没有五四运动,就没有中国共产党"。1919 年 5 月 4 日揭开中国历史新的一页,这乃是影响极为深远的伟大里程碑。

1928 年以后,中央大学因缘时会取代了北京大学的首都大学位置,然而却始终难以成为引领全国精神潮流的火车头。我丝毫无意扬北大而抑中大,因为其所以如此,更多的原因是来自办学环境的明显差异。1928 年以前的北京政府,因为多半由军人集团主导,长于武战而拙于文治,加以内部纷争你来我往,客观上为大学留下较为宽松的办学环境,至少是对于校园以内的事务直接干预很少,而对舆论传媒的控制也不怎么得心应手,这些因素为蔡元培们倡导的大学精神的张扬提供了必要的历史舞台。迁都南京以后,作为执政党的国民党却比北洋军阀精明得多,他们不仅懂得"三分军事,七分政治",而且还千方百计加强党化教育,首先是极力安排政党势力进入校园,直接干预教学与管理。在这种情况下,作为首都大学的中央大学反而比远离首都的其他地方大学遭受国家与政党更多的束缚与干扰,很难宏扬自主办学与自由思想的固有大学精神。与此形成鲜明对照,蔡元培的办学理念在北大反而有所萧规曹随,逐渐形成传统。抗战以后,北大与清华、南开联合办学,精英云集,贤良荟萃,在远离重庆的昆明高举民主、自由旗帜,成为全国广大进步师生自己的精神堡垒。当时,内迁大学比较著名的集结地有三处,即中央大学所在的重庆沙坪坝,教会大学聚集的成都华西坝,与西南联大的战时校址昆明。相较之下,就思想活跃程度排序,应该是昆明>华西坝>沙坪坝。抗战胜利以后,内迁大学纷纷复员回归故地,由于国民党的贪污腐败与国民经济崩溃,学生运动风起云涌,形成解放战争的第二战场,在中国共产党的统一领导下,北大和清华、燕京等校又复成为引导潮流的火车头,其影响远远超过困处首都的中央大学和金陵大学。

小青着重研究的是大学文化版图的变异,以及因此而引发的学校与国家、社会、政党之间互动关系的变化。我最近却一直在追寻逝去的大学的历史踪迹,特别是追寻那些曾经辉煌但疏离已远的大学精神。也许有所偏离主题,但是并非南辕北辙,其间自有内在联系,或可促进作者与读者作更深一层的思考。

"20 后" 寄语 "90 后"

——珍惜自己的大学时代

我生于 1926 年，用现在时尚语言，属于 "20 后"。我特别关注现今刚入学或入学未久的新同学（freshman），他们多半属于 "90 后"，所以题名 "20 后寄语 90 后"。

千言万语，不知从何说起。想来想去，还是首先谈谈自己的大学时代。

今年 9 月 27 日，南京大学隆重纪念金陵大学建校 120 周年，我应邀在大会发言。我说："其实，我在金大校园生活不长，1946 年 9 月入学，1948 年离校去中原解放区，前后不到两年半。但是金大对我影响很大，是我参加革命与研究史学两大人生的起点。饮水思源，我不能忘记母校哺育之恩。"

这并非应景话语，确实是肺腑之言。

因为从 1943 年 7 月到 1946 年 9 月，两次被学校开除，到处漂泊，直到进入金大才算有了一个比较稳定的学习环境，我非常珍惜这个难得的机遇。

金大的学习空气非常浓厚，教学管理也井井有条。我虽然想从事新闻工作，但在课堂上仍然是勤奋好学，除认真学习历史系基本课程以外，对经济学、社会学、逻辑学课程也学得有滋有味。1948 年北大名教授向达来校举办讲座，我除听讲外，还曾随他观赏刚刚运到南京的部分故宫藏画。金大的大型学术讲演很多，印象较深的有马寅初、梁漱溟、罗隆基等。特别是马寅初，公开批评蒋介石不懂经济、以致物价飞涨，货币贬值，国民经济濒于崩溃。听说演讲后不久即遭迫害，他这种直言无隐的勇气，对我影响极深。

非常感谢中学的几位好老师，是他们引导我养成课余广泛阅读的习惯，即令是浪迹在社会穷苦底层，也仍然以读书为最大快乐。我在金大不限于学习历史，还在金女大选读了地质学，此外又迷恋上印第安人文学。美籍业师贝德士先后曾在牛津、耶鲁受过良好史学训练，既具有欧洲古老严谨的学风，又有新大陆的自由精神，他和师母对我的"三心二意"颇为理解，还协助我办理美国新闻处与英国文化委员会的阅书证，使我得以更为扩大求知空间。尽管翻天覆地的社会大变革即将到来，宁沪地区依然是灯红酒绿、纸醉金迷，但我不受任何外界的不良诱惑，在知识海洋的遨游中充分享受精神上的愉悦。

我还有自己的第二课堂，即人民解放战争的第二战场——蒋管区如火如荼的民主运动。入学不久我就参加了进步学生组织燔火团契，并且成为较有影响的墙报《天南星》的主要撰稿人。我们有跨校的读书会，共同学习马列著作与毛泽东的《新民主主义论》《目前形势与我们的任务》等政治文献，有一段时间装书的皮箱就收藏在我的床下，可能是以我的退役军人身份作为掩护。读书会有共同的读书笔记本，在上面交流心得，有时也要在一起热烈讨论，而我则俨然成为主题发言者，因为我在进金大以前已曾读过普列汉诺夫、考茨基的若干著作，只不过当时还不了解他们已经成为布尔什维克们的"敌人"。

我不大在乎考试成绩，家庭与社会似乎也未形成任何压力。各门功课大多得分不高，但是却在不知不觉中受到良好史学训练，特别是在课余自学中吸收了丰富的精神营养。我勤于阅读，也勤于写作，但并不急于发表。例如，我曾认真写过一篇有关陀斯妥耶夫斯基《被污辱与被损害的》长篇书评，自觉还有一定功力，但一直没有对外投稿。这两年多也曾偶尔发表几篇习作，如在《和平日报》《新民晚报》副刊上发表过两篇散文（《邂逅》《等待》）、一篇影评（《评万家灯火》），这些都促使自己增多若干文笔锻炼。但我自己更为看重的倒是在《天南星》墙报上以"文封湘"

笔名撰写的时评《漫话金圆券》，和一篇采用印第安民谣韵律写成的政治诗歌《火车抛锚》。我不仅精心构思撰写，而且在深夜与三五契友悄悄用浓厚的糨糊贴在壁报栏的显著位置上。第二天看到许多同学拥挤着认真阅读《天南星》，而且事后还听到若干对于我的诗文的热情鼓励，内心那份高兴最是无法可以言说。

进金大以前，我虽然有两次因为反抗国民党思想压制而横遭学校开除的往事，但都属于少年叛逆性格使然，并没有多少政治思想内涵。直至到金大以后，经过参加群体性争取民主自由的大规模抗争以后，才真正明确了人生的意义与奋斗的目标。在两个政党、两条路线、两个中国之命运最后决战的关键时刻，经过比较冷静与理性的思考，如同千千万万其他进步大学生一样，我自觉地选择了马克思主义，选择了共产党，选择了新民主主义革命道路。1948 年 11 月，我终于坚定地走向中原解放区，没有任何保留地把自己的全部生命奉献给人民解放事业。离开金大之前，我在校园参加了一场大型辩论会，主题是《中国向何处去》，并且作为读书会的主要发言人，公开批判某些别有用心的亲国民党教授的所谓"第三条路线"，旗帜鲜明地表达了众多进步学生的心声。这可以说是我们留给母校校园的"最后一幕"场景。

60 年漫长岁月如歌亦如梭，以金大为起点的我有终身为之奉献的两大事业：历史科学与人民民主，至今仍在持续。尽管道路如此漫长，如此曲折，如此坎坷，我始终无怨无悔，自觉无愧此生。因为尽管能力有限，成就不多，但我坚守信念，锲而不舍，为史学发展和社会进步奉献出全部心血。

亲爱的 90 后小友，尽管年龄差距甚大，我们却携手跨越了 20 世纪，共同经历了两个世纪之交的一系列国内外重大事件。但是，21 世纪终究是属于你们，你们之中也许有一部分人还会跨越本世纪，进入 22 世纪，真是前途无量啊！我羡慕你们，寄希望于你们，所以才不免动情地陈述自己 60 年前的校园往事。这不是老年的怀旧与习惯的唠叨，而是敞开心扉向你们略进净言。

所谓净言，其实只一句话：一定要珍惜自己的大学时代。大学时代与中学时代最大的不同，就是你必须努力减少对于家庭与老师的依赖，学会独立自主地学习与生活。如果说，中学时代是成长期，大学时代则是成型期，一个人的世界观、人生观、品德修养、行为举止，主要是在大学时代逐步成型。可以说，大学时代多半能决定你此后的人生道路。生命只有一次，大学时代不会重来，能不重视吗？

其次，不要在学校与专业上总是"这山望着那山高"，少埋怨些环境，多要求些自己。北大、清华等名校，固然产生很多英才，但英才也不仅限于北大、清华。响当当的铁娘子吴仪，外事圈中的奇才龙永图，分别来自兰州、贵阳，而且都没有任何名校背景。就拿我就读的金大来说，最好的专业是农学院，特别是农经系；历史系是只有30几个学生的小系，而且教师阵容也赶不上中央大学。但是在20世纪40年代就读的学生中，也涌现了牟复礼（美国人）、吴天威、陈大端等优秀历史学家，分别在各自领域中独领风骚，育才之盛并不逊于同在南京的中央大学历史系。关键在于自己的主观努力，在于不要浪费宝贵的时间。同样的学校，同样的专业，同样的起点，然而4年一过，特别是毕业以后，差距往往甚大，原因正在于此。

最后，要学会理性的独立判断，千万不要人云亦云、随波逐流。时尚的占主流地位的东西，不一定都是好的，至少不一定都是最好的。人间自有真、善、美，伪善与邪恶可能得逞于一时，毕竟不会得意于永久。诚然没有完美无缺的社会，更没有止于至善的社会，旧的黑暗消灭了，又会产生新的黑暗，但社会不断进步，仍然是总趋势。我们"20后"这一代经过的社会变迁与各种事件太多了，历经千辛万苦终于有了最后的人生感悟：做人要固守自己的道德底线，清清白白度过每一天，反对黑暗，追求光明。过去，国家乱成那样，都能够拨乱反正，励精图治，走向富强。现在，尽管国际上有金融危机风潮肆虐，国内也是问题成堆、困难重重，但是你们的大学时代，比我们的大学时代真有天壤之别，有利条件多着啊。

沧海横流方显英雄本色，逆境更能淬砺英才，像海燕一样勇敢地向暴风雨搏击吧！我亲爱的90后小友们。

明辨荣辱，热爱华师

——为刘武教授壮行

刘武走了，这么快。透过阳台的窗户，满眼是素洁的花圈，寄托着许多许多老师与同学的追思。

多年以前，谬膺校职时我就认识了刘武，但从来没有单独谈过话，无非是途中相遇彼此以微笑示意。其实也不用讲话，那眼神，那笑容，就反复传递着一个信息："信得过"。至少，我们校系领导对刘武是信得过的，只要是刘武经办的事，无论是教学、科研、开发，他一定会全力以赴，而且极为敬业乐群，与团队一起出色完成任务。这些年，我们见面更少，但偶然途中相遇，依然是那么匆匆忙忙，各以点头微笑示意。我心里明白，他相信我一如我相信他。

相信什么？说白了，就是相信彼此都正在履行岗位职责，尽最大努力把华师的事情办好。不需要上级检查，不需要年终鉴定，经常内省，明辨荣辱，是热爱华师所产生的高度责任感鞭策着自己鞠躬尽瘁，死而后已。华师有很多这样的好老师、好职工，而刘武是其中的佼佼者。这些年经常听说刘武病重乃至病危，但每次路上相遇，依然是那么敦敦实实，依然是那么阳光灿烂，仿佛不死鸟一样，给人以信心，给人以希望。

刘武可以说是把自己的一生都奉献给华师，这些年他身患绝症依然坚持教学与科研的繁重工作。他终于耗尽最后一点生命，实际上就是以身殉职。正如战士的光荣结局是牺牲于疆场，学者的光荣结局应是献身于科学与教育的殿堂。物理系这些年突飞猛进，在国内外享有很高声誉，其中就有刘武以及许多类似刘武这样的教师与职工的劳绩。

我完全赞成人才流动，每个人应该有适当的位置，借以充分发挥自己的聪明才智，为学科、为学校、为祖国、为人类作出应有的贡献。我在校长任内及卸职以后，一贯支持人才的合理流动，包括破格引进与忍痛输出。经我自己同意外调的就有许多优秀人才，如彭立勋、周伟民、王奇生、何建明等，其中王、何还是我最倚重的得意门人。但我认为他们在新岗位上必定有更为广阔的空间可供挥洒，对本人、对学科的发展都有更大好处。结果证明他们都没有辜负母校的希望，在其他地区与单位创造更为辉煌的业绩。这也是华师对国家作出的贡献，理应为此感到莫大的欣慰与骄傲。

但人才外流毕竟应有适当的限度，毕竟还需要拥有相对稳定的师资队伍作为长期依托，学校才能保证持续而正常的发展。如果一个学校或院、系，多数人都成为匆匆来去的过客，有三日京兆之念，无持久任职之思，很难想象它们怎么办得下去。我认为引进的优秀人才固然可以为学校的开疆辟土建立新功，但长期勤勤恳恳固守岗位，几十年如一日只讲奉献不计索取的老华师，也是同样值得珍惜，甚至更值得珍惜。

当然，只要真正是才华出众的过路客，我们也应热烈欢迎。华师的天地是宽阔的，华师的大门是敞开的，真诚欢迎任何确有真才实学的人才，哪怕是过路客，三年五年也好，八年十年更好，但只要你在华师一天，你就应该认认真真履行岗位职责，说低一点是执行合同，说高一点则是道德问题。如果单纯冲着优厚待遇而来，身在华师，心在外地，一边吃着碗里，一边舀着瓢里，一边还要看着锅里，吃饱捞足以后，遇有更有钱势的东家，立即扬长而去，这还像一个货真价实的老师吗？

何者为荣？何者为辱？从刘武的身上，我们当可增进若干辨别的能力！一路走好，刘武，华师永远记住你！

为风雅华师鼓与歌

——《风雅桂子山》序言

华中师范大学是名副其实的老校，如果从最早的前身文华书院算起，迄今已有137年，堪称源远流长。

华师原先的校园在武昌城区昙华林，那里自19世纪60年代汉口开埠以来，教会云集，学堂林立，是武汉地区最具特色的中外文化交融古老街区。华中大学屹立于此街区之中，老校区至今还有文学院、博育室、体育馆、礼拜堂等古老建筑遗存，那里是华师人理应倍加珍惜的历史之根。

20世纪50年代初，华中大学与中原大学、中华大学、湖北教育学院等校合并，改制建立华中师范学院，为适用新中国发展需要，师生员工人数迅猛增加。昙华林校区虽然风景秀丽，古色古香，但却局限于狭小的街区，规模很难进一步扩展。经中南大区领导商定，在桂子山建立新校区。

原先的桂子山，穷乡僻壤，荒山秃岭，别说是树木，连野草都很难生长。为了改变环境，兴建校园，首任院长1929年的老党员王自申，率领全体师生参与两项艰苦劳动：植树造林与修筑道路。桂子山的土质大多属于沙砾礓土，加以缺乏水源，只有种植不怕干旱且生命力极强的马尾松。大家用铁镐、锄头，掘土挖洞，种下一批又一批树苗，又不断肩挑手提，从远处取水浇灌。皇天不负苦心人，绝大多数幼松居然成活，并且顽强成长，荒凉的桂子山从此获得新的生机。

桂子山理应感激这批数以万计的幼松，因为它们不仅在瘠土石缝中茁壮生长，繁衍后代，而且以自身凋落的枝叶化为养料，逐步改变了土壤结构，为种植其他花木创造了必要条件，可以说是桂子山早期绿化的先锋与元勋。但是现在已经很少见到松树了，因为20个世纪50年代中期轰轰烈烈"除四害"，麻雀绝迹导致松毛虫疯长，每年要以飞机洒药灭虫，还得耗费众多劳力手捉脚踩，只得用樟树、法桐（悬铃木）等优良树种，逐步取代了曾经与我们相依相伴的松友。

早先的华师学生对松树感情特深。记得前些年有些港澳老校友重返桂子山，一定要我带领他们寻访自己当年种植过的松树，好不容易才在元宝山密集的房屋空隙处发现几株。大家抚摸拥抱，唏嘘感慨，怀念当年身体力行倡导延安精神的王自申老院长，回顾植树修路的风华岁月，共享现今更为美丽校园的诗情画意，感激几代华师人，特别是园林职工为美化校园付出的辛勤劳动。

桂子山不高，只能属于丘陵层次。桂子山没有任何名气，千百年来都是穷人的乱葬岗。建校期间发现多处旧时坟墓，考古人员曾寄予厚望，一层一层挖下去，从民国、清朝一直挖到南北朝，可是全属简陋穷墓，最有价值的无非是几堆古砖。但是，桂子山有幸迎来了华师人，从此获得生命活力与新的青春。土变肥了，山变绿了，年复一年便成为武汉一处令人喜爱的景点。其实，连桂子山这个地名，也是后来按照谐音确定的，早先连草都难生，哪有什么桂树。现今这郁郁葱葱品种繁多的桂树，都是建校以后不断引种繁殖的。华师历届领导都把绿化看得很重，特别是原副院长郭抵任职最久，热心最盛。例如，极为名贵的雪松、水杉等树种，华师都引进较早，并且成为在武汉推广的重要苗圃基地之一。

山不在高，有人则灵。桂子山的衍化升华，不仅在于绿化，在于建筑，在于环境，而且更在于华师自身的成长壮大与华师人的学脉绵延。王自申院长生前常挂口头的一句话："师范大学是教育的母机"。华师人数十年如一日，辛勤耕耘，默默奉献，数以万计的遍布湖北乃至中南，为国民基础教育的普及与提高作出卓越贡献。同时，华师的历届领导从来也未曾忽视重点学科建设与学术水平的提升，不仅有战略性的布局，而且有具体落实的措施。在很长一段时间，由于过去历史的局限，华师人曾困扰于"高"（学术水平）与"师"（面向中学）之争，而校领导则千方百计在两者之间寻求协调。平心而论，华师现今能够这样大踏步迈进名校之列，数十年的艰苦奋斗乃是必要的铺垫，何况在人文学科方面本来就有比较明显的优势。

作为师范院校，华师原先就有体育、音乐、美术等系，因此在营造校园文化方面优势条件更多。早在20世纪50年代，华师文娱活动即已初露锋芒，京剧的名角荟萃、好戏连台，话剧《西望长安》的精彩演出，特别是话剧《家》的巡回公演，都曾广泛获得好评。记得历史系一位女同学，由于在《家》中扮演主角，居然各地众多的"粉丝"频频寄来热情信函，一时传为佳话。给人们印象最深的是，许多大型演出都是师生携手合作，连若干校领导也登台演出，唱做俱佳，声情并茂。令我最为难忘的是50年代工会干部刘有信，好些红红火火的精彩节目，都包含着他的策划、组织与奔走。他不幸在1957年被错划为"右派"，从此与文艺社团疏离。但又有幸被安排到绿化组劳动，他不仅与普通工人一样吃苦耐劳，而且还虚心学习、刻苦钻研，很快就成为绿化组重要骨干，把自己的心血与汗水全部奉献给校园绿化事业。当然，令我更加难忘的是姚水印老师傅，他出身于鄢陵园艺世家，把一手绝活全部奉献给华师，浓墨重彩增添了桂子山的满园春色。我至今依然记得许多退休或故去的园林老职工的音容笑貌，愿以此文向几代园林职工表达诚挚感激。

校园文化乃是情景交融，亦即人境互动。现今的学校领导与校园管理部门特别重视园林文化功能的发挥，经常配合季节更替、花期变迁，举办各种赏心悦目的风雅活动，诸如诗会、笔会、书展、画展，花前月下，吟咏演奏，长年累月遂成为桂子山上一道又一道亮丽的风景线，也极大地丰富了各种文化艺术节、科学技术节等大型文娱活动的内容。即将出版的《风雅桂子山》一书，就是这些风雅活动中产生的部分佳作之结集，包括文章、诗词、摄影、书法、绘画等等，堪称琳琅满目，尽显几代华师人儒雅风流，更充分展现他们对桂子山校园的眷念之情。风雅华师，华师风雅，这就是可贵的大学精神与人文关怀之体现。

老话说："前人种树，后人乘凉"。我们现今享受的，就是前人种植的林木；而我们亲手种植并维护的林木，亦将为后人增添一片绿荫。这句话貌似平凡然而语短意长，说的是做人的本分，文明传承的伦理，或许也可以视为境界较高的人生观与幸福观。亲爱的园林同仁嘱我为本书作序，在下敢不欣然命笔，谨以这点粗浅体会献给此书的编者、作者与读者。

为风雅的华师人，为华师人的风雅，尽情地鼓与歌吧！

往事杂忆

——纪念舜徽先生逝世五周年

1992 年冬舜徽先生猝逝，我正在美国加州大学执教，远隔重洋，音讯稽迟，未能及时撰文悼念。现在仅就回忆所及，略述前辈学者的气象和风采。

他是 1951 年春季奉调来武昌中原大学教育学院任教，我作为历史系助教（相当于现时兼职的教学秘书）负责接待与安排生活，所以结交与共事前后达四十年以上。当时根据中央指示，学校即将转入正规大学教育，像他这样确有真才实学的资深教授到来，增强了我们办学的信心。

他给我留下的最初印象是：文质彬彬，平易近人。由于家眷尚在湖南，他与我们一起过集体生活，毫无特殊之处。每天清晨必定参加政治理论学习，除集体讨论外还写了许多读书笔记。记得他曾结合社会发展史学习，从汉字的形、音、义流变，印证劳动创造世界的道理，笔记字迹工整，一丝不苟，体现了严谨学者的风范。

1951 年秋季，中原大学教育学院与华中大学合并，随即全校师生投入"土改"和思想改造运动，他都积极参加，力求跟上时代步伐。由于他已经在华北革大政治研究院学习过一年，所以对于这些政治运动的理解与适应略胜于历史系一般年长教师。从 1952 年秋季开始，他先后为历史系本科开设历史文选与历史要籍介绍等课程，广征博引，深入浅出，帮助年轻学生奠定良好学业基础。

当时学校宿舍相当紧张，他一家数口只有挤住在张师母任教的昙华林小学分配的两间简陋房里，但贤淑的师母把一切安排得井井有条，窗明几净，依然书香人家。先生课余笔耕不辍，闲暇则抱瓮灌园，种菜养鸡，聊以弥补家用之不足。真正是"胸怀恬澹，不慕荣利；升沉宠辱，委之自然。"

1956 年"双百"方针的发布带来了向科学进军的春天，这也是舜徽先生在解放后志气最为发舒的一个时期。在校内外历次科学报告会上，他宣读了一篇又一篇功力深厚的论文，并且以渊博的知识与雄辩的口才赢得众多校内外师生的倾服。在此前后，湖北人民出版社接连出版了他的三本著作：《中国历史要籍介绍》《中国史论文集》《顾亭林学记》，舜徽先生的学术业绩遂为国人所理解。

但科学的春天颇为短暂，1957 年以后政治运动接踵而来，而且越来越"左"。知识分子的处境日益艰难，舜徽先生由于树大招风，更成为华师历史系的主要批判对象。但所有这些政治上的冲击，连同三年经济困难的生活窘迫，都丝毫没有影响他治学的沉潜与著述的勤奋。《中国古代史籍校读法》《清代扬州学记》《清人文集别录》，都是在这一时期出版问世的。及至"文革"十年，他所受辱损更多，除经常接受大会小会批斗外，还被迫迁居以澡堂临时改建的简陋住房，全家挤住在狭小、阴暗、潮湿的室内，但只要稍得宽余，他仍然争分夺秒，含英咀华，笔耕不辍，硕果累累。

"文革"以后，舜徽先生的学术生涯进入最为辉煌的时期，《中国文献学》《说文解字约注》《周秦道论发微》《旧学辑存》等巨制佳构不断问世，一代国学大师的风貌遂展现于海内外。但他仍然勤奋如故，每天早晨四时许必起，书房兼卧室的灯光闪烁于浓密的夜色之中，仿佛引导桂岳众多年轻学人奋力前进的北斗星。我有幸在他晚年成为邻居，他的大家气象与勤奋治学时时鞭策着我奋力前进。他每有新著必定亲自赠送，题赠文字不是书于扉页，而是毛笔楷书工工整整写在另外纸条上并夹于封面内，并且用报纸将书包得整整齐齐。就在这些细微之处，也体现了前辈学者一丝不苟的谨严作风。日本老辈学者赠书也有类似作风，可能是处于同一传统渊源。

舜徽先生是自学成才的典范，因此也极为呵护奖掖青年中的自学成才者。他知道我只读过两年多大学，主要是靠教学工作锻炼才略有长进，因此常向外界加以介绍，使一些老辈学者对我有所了解与器重。1983 年，我想引进苏州杰出中年学者唐文权而受到省内人事部门的阻隔，理由是唐只有大专学历。张先生为之愤然，并与我一起向前来我校考察的国家教委高教一司司长据理力争。他说："学历固然重要，但不是检验人才素质的唯一标准；章开沅先生没有大学毕业文凭，我连小学毕业文凭都没有，我们不都是第一批博士生导师吗！"司长为之动容，连忙向省教委了解情况并作相应建议，结果很快就把唐文权调过来了。以后，唐文权在近代中国文化史，特别是近代中国佛教研究方面取得显著成绩，颇得国内和日本学者的称赞，这其中也有舜徽先生提携之功。

我于 1990 年 8 月应邀到美国普林斯顿大学进行合作研究，临行极为仓促，未能向他辞行，没有想到这竟是最后的诀别。听说他在逝世前十天里，还为朱祖延教授主编的《尔雅诂林》撰写了典雅凝炼的题词，又为历史文献研究所大型集体项目撰写了六千字的长篇序言，真正做到了呕心沥血，殚精竭虑，为中华文化的绵延发展奉献终身！

发扬金陵之光

——纪念金陵大学 120 周年华诞

大江滔滔东入海，我居江东。

石城虎踞山蟠龙，我当其中。

三院嵯峨，艺术之宫，文理与林农。

思如潮，气如虹，永为南国雄。

耄耋之年，欣与盛典，思如潮涌，感慨万千。我首先想起的就是这首令人难忘的校歌，其次便是陈老校长 20 年前百年校庆时所赠照片上的题字："发扬金陵之光"。

其实，我在金大校园生活时间不长，1946 年 9 月入学，1948 年 11 月离校去中原解放区，前后不到两年半。但是金大对我影响甚大，是我参加革命与研究史学的两大人生起点。饮水思源，我不能忘记母校哺育之恩。特别是从 1985 年以后，我转而研究中国教会大学史，不仅在耶鲁神学院图书馆发现了贝德士、史德蔚等师长的丰富私档，而且还参阅了 13 所教会大学档案全宗，其中包括金陵大学原来保存在 UB（亚联董）的档案全宗。后来，UB 又委托耶鲁制作缩微胶卷，并且无偿赠送一套给我创建的中国教会大学史研究中心。正是在 20 多年的研究过程中，我逐步加深了对母校的了解，也更加增添了对母校的亲情。

对于母校的历史贡献，金陵大学校史与陈校长传记已有详尽论述。我现在只想引用两位金大故人的评语。一是当年东南大学校长邹秉文给中华教育协进社的信，认为"从全国范围来评论，有些教会大学已处于中国最好与最有效率的大学之列。而且，由于他们兴办得较早，所以它们就有更大的影响与更多的优势。"他所说的"有些教会大学"，就包括他关系最为密切也了解最深的金陵大学。还有一位是曾在金大任教多年，以后又担任过 UB 主席的芳威廉，他满怀深情地说："在 20 世纪上半叶画下句号时，中国教会大学可以充满骄傲地回顾既往。……结局是悲剧性的，但中国教会大学这个名字，将被视为大西洋两岸基督徒对太平洋东岸伟大人民的辉煌贡献而永远铭记。"当然，为金大作出辉煌贡献还有众多中国的非基督徒。

金大的辉煌贡献，首先当推农林学科。在贝德士档案中保存一份美国学者对于中国教会大学的评估，内称："据报告，1947 年北京大学农学院的教师有一半以上毕业于金大农学院。而金大校友还主控着许多农业机构与学校。"1949 年以后，由于院、系调整，金大培养出来的众多农学精英及其影响更遍及整个大陆，而在台湾地区对社会经济的发展贡献之巨大更为卓越显著。可以说，在神州大地上，凡有农业科学与农业改良之处，都可以看到金大校友的踪迹，或至少可见其劳绩的影响。即以湖北地区为例，所有盛产柑桔之地，包括许多高山深谷、穷乡僻野，都可以看到章文才及其几代弟子的身影，而甜美的脐橙则是他留在人间最大的遗爱。

当然，金大的成就不仅限于农学，在文理两院也各有其许多领先全国的亮点，如中英文，如社会学，如历史学、如教育学、如化学、如电化教育等等，都是成果累累，英才迭出。无需我在这里赘述。一个规模甚小而资源有限的私立大学，能够办成如此水平、如此贡献的中国名校，堪称高等教育史上的辉煌篇章。金大与中大一样，都为今日南大、南农、南师的蓬勃发展提供了良好的基础。

金大是中外文化交流的产物，是中国最先引入西方近代教育理念与模式的少数高校之一，她从一开始就与国际接轨，因而对国内高教发展起过一定示范作用。而金大的传统办学理念，如：把大学定位为沟通中西文化的桥梁，教、育并重，把陶冶学生品格放在极其重要的地位，倡导教育为社会服务，实行教学、研究、推广的"三一制"（即三结合），以及在学校管理方面一贯坚持的"共和精神"等，至今都是一笔极为宝贵的遗产，其中有许多可供今日教育改革借鉴的经验教训。

作为"南京大屠杀"研究者之一的我，还想借校庆之机强调一下金大的另一历史贡献。金大教工实际上是南京安全区国际委员会的主要策划者与善始善终坚持到底的骨干力量。史迈士是总揽全局、主持实际运作的秘书长，贝德士是倡导于先，全力奉献，坚持到底的最后一任主席。这一点，杭立武的回忆录，国民政府的表彰令，特别是安全区国际委员会的大量档案文献已经表述得非常清楚。金大中外籍教师职员在腥风血雨的金陵，为二十余万难民所奉献的生死救援，金大校园成为数万难民栖息庇护之所，其英勇、其坚韧、其爱心，也堪称金陵之光，光照日月。

我怀着一颗感恩的心归来，感金陵培育之恩，也感南大等校数十年亲情之恩。青出于蓝，而胜于蓝，金陵之光已融入南大、南农、南师之光，金陵血脉因已融入南大、南农、南师血脉而永远流传。我们缅怀金大的昨天，我们珍爱南大、南农、南师的今天，我们殷切期待南大、南农、南师更为辉煌壮丽的明天！

殊途而同归

——与池田先生的相遇与相知

很早就仰慕池田先生的大名，但有机会相遇并开始对话，是在 2005 年 12 月 13 日。初冬晴好的天气，牧口纪念馆周边为群山环绕，远处可见富士雪峰，树林五色斑斓。我们一见如故，从握手开始便敞开心扉，通过对话而逐步相知。

不到一年时间，我发现我们的国籍虽然不同，但彼此的经历与思想都有许多许多相似之处。

我们都是在战争中长大，而且饱经战祸苦难的那一代人。

我们都曾少年辍学，在社会底层从事卑微劳动，因而从小就同情劳苦大众。

在第二次世界大战后期，我们都曾服过兵役，但却没有打过仗。虽然是日本发动的侵略战争，但池田先生秉承创价前辈的良知，旗帜鲜明地反对不义战争，在这方面我们的心灵又是相通的。

我们都爱好文学，崇敬鲁迅；我们都敬仰孙中山、周恩来；都喜欢汤因比，都认识到树立正确历史观的重要性；还有其他许多相同或相近的志趣……

我们是幸运的，因为在人生的漫长道路上都曾得到良师的导引，特别是他们为世界和平与社会公正而奋斗的崇高精神，已经成为我们终生的指路明灯。

把"生命"作为"价值"核心的牧口常三郎先生，坚决反对日本对中国与亚洲的侵略战争。并且于第二次世界大战爆发之年创立创价学会，终于在 1943 年被捕入狱，1944 年以大无畏的英雄气概病死于狱中。当时，已经发展到 3 000 余人的创价学会，在军国主义的白色恐怖下几乎濒于瓦解。与老师同时被捕入狱的学会第二任会长户田城圣先生坚强不屈地活到日本战败之年，并且在狱中读完《法华经》，进一步理解"佛即生命"。出狱以后，他重新振兴创价学会，并且在 1956 年的机关杂志《大白莲华》上宣布自己的"协作与共存"理念："不能为了日本民众的幸福而牺牲其他国家民众的幸福，也不能为了美国民众的幸福牺牲日本民众的幸福。要实现一个世界人民都能幸福快乐繁荣的社会，在这样的社会中，每个人也都能幸福快乐"。1957 年，即户田先生逝世的前一年，他面向 5 万青年庄严地发表《禁止原子弹宣言》，这可以看做是创价学会从事和平运动的源头。

池田先生接任第三任会长以后，把创价学会发展与促进世界和平更为紧密地结合起来。他认为："我们要超越国家和体制的壁垒，播种和平与友谊的种子。希望通过这对话，通过信义之心，将这个割裂的世界连接起来。"他是这样想的，也是这样做的，满腔热忱，不辞辛苦，走遍世界各地，到处播洒和平与友谊的种子，呕心沥血为人间增添祥和。创价学会如火如荼的蓬勃发展，特别是创价学会国际组织（SGI）的正式成立，标志着创价学会已经成为世界和平运动的强大支柱。青出于蓝，而胜于蓝。池田先生为促进世界和平伟业而作出的贡献，已经极为出色地实现了老师当年的遗愿。

尽管我为世界和平所作的贡献不能与池田先生相比，但也有一位深受人们崇敬的老师——贝德士博士（Dr. M. S. Bates）。他于 1897 年出生于美国俄亥俄州一个传教士家庭。1916 年在本地哈莱姆学院本科毕业，随即得到罗兹（Rodes）奖学金到牛津大学专攻近代史，1920 年以优异成绩获硕士学位。就在这一年自愿接受教会派遣，来到中国南京金陵大学工作，直至 1950 年被迫离华返美，前后有 30 年之久。1946～1948 年，我曾就读于金陵大学历史系，有幸得到他的教诲与关切，给我留下颇为深刻的印象。

但是，贝德士老师对我的重要影响，并非在他生前而是死后。1988

年夏季，我利用学术休假前往耶鲁大学神学院图书馆查阅中国教会大学历史文献，无意之中突然发现贝德士博士的档案全宗，其中竟然包含他保存的 1937 年 12 月至 1941 年有关日军在南京大屠杀罪行的大宗实录。正是透过这些充满血泪与悲愤的文献，我才真正认识了自己的老师。

1937 年 7 月抗日战争爆发，金陵大学于 11 月全校西迁。贝德士其时尚在日本访问，奉校长之命赶回南京以副校长名义守护校产。他是南京难民区国际委员会（Nanking International Safety Zone Committee）的创建者之一，随后曾任该会主席。当日军在南京大肆烧杀淫掳时，他和这 20 余位外国人士组成的小团体，还有一些与他们同样勇敢献身的中国同事，夜以继日地从事救援工作，把难民接到安全区，千方百计为他们谋求住所与食物。他们不顾个人安危，努力救援那些在恐怖浪潮中历经苦难的受害者，常常在日军刺刀与华人受害者之间，用自己的恳求、争辩乃至身躯去保护难民。贝德士的信念是："宗教信仰认为善事是由于其自身的原因而值得去做，即令是在一个邪恶统治的世界。"他曾在南京最为混乱而又悲惨的日子里，对远处的友人倾诉心曲："我同其他人一样明白整个局势的严重与黑暗，在这里很难找到公理与正义。个人自身的问题早就有了回答。基督徒努力履行自己的职责，用不着为自己的生命担忧，只会为自己难以满足巨大的需求而感到愧疚。"

贝德士是真诚的基督教和平主义者，他的感情是超越国界的，他热爱中国人民，也热爱日本人民，当然也热爱美国与其他各国人民。他希望中日两国之间友好相处，更希望世界各国之间友好相处。他在日军残暴统治的人间地狱——南京，向全世界发出悲壮的宣告："给全球以和平，给人类以慈悲（Peace on earth, good will to men）。"他反对战争，但不是不分是非地笼统反对战争，而首先反对的是以强凌弱的侵略战争。1937 年夏，是他在日本最早发出日本侵华战争迫在眉睫的信息；1938 年初，又是他最早向全世界揭露日军在南京大规模屠杀中国平民的惨痛信息。还是他在 1946 年东京审判中作为证人为南京大屠杀的受害者仗义执言。他面对暴力而无所畏惧，鼓励人们："勿被邪恶征服（Be not overcome of evil）"，而且还要努力"以善胜恶（Overcome evil with good）。"正是这种伟大的精神力量，鼓舞着国际委员会这个小小的群体，为援救数十万南京市民而与日本侵略者进行不屈不挠的抗争。

贝德士不仅坚决反对日本侵华战争，而且还严厉谴责本国（美国）政府对日本军国主义的纵容乃至支持。他在 1938 年 11 月给友人信中诉说内心的悲愤："南京城内美国和平主义者生活的严峻特色之一，是连续几天亲眼看见成百架轰炸机群飞过的经验，有些载着美国装备，而且几乎全部灌满美国汽油。江面上连绵不绝的（日本）军舰是用美国汽油驱动的，公路上数以百计的军用卡车也是通用公司和其他美国厂家制造的。加以知悉其他在美国的和平主义者正在谴责，因为害怕得罪法西斯国家，（美国）断然反对通过国际合作走向世界政府蹒跚的第一步，反对取消与侵略者的经济伙伴关系，从而使世界上的弱国横遭蹂躏。难道善意对于他人还有什么胜于强权的实际意义？富国应该为大家的公益作经济调节，而不应以武装的贪婪掠夺他们弱势的邻居。"

正是贝德士老师留下的宝贵遗训，特别是他那崇高的人格魅力，指引我坚持不懈从事揭露历史真相与维护世界和平的正义斗争。1988 年以来，我参与北美对日索赔会的创建及其举办的各项活动。1991 年以来，我更花费大量时间与精力研究日军南京大屠杀罪行，不仅出版了许多重要论著，而且还多次应邀前往日本，与日本及其他各国众多有良知的人士一起，揭露日军战争罪行，维护第二次世界大战历史真实，通过多种形式反对侵略战争，争取世界和平。每逢参加这些活动的时候，我都仿佛听见贝德士老师的呼唤："给世界以和平，给人类以慈悲。"

我曾多次强调：我们回忆充满恐怖与罪行的往事，决不是为了复仇，而是为了寻求真理与伸张正义；同时也是为了汲取历史经验，用以教育人民，特别是教育青年一代。在 21 世纪的今天，和平与发展虽然已经成为时代的主旋律，但是战争的根源仍然存在，大大小小各种各样的战争在许多地区仍然连绵不绝，人类仍然在自相残杀，而迅速发展的高科技更不断推进这种残杀的程度与规模。因此，用历史来教育人民，唤醒亿万人民反对侵略战争并努力消除战争根源，乃是我们理应承担的时代使命。

正是这种共同的使命，驱使我与池田先生殊途而同归，由相遇而相知，携手合作为维护世界和平与社会公正而奋斗。我想，这不仅是两位老人之间友好结交的故事，也是我们共同举办这次研讨会的背景与宗旨。

寻踪樱花

——创价大学春季开学祝词

　　我对樱花情有独钟，特别是希望有机会在日本亲眼观赏樱花节的盛况，非常感谢创价大学与第三文明社为我与内人提供此次良机。

　　曾经在名古屋大学进修过的李雪梅女士，以诗一般的语言吐露自己观樱的感悟："樱的海洋是由一朵朵的花、一片片的瓣所组成，而一个个的日本人，从一朵朵的樱花里、一片片的花瓣上，潜意识地、隐隐约约地看到了自己，因而从内心的深处，萌生一种难以名状的感动、认同和共鸣。在樱花盛开的季节里，日本人会成群结队去看樱、去赏樱；人的潮、花的海，那花就是人，那人就是花。让人很难说清哪里是花，哪里是人。"（《日本，日本人，日本文化》）

　　李女士认为日本人与樱花之间有一种"绊"，即血缘一般的纽带与情结。我理解这种诠释，不懂樱花就不懂日本人。

　　记得抗战胜利后，我从中国军队退伍回到老家。由于老家房子既大又多，战时曾被日军强占作为营房，战败匆匆撤走之际在仓库中遗留一些乱七八糟的废弃物品。有一天，我的弟弟好奇，居然翻检出一台唱机与几张唱片。唱片已经旧损不堪，但有一张是李香兰大约在南京慰劳军队唱的歌，总算能听得清楚。歌词早已记不全了，只有一句却始终嵌入我的心中："生命如落花，睁开眼在战场，梦里回了家。"因为这一句反复出现好几遍，而且音色略显凄凉，具有较大的感染力。尽管战争有正义与非正义的区分，但作为也是退伍军人的我，对于日本士兵这种思乡之情与无奈之感，多少能够有所理解，而且确信那"落花"一定就是樱花。

樱花盛开固然是美，落英缤纷同样也是美，甚至在某种意义上更美。据说周恩来总理在中日恢复正常关系以后，曾想到日本观赏樱花但终于未能如愿。随后由邓颖超女士代表他实现遗愿，可能到日本时已错过樱花的盛期，但她却对遍地厚积的樱花赞不绝口，"壮美"两字正好点明了樱花的精魂。

在我的记忆中，晚清诗人对"落花"之壮美最为赞叹的当数龚自珍。其佳作《西郊落花歌》一扫惜春伤逝之类陈辞烂调，以雄奇昂扬的诗句赞美落花："如钱塘潮夜澎湃，如昆阳战披靡①；如八万四千天女洗脸罢，齐向此地泼胭脂。"诗人瞑目观照神驰"落花深四寸"的西方净土，并且引吭高歌："安得树有不尽之花更雨新好者，三百六十日长是落花时。"我不知道他是否见过樱花，但我认为这首绝妙好诗最适合于咏叹樱花。

当然，我们不应忘记，他在《己亥杂诗》中尚有佳句："落红不是无情物，化作春泥更护花。"这已经是从生命意志或生命冲动的角度，把落花的壮美提升到更高的思想境界。

我们也难以忘记，池田大作先生在第二届特别文化讲座《谈革命作家鲁迅》的精彩开场白：

寒凝大地发春华。

这是鲁迅先生的诗句。

经受了冻结大地的严寒，春花怒放。

人生、社会也如此。跨越重重考验，青年一代绽开胜利之花，灿烂馥郁。

阳春三月，对于我们是特殊的月份。在可爱的创价大学、创价女子短

---

① 昆阳，今河南叶县，以昆水之北得名。公元23年，刘秀歼灭王莽主力军于此。

期大学及创价学园接受熏陶的年轻英才们茁壮成长，3 月份毕业，振翅起飞。

当然，阳春三月作为特殊的月份，也因为新生是在此时入学。我和你们一样，一进校门便看见创价大学的美丽校园，特别是那满山遍野的灿烂樱花，到处都洋溢着人性的温馨，蕴含着生命的意义。到创价大学就是接受人本教育，就是寻求生命的意义，这与我为之服务终生的华中师范大学的宗旨正好相同。

同学们，希望你们珍惜在校学习时间，不仅学知识、学技能，更重要的是学做人。你们仿佛是雏鹰，抓紧锻炼自己的身心，养精蓄锐，蓄势待发，我们和在座的所有老师们一样，期待着你们未来的振翅高飞。

祝创价大学兴旺发达，成为覆盖全球的一流大学。

祝我们两校之间与两国之间永远和睦相处，友谊常青。

让我们共同努力，实现陶行知先生与创价大学三任会长的共同愿望：爱满人间。

寻梦无痕：史学的远航

似 水 流 年

岁月如歌亦如梭

百年校庆征文的题目是岁月如歌，我却常常感到岁月如梭。多少往事，历历犹在眼前，仿佛就是昨天。

我与华师可说有缘。1933 年父亲在汉口一家银行工作，但却住在文化氛围较浓的粮道街。我和姐姐读胭脂路小学，同住一屋的小舅则因师从余家菊教授而借读于中华大学，正好是古老的石板长街的两头。中华大学的校舍比较逼仄，也没有什么高楼大厦，但对我这个一年级小学生来说，却仿佛是高不可攀的山峰。

1948 年深秋，我与千千万万的民主青年（当时对蒋管区进步学生的通称）一样，满怀革命激情奔赴中原解放区。本来许昌市人民政府想留我们就地办报，但我却因为仰慕范文澜的大名，毅然前往刚解放的古城开封，进入刘、邓首长亲自创办的中原大学。中原大学虽然是借用河南大学的正规校舍，但由于我们到校较迟，只能住在临近贡院由考棚改建的简陋宿舍中。寒冬腊月，朔风呼号，大雪纷飞，我们盖的却是两斤半的薄棉被，和衣卧在土砖砌成的冷炕上，早上起来仿佛身上一点热气都没有。二野是四大野战军中最穷最苦的一支部队，我们穿的都是手织土布的棉军服，由于没有真正的染料，所以显得灰不灰白不白的。为了不给新解放区老百姓增加负担，我们吃的是远从东北运来的高粱面。那时火车未通，全靠手推小车长途运输，日晒雨淋大多已经变质，做成的窝头又黑又硬，枯涩无味，吃什么拉什么，故被称之为"铁塔"（开封名塔）。

但是艰苦的生活丝毫没有减低我们学习马列、改造思想的热情，校园中充满着青春活力与蓬勃生机。我当时朝思暮想的就是早日奔赴前线，"打倒蒋介石，解放全中国！"可是大军渡江，进军西南乃至解放海南岛，我一次又一次请战，一次又一次没有得到批准。学校领导说，全国就要解放了，要储备理论骨干，将来办新型正规大学。于是，我这个金陵大学本科三年级还未读完的历史系学生，就被留在研究室边干边学。老同志勉励我："别忘记这段啃窝头的艰苦岁月，将来回忆起来是一种光荣，一种幸福。"是的，我确实珍惜这些燃情岁月，那床两斤半的薄棉被随着我行军南下，带到武汉，盖了不知多少年，以后又先后成为两个女儿和外孙女的垫被。

到武汉以后，中原大学仍然保持着老区的革命传统，艰苦奋斗，勤俭办学。我曾担任过教育学院研究生会主席，老院长王自申经常握着我的手谆谆叮嘱："千万别忘记延安精神。"1950年初，中南局命令我们分赴中南5省进行教育调查，我带领一队学生到河南信阳、淮阳两个地区。当时铁路、公路都未畅通，经常要冒着北风严寒背着背包长途跋涉，有时起早贪黑一天要走百余里，脚都起泡，但是没有一个人叫苦退却。晚上打开背包睡在湿冷的地上，第二天一早打起背包又出发，就是这样在短短一个多月的时间里完成了两个地区十几个县的繁重调查任务。

1951年暑假，中原大学教育学院与华中大学、中华大学、湖北教育学院等校合并，于是又进入创办新型正规师范大学的战斗历程。那时办学规模突然扩大，教学任务繁重而教师人数又较少。我先后教过历史班、历史专修科、历史系本科、教育系的中国近代史、革命史，还要为全校公共课新民主主义论作辅导报告，有段期间一周要讲13节课。由于没有完成大学本科学业，只有硬着头皮上讲堂，把昨天晚上赶写出来的讲稿"现炒现卖"。由于只有二十来岁，历史班有的调训中学老师比我父亲年纪还大，连本科生也偷偷喊我"小老师"，所以总是感到压力太大，连睡觉也常做上课忘带讲稿的噩梦。幸好师生关系尚称融洽，学生经常宽容地给我许多鼓励，这才使我比较顺利地度过这段艰难岁月。

1953 年王自申院长不幸病逝，前中原大学教务长刘介愚接任党委书记。1954 年著名史学家、教育家杨东莼教授又奉调前来担任院长，学校的领导班子大为加强，教育工作日益走上正轨。1956 年掀起"向科学进军"热潮，校园内外不断举办各种科研活动，学术氛围也愈益浓厚。我也正是在这次浪潮中稍露头角，并且赢得学术界的青睐，从此开始了永无止境的史学远航……

此后值得回忆的人和事更多，但有一幕情景却使我终身难忘。那是在"文革"早期，我们这些桂子山上的"牛鬼蛇神"被集中在绿化组监督劳动。其中大多是老领导、老教授，如刘介愚、郭抵、武承先、张舜徽等，我则是"破格提拔"滥竽充数。当时正逢大旱酷热，眼看满山林木枝叶枯黄，真是心急如焚。但是人们正在热火朝天地"闹革命"，只有我们这些专政对象充当与少数坚守岗位的职工组成的"抗旱大军"。当时没有现时这种边喷洒边奏轻音乐的机动水车，大家肩挑手提把各处化粪池中取出的水浇在干渴的树木根部。骄阳似火，大汗淋漓，但我们暂时忘却横遭批斗凌辱的隐痛，在劳动中恢复了人的尊严与生活意义。我们不再破笠遮颜，垂头侧身，而是昂首挺胸，坦然地挑着大桶水去挽救桂子山郁郁葱葱的绿荫。花草林木也是生命啊！紧张劳动之余，我们坐在苗圃池塘边的树荫下休息，清风徐徐吹来，大家怡然自得。介公（刘介愚）操着不紧不慢的川腔说："再多坐一会儿，好不好！"那种知足常乐的幸福表情，给我留下永远难以磨灭的印象。

年轻的朋友们，你们知道桂子山是怎么由荒变绿的吗？你们知道桂子山的绿荫是如何延续半个世纪以上的吗？那是一代又一代桂子山人（特别是历届绿化职工）终生劳绩的积淀啊！1990 年 8 月的一个早晨，我在去美羁旅数年之前，又一次匆匆巡视校园，把被踩倒的紫藤一棵棵扶起，把缠附于树干枝叶的野生藤蔓细心扯掉，因为我深知它们的生命的意义。

请爱护桂子山的一草一木，请珍惜老一辈桂子山人的劳绩，请开创新一代桂子山人更大的辉煌。桂苑学脉，世代绵延；青出于蓝，而胜于蓝。是所至愿！

"失红"与"霸蛮"

——难忘的一课

1956年春天，"双百方针"的发表与"向科学进军"的号召，像温馨的春风一样吹拂着昙华林与桂子山的华师校园。科学研究之风与自由讨论之风蔚然兴起，遂使1956年成为新中国第一个科学的春天。

当时我正是"三十而立"之年，在教学之余撰写并发表过《试论太平天国的土地制度》《关于中国近代史分期问题》等文章，也到其他几所大学参加过学术会议，因此在比我更年轻的大学生们心目中便成为科学研究的"先驱者"（Pioneer）。正是在这年春季，1953年入学的历史系三年级学生邀请我为他们做"向科学进军"的报告。年轻的老师与年轻的同学很容易沟通，我的报告很快就激起他们探索新知的兴趣与热情，可以说我们都沉醉于这科学的春天的良辰美景。

但是，讲到快结尾时喉头突然一痒，我赶快用手帕捂住嘴唇，轻轻一咳竟发现唾液中布满血丝。我的心突然一沉，但看见同学们一张张充满信赖而又洋溢着青春活力的脸庞，我真不忍心让他们扫兴，强忍着咳嗽用铿锵有力的激情话语结束了报告。同学们热烈的掌声持续甚久，我却匆匆躲进厕所，忍不住又咳起来，未想到竟大口大口吐起血来。这是我平生第一次也是唯一一次大口吐血，心里有些害怕，幸好很快就停止了。由于年轻好胜，又不愿让学生为我担心，便装作若无其事的样子回到宿舍。稍为休息片刻，又到医务所看急诊。值班的冯医生很有经验，做过常规检查后安慰我说："别紧张，已排除肺病的可能，或许是运动时出力过猛，肺部若干毛细血管受到损伤，演讲时又过于激动，以至血管破裂溢血。"他只给我注射仙鹤草素止血，并未作其他任何治疗，说是只要注意休息并暂停激烈运动就可以痊愈。我将信将疑，但又注射过两次仙鹤草素以后居然未再咳血，教学与研究工作一切如常。

这件偶发事故，我没有告诉任何人，自己也没有当做什么大事。可是有天走进县华林校区大门突然遇见杨东莼院长，他喊住我，亲切地问："听说你最近'失红'？"没想到这个秘密竟被我最敬爱的老院长揭穿，我觉得颇为尴尬，但也只有点头承认。东老没有深究，只是慈祥地叮嘱："年轻人不要'霸蛮'。"那"霸蛮"一词是拖长着湘音说的，听来备觉亲切。我从小浪迹在外，当时还没有成家，是个愣头愣脑的书呆子，连句感谢的话都不会说就走开了。

可是，这偶然的相遇已成为我终身难忘的美好回忆，"失红"与"霸蛮"两个词语时时在耳边回响，前者体现出前辈学者的儒雅与礼貌，后者则是东老的乡土化本色。东老没有表扬，也没有批评，简洁的话语中流露真挚的关切与规劝。年轻人的拼搏精神是好的，但也要时时注意保护自己的健康，这就是我对"失红"与"霸蛮"的理解。

东老作为一个老教育家，并未对我的带病工作给以任何奖励或宣传，这是他对青年真正的关切。"拼命三郎"式的不惜损害健康以追求眼前功利，毕竟是不应该提倡的；如果领导者竟然以此等事例来渲染自己的"政绩"，那更是其心可诛！东老用简朴的话语给我上了极其生动而又深刻的一课，他那崇高的教师与校长风范伴我终生。

但东老也不是无动于衷，他对我最大的回报就是理解与信任。在华师任职期间，他每次接待外国学者来访，总要我陪伺在旁，让我很早就学会国际学术交流。1957年调往北京国务院与全国政协担任重要工作以后，他仍然没有忘记我，遇有重要而难度较大的学术性工作，往往借调我前往协助，把我引进一个更为广阔、更高层次的学术天地。

要爱学生，要爱学生，要爱学生！！！这就是师德，这就是老师的本分。我愿将杨东莼先生的谆谆教诲提供给年轻的教师们分享。

忆从坡

　　最近稍得清闲，翻检书柜积压文件，偶然发现 1987 年秋曹从坡写给我的两封旧信。

　　一封写于 9 月 4 日，内容是：

　　此刻听到上海台广播，说出了一本普遍发行的儿童知识读物，错误甚多，而印数乃 30 余万册，上海一地已销 12 万册云。因念《传稿》印数乃如此，可慨也已，未知有再版消息否？弟回通后，即又忙了几天，昨乃开始读《传稿》。友人某，已浏览毕，从而大主张研究。此君谨严有学问，已约同看市政协所存文革前老辈所写，约一百万字。（过去我为选编《南通轶闻》并序，在感觉单薄的材料中，仍看到不少罕见的材料，现在去看，不过披沙拣金耳。）明日将约穆烜等计议中心事。此事书记李亦大积极矣。

　　骨干人选亦渐有发现，风不正者也有，固难免，注意人和罢了。图书馆前些年有人把集团史二稿授中井，中井大抄，并以香烟二包为赞，随发表了有关内容。此次会议上空疏文章之由来类此。有图书馆某某与大生公司某人同具名关于张孝若一文，公司未告我和柔武而随车带去。柔武要不发，莫某又去绪武处，得通过，学熙遂发。香港慎微既到，以对外国人服务不佳与学熙言，乃自己出钱要送金陵。张氏对你的尊崇，由于你的声望、道德文章，以及操守之凛然。对我之不指点江山者，知我无所求也。我一直致力于团结，且待以礼，而绪武固知我不与电视剧之拍摄同调也。剧作者写传征订，不知江苏出版社之书号从何来也。

我们所要做的，目的是不为新的偶像崇拜者所滋扰，能出点好的史料和研究。《传稿》虽写一人，然此书实开一代风气。尊处如有可能，最好寄一本李锐同志处。他去年有信，曾提起张謇。去日苦多，此间事大有需努力之处，乞不时匡我。尊肃顺颂近祺！

另一封写于 9 月 16 日，内容节录如下：

11 日信于 16 日下午到。

通市接待准备好，市委市府诸同志礼仪亦属周到。野泽丰先生在三厂听我说海门山歌好，便要听。于是三厂、常乐都有人唱了，添了些下乡的色彩。山歌手都很不错，南通所无。

中心工作正酝酿中。去年我们曾有迁入故居（博物馆）之议，其时穆炟说馆里现在乏人有兴趣做研究。弟意此一时人事状况耳，故近日又有此想。经费问题，当谋蘖之。近年扬桐仍积极下功夫，现在市委组织部的小卜（会上有关于教育的论文），素质好，已于明勋同志商量调充骨干。师专周月思、纺院张廷栖此次均有文章，一是副教授，一有教授（高级）职称准备，将由中心聘为研究员（此名义系商之学熙，他如此主张的），作为第一批。现在图书馆中二人，学熙过去建议充当中心主要骨干，似乎是从取资料方便考虑的。

大生主人似乎视研讨会与电视剧等，以为都是宣传而已。于是香港来的某某，一晤学熙，即对海外学者之接待有指摘，一面开支票，似以为学熙不必尊重。与学熙同来南通之某兄，此又向某某县长征款一万至一万五，谅亦类似学熙募款建基金会之意。弟意见，今后中心可另设法经费，不宜采上述办法也。

来通多住些时，极好，此系明勋所甚欢迎也。书（指《张謇传稿》——沅），我有了两本，副市长王湛来夜谈，给了他一本，学者也。

李锐同志，我去年今年去信，都寄中组部；他来信，也是中组部信封。现中组部已大改组，当然不会去了。报上消息照片，都说是中顾委，想是中央委员兼顾委？是否寄请中顾委转？去年我有一篇文章载《人物》，曾请《人物》编辑部寄给他一本。回信（刘冬青同志复）云，她们是经常寄给（送）《人物》的，大约有通讯处。

　　专肃谨颂

　　时祉！

　　又及：《传稿》大可为我辈法。论垦区事极当。会上有人认为"天地之大德曰生"是关心民生，若以码头"利用厚生"四字比照，可认为包含这意思。但王夫之也同样说过这话，似乎主要是变易观点也。尊意云何？

　　这两封信写于1987年8月下旬在南京举办的第一次张謇国家研讨会闭幕以后，所以谈得较多的是有关提交会议的论文组织、接待工作等会务问题，而着笔更多的则是有关张謇中心筹建的一些思路。文如其人，从坡对张謇研究的满腔热忱，工作作风的扎实细密，以及对人对事的宽厚而又有原则，都显现于字里行间。

　　这两封信引起我很多回忆。

　　对于从坡，我是先读其文，后识其人，可以说是神交于前。1961年纪念辛亥革命50周年学术会议以后，围绕着徐崙在《文汇报》发表的《张謇在辛亥革命中的政治活动》一文，在上海和南通地区都引发了相当热烈的争论。在这些争论文章中，我最欣赏的是从坡的《张謇的悲剧》一文。其严谨的学风、绵密的思路、冷静的论析以及文字的醇雅老到，都给我留下了深刻的印象。人们不难发现，我在1963年春发表于《历史研究》的《论张謇的矛盾性格》，就观点和思路而言，与从坡的文章相通之处颇多。其后，台湾著名学者张朋园在1969年出版的《立宪派与辛亥革命》一书，也深刻地指出："张謇在求变的社会里，是保守中的进步者，所以他的思路不断有所改进。但他的出身背景和士大夫意识，又使他在进步中不忘保守……总之，积极的进取与保守的影子无时不紧随着他。"我从矛盾性格，朋园从两重心理，说明张謇"悲剧"

产生的缘由，可以说是分隔海峡两岸的历史学者所见略同，而这种看法实由从坡发其端。

我是在 1962 年 9 月下旬在南通初次见到从坡的，当时他已是副市长兼市委统战部部长（原任市委宣传部部长），并且有较长期的革命经历，而我却不过是师范院校的一个普通年轻讲师。可是他言谈举止的儒雅与平易近人的作风，顿时拉近了彼此的距离。他相当忙碌，所以主要靠穆烜接待，而穆烜也同样是诚朴和蔼。从工作到生活的安排，都可以看出他们对我的接待是多么细心周到。当时还收藏在市委革命史料编辑室的张謇未刊函电及扶海垞辑藏的来函汇集等珍贵资料，都是经由穆烜热情主动地为我一摞一摞抱来的，并且不厌其烦地作具体的介绍与指点。1962 年国民经济困难仍未完全消除，看到他那消瘦而略带憔悴的面容，我的内心充满感激与歉疚，因为我的到来又增加了他的额外工作负担。除原始资料有求必应外，还安排到有关历史遗址参观，并让我住在张謇早先创办的旅馆里，以便感受更多当时的历史情境。也是由于他们的引见，我有幸结识了费范九、管劲丞、徐海萍等对张謇了解较多的长辈，或个别会晤，或导引参观，或举行座谈，为我提供了不少课本上没有的历史资讯。费范九一见面就关切地询问钱基博先生的政治处境，倾吐了江苏知识界对乡贤的深情；管老在幽雅的私宅庭院里与我品茗叙谈，并从攀附院墙的藤蔓上摘下紫色扁豆一把相赠，嘱我种植在宿舍墙边以供欣赏；徐老则详谈更俗剧场历史沿革，仿佛白头宫女讲天宝遗事……这些都永远留存于我的美好记忆之中。

世局多变，再见从坡已是 14 年以后。大家都已逾知天命之年，劫后余生，恍若隔世。但我们并未叙谈"文革"中个人所经历的凌辱痛苦，而是满怀信心地讨论如何重新推动张謇研究。从坡虽然已不再担任市府领导，调到医学院当党委书记，但他对张謇研究的热情一如往昔。穆烜则已出任博物苑书记，更是全力推动张謇研究。间断 10 余年的张謇热首先又在南通引发。我们和南京大学严学熙等热心人士一起策划成立张謇研究中心，并且决定 1987 年在南京大学举办首次张謇国际学术研讨会。为了迎接这次盛会，我还应中华书局之约，争取在会前修订出版《张謇传稿》。

我从1984年起担任华中师院（次年改名华中师大）校长，校务的繁杂使我很难潜心修改书稿，于是又求助于南通这些挚友。1985年深秋，我暂时摆脱校务到南通全力投入定稿工作。体贴入微的从坡，安排我住在离市图书馆较近的供销学校招待所。招待所是一座两层小楼，离教学区较远，而且又只我一个人借住在楼上。宽敞明亮的客厅摆满盛开的菊花，推开后窗便可看见一大片菜地，稍远林木葱茏处则是张謇安息于斯的啬公墓园。伏案之余，往往在傍晚到园内散步，游人多已离去，只有我独自享受这无边无际的静寂，而且经常可与传记主人公作心灵的对话，这是我一生中的最佳写作状态。所有这一切，都不能不归功于从坡的用心细密，难道还有比这里更好的张謇传撰写处所吗？

首届张謇国际研讨会开的非常成功，从坡为此感到极大的欣慰。但他并不满足于这一堪称良好的开局，而是专注于思考如何进一步推动张謇研究的持续发展，而首先就是如何把南通张謇研究中心办成名副其实的学术实体。信中涉及到对于一些人和事的评论，这都出于公心的工作计划，而丝毫没有夹杂个人意气。"注意人和""致力于团结，且待以礼"，乃是从坡一贯待人处世的原则，所以能调动更多的人同心合力。对于个别张氏族人的批评，我亦有同感。由于回国张氏亲属为数众多，而且隶属若干国籍，社会文化背景各异，人品作风差别更大，所以个别人的颐指气使亦不足怪。从坡是有骨气的，国格寓于人格，嗟来之食宁可弃之若敝屣！所以信中有"今后中心可另设法经费，不宜采上述办法也"等语。这就是于细微处见精神，可以显现从坡外圆内方的人格魅力。

信中还说："绪武固知我不与电视剧之拍摄同调也。"所谓"电视剧"指的是《杜鹃啼血》电视片，此片以虚构成分甚多的张謇与沈寿的爱情为主线，商业化、庸俗化的味道太浓，所以我们都看不下去。同时，从坡也强调"不为新的偶像崇拜者所滋扰"，反对任意溢美拔高，把张謇视为十全十美的圣贤。我想从坡这些主张不仅符合历史唯物主义，而且也符合张謇的固有思路。那就是他在1925年南通追悼孙中山大会上说过的一段话："然能举非常大事人，苟非圣贤而贤哲为之左右，必有功过互见之处。鄙人愿我国人以公平之心理，远大之眼光对孙中山，勿爱其长而护其短，勿恨其过而没其功，为天下惜人才，为万世存正论！"

　　此次会议以后，我由于校务工作太忙，加以国际学术交流频繁，与南通友人联络渐少。直至中华书局建议我出面编辑《张謇全集》，自觉才力与精力都不足以承担此项重任，于是又商请南通诸友共同推举从坡主持其事。1990 年应邀赴美讲学并合作研究，不料海外羁旅前后竟逾十年，未能为《张謇全集》工作略尽绵薄。及至学熙以病弱之躯携 6 卷《全集》赠我于南大客舍，而从坡已仙逝逾年，未几，学熙又随之而去。他们都是张謇研究披荆斩棘的先驱，但都未能看到张謇研究进入 21 世纪以后的辉煌。真是时也！命也！

　　愿我们以更大的努力促使成熟的张謇学翩然到来，以告慰于邹强、从坡、学熙等这一代的先驱者的在天之灵。

孟浪少年游

我 11 岁那年（1937），由于日军侵犯上海南京，逃难跑到四川。第二年秋天，以沦陷区学生身份进入国立九中，享受政府"贷金"待遇，在极其困苦的条件下读到高三上。

九中位于四川江津德感坝，这是一个贫穷落后的乡村，除校本部（女生集中于此）是新建的简陋校舍以外，其余初中三个分部、高中一个分部都是利用山间古老的祠堂作为宿舍，再用竹片、泥土、茅草搭盖一些勉强蔽风雨的教室。但师资阵容和图书条件却很强，因为安徽大学迁入四川后无力复校，许多老师只有屈就九中教职，丰富的大学藏书也被我们这些中学生任意享用了。

整整 5 年，我就是在这样的环境中度过自己孟浪的少年时代。丢人现眼的往事倒是甚多，可圈可点的业绩几乎全无。《长江日报》要我回忆小时候的情况，真是不知从何下笔，只有写琐事数桩，或许能引起今天青少年读者的若干兴味。

一、早就名列"老九"

初中时代，我们这些无家可归的小难民，从四方八面聚集在一起。当时还没有"三青团"，国民党也顾不上加强控制这些偏远的中学，我们倒是生活在一个比较宽松的环境中，既无父母的教导约束，老师也多少有些放任。渐渐地，在我们中间，自发形成了若干群体。有些年龄稍大的同学，结合在一起办墙报或演戏。有些同学或则由于是同乡、同学，或则由于是亲戚、世谊，也有自己的小圈子。还有些同学是从重庆保育院来的，他们的衣服被褥比较整洁，举止行为比较规范，但思想也比较正统，常常站在校方立场。他们很自然地形成一个稍微特殊的群体。可能是由于有些忌妒，也可能是由于不自觉地把对现实的不满发泄在他们身上，我们这些破衣烂衫的野孩子，常常怪腔怪调地学着他们唱："我们的妈妈宋美龄，我们的爸爸蒋委员长。"好在那时政治斗争还未延伸到乡间中学，他们也确实较有教养，对我们"犯而不较"，所以大家还能和平相处。

由于我在这个以安徽人为主体的学校属于"外籍"，又无同学、亲友可资联络，遂成为游离于上述群体之外的边缘人物。但类似我这种情况的孩子也不甘寂寞，同班大约有 10 人左右也常常泡在一起，课余或爬山游水，或抓鱼摸虾，与大自然融为一体，倒也有若干生活情趣，几乎忘记祖国大片土地上仍有炮火硝烟。

我们这 10 个孩子毫无团体观念，相互之间并无任何约束。但有一天晚间突然产生通过比武排定位次的念头，于是跑到校外一个山坡上摔跤。那些大孩子个个能武善战，很快就取得老大、老二、老三之类的显要名位。我年龄最小，发育不良，瘦小体弱，加以从来没有与人打架的经验，所以一次又一次被摔倒在地，眼看从老四到老八的名次都被别人抢走了。最后只剩下我与一个曾患小儿麻痹症的孩子比武，好歹总算赢了，此后即被称为"老九"。不过当时大家毫无争权夺利之心，也缺乏上下尊卑观念，所以虽然名列第九，并无任何"臭"的感觉。

二、探寻"鬼火"秘密

我们这十来个孩子，在班上虽然属于"非主流"，但倒也循规蹈矩，认真听课，并非"为非作歹"之徒，所以老师多能给以宽容。课外时间，清贫的老师忙于全家的生计，除早晚自习雷打不动外，其余任凭我们自由活动。那时的农村，连电灯都没有，晚间只有其光如豆的桐油灯盏照明，自然谈不上听广播或看电影。所以只要不是下雨天气，我们这些"大自然之子"，晚间就寝以前多半要跑到宿舍附近山林间嬉戏。

由于我们住在祠堂，所以附近山坡都是大片大片的坟地。白天，特别是晴好的冬日，我们总爱躺在坟头草地上晒太阳，仿佛美国阔佬冬季总爱到夏威夷沙滩上享受阳光的温暖。晚间，特别是炎热的夏夜，我们常常坐在坟边看星星，吹口哨（唤风），讲鬼怪故事。我们年龄太小，而且与家庭隔绝，对什么是死亡很难有所理解，常常觉得这些坟内的人们仍有感应，可以与我们友好相伴。

但是也并非完全没有恐惧之感。夏夜结伴在野外游玩时，经常看到远处有一团一团的绿色光焰，浮移不定，或聚或散。我们已学过自然课程，一知半解地认为可能是尸骨所含磷质挥发现象，但也有些孩子认定是"鬼火"，并列举其某些长辈的亲身经历作为证明。于是我们决定玩一次考察性的游戏，办法是白天在鬼火出没的山头插一块画有暗号的木片，晚间轮流去取回木片，并报告考察鬼火的实情。也许是大孩子们"耍奸"，决定此次行动一反常规，改为由小到大轮流前往。但"耍奸"中也流露出几分忠厚，考虑到"老十"晚间行走不便（两腿长短不一），便由"老九"首先出马。

我从未受过"第一"优先待遇，对此自然受宠若惊，而且这个游戏又是如此有刺激性，便高高兴兴答应了。幸好我去的那个夜晚月明星稀，轻轻松松便到达目的地，拿起木片然后去考察"鬼火"。我发现"鬼火"并非从坟墓中散发，而是在附近池塘边和洼地里漂移。我走近那些闪着星星点点光焰的"鬼火"，伸手想抓点什么好回去交差，但笨手笨脚又有点胆怯，只有两手空空（除了那块作为信物的木片）回来。

去时由于太兴奋，竟忘记害怕。回来时莫名的恐惧却陡然袭来，无常、牛头、马面之类的影子仿佛就在近旁。微风吹得竹林沙沙作响，行走间自己脚跟着地的嚓嚓声仿佛有人追随，你走得快，他走得快，你走得慢，他走得也慢，简直是紧跟不舍。我硬着头皮前行，或干咳数声，或唱歌壮胆，但就是不敢回头张望。及至跑回宿舍附近，已是满身大汗，衣裤全湿。木片已证明我的诚实和勇敢，"兄长"们对我慰勉有加，尽管此行未能解开"鬼火"之谜。接连几天，"兄长"们纷纷出动，但大多徒劳无功如我。直到有一天，"老大"或者"老二"带回一粒"鬼火"，竟是一个萤火虫，这才恍然大悟。此后，我们经常玩这种又害怕又有趣的游戏，而且每次夜行人回来，总要编织若干途中所遇恐怖故事，并且夸说自己如何如何勇敢。

我不大相信"兄长"们勇敢的故事，却又没有足够的勇敢去摸摸他们的衣裤汗湿了没有。

三、"老马"与"俾斯麦"

"老马"是我们初中数学老师兼班主任。

他并不姓马。只是由于爱唠叨，经常说"我是一匹老马呀，你们都是小马"，于是我们就在背后喊他"老马"，以致现在把他的真实姓名都忘记了。只记得他是北师大毕业的，带河北乡音，经常穿一件洗得发白的印丹士林长袍，朴实而又和蔼可亲。

管理这些离乡背井年幼难民学生很不容易，除学习外，衣食住行乃至健康、游戏都得操心，何况生活条件又是那么艰苦。记得有次高中几个大同学惹怒了江边船户，帮会和某些歧视外籍人的本地人士乘机联合起来，鸣锣聚众，揭竿而起，高呼"我们上流民族（四川人自称）团结起来，把下流民族（指外省人）赶出去"！他们酝酿攻打我们的高一分部（男生），我们初一分部虽未在外惹事，但由于距离高一分部太近，大有殃及池鱼之忧。"老马"非常担心，关紧祠堂大门，作各项应急准备，向我们谆谆告诫："我是一匹识途老马呀！你们都是小马。年轻人火气旺，好胜心强，容易闯祸，吃亏的还是自己。"这次我们倒没有偷偷取笑他的口头禅，而是久久记住他那慈祥而又凝重的面容，一直到今天。

每逢想起这位老师，我都深感内疚。我们不该给他起"老马"的绰号，反而忘记了他的真实姓名。常常向年轻人絮絮叨叨的讲自己的人生感悟，年轻人多半会礼貌性微笑着聆听，但如今我也早已成为"老马"了，那些曾经追随我的"小马"们背后又会如何调侃我的呢？

"俾斯麦"是我读高三上时的世界史老师，还兼我们高一分部训导主任。他本来好像姓魏，山东人，身材魁梧，声音洪亮。德国铁腕宰相俾斯麦是他在课堂上推崇备至的大英雄，而且把 Bismarck 念成乡音浓郁的 Beismarkai，所以我们便称之为"俾斯马凯"。在课堂上，除了用山东腔调念外国名字常常引起我们窃笑外，他确实讲得枯燥无味。但是，他的到来显然是有政治背景的，因为高一分部是九中学潮的策源地，而我们高三上又被认为是最调皮捣蛋的班。

当时我还不满 17 岁，正处于躁急好动的青春。1941 年"皖南事变"以后，国民党政府加强对于各级学校的控制，就连僻处乡间的九中也不能幸免。宪兵、特务、三青团出没于校园，学生的不满与抗议日益增长，我的田园牧歌式的童年生活也就随之结束，而且成为"俾斯马凯"们眼中的"害群之马"。其实我当时毫无政治认识，只是由于爱发牢骚，又曾在墙报上发表过两幅批评学校当局的漫画，便被他们认为是可疑分子，必欲除之而后快。

有一天，"俾斯马凯"利用他上课的时间，突然拖长山东腔调宣读我的一篇"周记"（学生每周写一篇日记，交给语文老师批改）。我自幼爱好文学，作文一向得到老师好评，却没有想到此次居然因文惹祸。我在周记中描写有一群白鸽在蓝天飞翔，不时把悠扬的鸽铃声洒布人间，有人讨厌这鸽铃声干扰清梦，于是用吆喝、挥舞竹竿乃至施放火铳等方法加以驱赶，但是鸽群依然在晴空遨游如故，悠扬的鸽铃声继续洒布人间。"俾斯马凯"读完我的作品之后，突然大声问道："你说这是什么意思？你认为这里不自由吗？"最后他把"铁腕"一挥，以雷霆万钧之势怒吼："要自由就到莫斯科去！"

犹如一记闷棍打得我晕头转向，因为僻处乡间连报纸都看不到，我根本不知道什么"国共纷争""皖南事变"之类热点新闻，连延安都不清楚，怎么会想到要投奔莫斯科去拿卢布。我刚结结巴巴为自己辩护了几句，马上就有少数几个同学对我进行"围剿"，包括那位曾经在宪兵团当过号兵的已二十多岁的班长，他们当场揭发我何时何地还讲了些什么，写了些什么，画了些什么，总之都是别有用心，并非年少无知。我只能以沉默表示抗议，其余的同学则成为"沉默的多数"。幸好批判者只寥寥数人，而且除班长外都缺乏慷慨激昂的情态。"俾斯马凯"仿佛怒气渐消，吩咐我重新坐下听课。我的头脑乱哄哄，根本不知道他后来讲些什么，只听见"Beismarkai"的名字不断在远处呼叫……

就在这学期结束时我被勒令退学，此后从一个难民学生变成孤苦伶仃的流浪儿……

50 多年已经过去了，往事如烟，岁月早已化解了昔日的恩怨，我不知道"俾斯马凯"先生是否仍还健在？是否还记得当年我这个孟浪少年。我真想听您再说一声"Beismarkai"，老师！

开卷有益

我从小爱读书，又幸而有书可读，但却谈不上什么家学渊源，更没有什么读书计划。

父亲很忙，每天早出晚归，子女又多，除对作为长房长子的大哥略予教诲外，对我们这些"二等后裔"基本上是放任自流。但是他的书橱中却不乏有趣的书，其中有些显然是为孩子们买的，如开明书店《小朋友》之类的书刊。丰子恺的画和冰心的散文，使我浸润于美与爱的世界。书橱中更多的是大人看的书，我有时也偷偷翻阅。除鲁迅的《故事新编》《朝花夕拾》外，较吸引我的是林纾译述的西方小说，如《茶花女》《三剑客》之类；虽然是不大看得懂的文言文，但基本上可以了解故事情节和主要人物性格，为以后阅读西方文学作品提供若干方便。

大哥单独住在祖父那幢楼上，他有自己的书橱并且有钱买自己喜爱的书。我在课余常去翻阅，他有时也慷慨地把书借给我带回来看。除《西游记》《封神榜》等神话小说外，我最爱看的是武侠小说，如《彭公案》《施公案》《七剑十三侠》等，常常看得如痴如醉，连吃饭都忘记了。由于是大家庭，小孩一大堆，长辈们根本不知道我看的是什么书，还以为我是勤奋好学，亲昵地谑称为"书呆子"。

这些令人痴迷的武侠小说常使我流于荒诞，譬如整夜含一颗橄榄核"练功"，幻想成为随一道白光隐遁的剑仙；或是把铅笔头锯碎咽下"炼丹"，指望能产生什么特异功能。但是这些书都促使我养成爱读书的习惯，同时也丰富了我的想象力，并且或多或少增添了若干阳刚侠气。我的老家在江南一个县城的近郊，高高的院墙把我与外在的世界隔绝。课余生活很单调，没有电影可看，更没有现今业已普及的电视和游戏机，唯有读书丰富了我的童年生活，增添了不少情趣和色彩。

但是好景不长，抗日战争的爆发迫使我们随着难民潮逃到四川。父亲由于工资低，养不活这么多子女，便采取化整为零的方法，把我们分别送到几处可以享受政府"贷金"的学校。我很幸运地进入条件较好的江津国立九中，从初一读到高三。那里不仅有一位学者型的校长——曾在法国攻读哲学的邓季宣教授；有许多优秀的老师，其中有些曾在安徽大学任教；还有比较完善的图书馆和实验设备，那是由西迁复校未成的安徽大学借用的。学校设在偏僻的乡村，教室和宿舍大多是聊避风雨的简陋竹泥棚屋，晚上只有用桐油灯草照明。伙食更谈不上什么营养，吃的是霉烂且混杂稻壳、稗子、沙石、米虫之类的所谓"八宝饭"，而且经常难以填饱肚皮。但是，精彩的课堂教学与丰富的图书却为我们提供了足够的精神营养，使我们淡化了离乡背井与生活困苦带来的悲愁。

在九中的图书馆中，最受欢迎的是上海商务印书馆出版的《万有文库》。由于是纸皮平装的小开本，纸张又比抗战期间内地出版的书籍洁白坚实，便于随身携带在寝室内外阅读，喜爱课外读物的同学几乎是人手一册。《万有文库》把我们这些少年读者引入知识的海洋，从文、史、哲、经到天、地、生化，从亚里士多德的思想到爱因斯坦的相对论，尽管生吞活剥，似懂非懂，却也增长了不少见识，特别是激发了强烈的求知欲。在那些年月，特别是高中时期，课余最大的乐趣，就是把书本上获取的点滴知识，用于与自然现象相印证。中午到田间观察小麦叶上的霉菌，晚上躺在山坡草地上寻找喜爱的星座，或是跪在远处坟山上捕捉"鬼火"，看看究竟是浮游的磷光还是萤火虫。有时我们竟好像生活在古代的西方世界，文静时模仿希腊群贤的滔滔雄辩，狂放时又效法罗马角斗士的搏击角力……

但是这种田园牧歌式的中学生活未能划上圆满的句号，眼看就要毕业时我却被校方视为不安定因素开除了。由于连肄业证书都拿不到，无法考上可以享受"贷金"的公立大学，只有到重庆投奔正在药专读书的大哥。大哥也是靠"贷金"度日的穷学生，哪有力量帮助我，无非是饱一餐饥一餐地在学校大食堂里吃"混饭"。白天大哥和同学们上课去了，空洞洞的宿舍只剩下我孤身一人，无助和失落之感陡然袭来。幸好大哥书架上有许多装帧精美的书籍，每天伴我度过寂寞。大哥原来在国立美专学画，后来因为考虑到毕业后谋生需要才转行学习制药，但他仍然珍藏着过去购买的美术书籍。我最爱看的是多卷本的中国绘画史，那一代代杰出的画家，他们的作品及其人品深深地吸引着我，使我初步认识到艺术不仅有技法层面还有意境层面，每幅流传下来的名作都有其丰富的文化内涵。正是这些书填补了我精神上的空虚，使我从一个浮躁浅薄的少年逐渐成熟起来，开始用较为深沉的理性眼光来观察人生与社会。

大哥实在无力接济我，我也不愿继续过这种寄生生活，便设法进入一个专门收容沦陷区难民学生的两年制计政专修班。但还未读完一年，便因为与军训教官激烈冲突又被无理开除了。不过我在这个班倒也有些收获，那就是在课余阅读了一大批 19 世纪俄国文学的经典名著，我们这代人很多是吮吸着俄罗斯文学乳汁长大的。再次被开除以后，不好意思回到大哥那里，便经人介绍到一艘从重庆运米到泸州的大木船上打工，那年我才 18岁。船上除一个会计略有文化外，其余船工都是文盲或半文盲。由于仓促上船，我忘记带任何书籍乃至纸笔，因此成为无书可读的读书人，人生的痛苦大概莫此为甚吧！幸好船上还有别人抛弃的两张旧报纸，便成为我每天辛苦劳作之余的仅有读物，从头版头条读到末版末条，连每则广告也逐字逐句琢磨，以致有的船工以为我发了神经病。

但是无书可读却使我学会读社会生活这本大书。我在困顿无奈之际想起了高尔基，想起了曾经读过多遍的《我的大学》，觉得自己的处境很像年轻的高尔基。我甚至为自己感到庆幸，能有机会在社会底层与这些善良质朴而又粗犷豪放的劳动者同舟共济，川江上游的险滩恶浪把我们的命运紧密地联结在一起。我与威风凛凛的老驾长（舵工）、伶牙俐齿的号子领唱、忠厚老实的厨子以及十来个纤夫，逐渐建立友谊，并且仔细观察他们的形貌、举止、语言乃至内心世界。过去读过的《水浒》之类小说又复映现脑际，我在他们身上仿佛看到一些梁山好汉的影子，虽然他们并未从事劫富济贫，但却不乏江湖上的侠义与豪情。

谈了这么多往事，读者也许会感到迷惑，读这些书与你以后从事历史研究有什么关系。我要如实坦陈，少年时期我从未想过要做一个历史学者。但是，我至今仍然受益于当年所读过的那些有字的和无字的书。

一是养成了良好的读书习惯，虽然不如古人所云"一日不读书便觉面目可憎"，但至少总觉得读书是每天不可缺少的功课。

二是提高了文化素养与写作能力。前人说，文史不分家。史学同样需要文采，需要艺术魅力。我的著作稍有可读性，与此有关。

三是学会了体验人生，观察社会。这样便有利于理解和阐释历史上的人和事。

当然，更重要的还是书给我以精神力量，是书中那些英雄为我树立榜样，是高尔基那样的作家激发了我对真理的不懈追求，出污泥而不染，虽贫困而不失生态。回顾平生，无论是在多么苦难的日子里，最值得留意的还是过去的读书生活。

当前风气日趋奢靡，一些事业有成且前途无量的年轻人，把大好时光消磨于酒食征逐、声色犬马之中。这是对生命的自我摧残，如果每天抽些时间多读些有益的书，岂不更加有利于自身完善与造福社会！

值此千禧年到来之际，谨以一句老话奉献给读者诸君：

开卷有益！

武汉情缘

我似乎命中注定要在武汉住一辈子。

1932 年，也就是长江大水灾之后的那一年，由于父亲参与豫鄂皖赣四省农民银行的筹建，我也随同来到武汉，借住在粮道街古老而又阴暗的民宅，并且在胭脂路小学读一年级。那时班上只有我一个外地学生，因而成为本地学生"欺负"的当然对象，曾被大孩子从山坡上推下，把右臂跌伤，至今仍有隐痛。武汉小学老师上课人人手执教鞭，不仅威慑精神，且常接触肢体，那寒冬腊月冻手挨重鞭的滋味真是终生难忘。

因此，我不喜欢武汉，两年以后回到故乡，从未想过再来武汉。

但是 1937 年抗战爆发了，这年深秋（或初冬）我们全家随着一拨又一拨的难民潮再次来到武汉。不过这次是暂住等待上水船，很快便到四川去了，对保卫大武汉的轰轰烈烈场面无缘目睹。

抗战 8 年都是在四川度过的，因此我对四川感情特深，一向视之为第二故乡。由于时过境迁，对于童年曾经居住的武汉，印象已经非常模糊，说不上什么喜欢不喜欢。

但是，想不到革命洪流却使我重新进入武汉，而且是嵌入式的进入，从此便终身定格在这中部大城市，仿佛已经被焊接在钢板上的铆钉。

当然，我起初也并非心甘情愿留在武汉。进军大西南，解放海南岛……但凡有什么可以乘机离开武汉的壮举，我都曾满腔热情报名参加，不过每次都以失望而告终。"组织"不止一次严肃地告诫："别再胡思乱想，在新的历史时期，你的任务就全心全意参与建设新型正规大学。"我们这一代人，"组织"观念特强，只要是"组织"的决定，我们必然坚决执行。就这样，我一头扎进华中师范大学，至今也整整服务了半个世纪以上。

所以，1995年春，香港《星岛日报》曾发表一篇特约记者的专访，标题就是"革命为章开沅选择职业"，并且故弄玄虚地说："章开沅一生充满偶然。"我则自我调侃："我与史学是包办婚姻，先结婚，后恋爱。"是在长期工作中产生了极为浓厚的感情。对于武汉，我似乎也是别无选择，先落户，然后在长期的工作与生活中增进了理解与热爱。

是在武汉，我开始了教学与研究生涯，从一个未完成大学本科学业的幼稚青年，逐步成长为一个比较成熟的历史学者。

是在武汉，我找到自己的终身伴侣，生儿育女，同欢乐，共患难，相伴相随，白头偕老，堪称是幸福美满的家庭。

难忘昙华美，未了桂子情。无论是昙华林的老校园，还是桂子山的新校园，都是我梦魂萦绕的精神家园。那一草一木，一砖一瓦，都铭刻着百年沧桑，记录着世纪风云，凝注着多少代师生的心血与智慧……都是我心灵深处的最爱。

半个世纪以上的岁月，已经把我的生命与学校融为一体，更延伸而与武汉融为一体。武汉是辛亥革命首义圣地，我终生研究辛亥革命，把国外的辛亥革命研究引进中国，又把中国的辛亥革命研究推向世界，与众多本地学者一起促使武汉成为名副其实的辛亥革命研究中心。我还协助市、区各级政府努力发掘辛亥革命的历史文化资源，为建设文化武汉并把这个名城装点得更靓更美而呕心沥血……

前些年，我曾经说过一些似乎冷峭而又刻薄的话，如"热干面水平""对武汉没有归属感"之类，可能使一些老武汉听来刺耳。但平心而论，这是爱之深而责之切，我唯恐武汉失去当前的大好机遇，因而便常用激将法催促武汉加快前进的步伐。武汉人常有失落感,有时甚至流于愤愤不平。武汉处于长江中游、内陆中部,既非东南沿海,又非辽阔西部,似乎很难成为人们关注的焦点。然而,事在人为,贵在自强。我常说:"我们身在中游,但应该力争上游,千万不能有中游思想。"中部与中游自有其区位的特定优势,我们就是应该在东西之间,沿海与内陆边疆之间,大做"中"字文章。武汉就是武汉,我们应该虚心学习一切先进地区的经验与长处,但我们终究要根据本地区的主客观条件,制定切实可行的社会整体协调发展的规划,坚定不移地、奋发有为地走武汉自己的道路。

作为老市民,我们不能只是口头上高呼"热爱武汉",应该以实际行动,以自己的诚实劳动与全部心血来关爱武汉、建设武汉。这些年,经日本著名学者野泽丰诸教授与我们共同策划的推动研究武汉的国际交流活动正在逐步展开。在东京出版的《近邻》杂志第43期已辟有"武汉研究特集",并发表多篇中日知名学者的文章,如我的《武汉呼唤研究》,陈锋的《武汉大学的武汉史研究》,朱英与章博的《近现代武汉历史资料》等。李宪生市长的学术论文《两次世纪之交武汉对外开放之比较》也刊于这个特集并颇得好评。现在,我们正努力筹议在日本成立武汉研究会,希望能得到武汉有关部门与各界人士的理解与支持。

从想离开武汉到离不开武汉,这不仅反映了一位学者对武汉认识的转变,而且更表明武汉这些年的巨大变化正在产生越来越吸引人的魅力与亲和力,愿武汉的明天更加美好!

与共和国同行

——回忆从教60年

1949 对于我是极为重要的一年，因为它不仅决定了中国的命运，而且也决定了我自己的人生道路。

1948 年秋季，如同蒋管区千千万万其他民主青年一样，我毅然中辍学业，离开金陵大学，投奔中原解放区。

那时辽沈、平津、淮海战役已经先后展开，前线捷报频传，我们却留在中原大学接受入伍前的政治思想培训。1949年元旦的关键词是"打倒蒋介石，解放全中国"，中原大学有4 个大队提前结业，正式参军奔赴前线。记得在寒风呼号中，平时极为文静的潘梓年副校长，在全校动员大会上慷慨陈词，挥拳呼号，众多师生都为之热血澎湃。会后不久，梁维直副教务长为我们留校学员作政治报告，其间曾突然提问："你们现在最想干的是什么？"我正好坐在第一排正中，不禁脱口而出："渡过长江，奔赴战场！"我满心以为会得到肯定与支持，却不料他微笑说："你们一心只想打仗，但是中央已经在考虑建设新中国的问题，以后你们不一定都需要上前线。"

我的心凉了半截，因为 1945 年 1 月至 1946 年 6 月，我曾在国统区的青年远征军整整接受一年半严格训练，不料小日本很快就投降了，没让我捞到决胜疆场的机会。我已有一种预感，学校领导看重我的并非作战本领，而是理论素养。因为，我曾为我所隶属的 20 队学生会编过一期墙报，结合马列主义课程学习中的若干思想动态发表了一组简明易懂的短评，校部随即安排其他各队学员前来参观，并在校刊《改造》上刊登了我的工作小结。

果然，1949 年 4 月，20 队结业分配工作，很多同学兴高采烈地奔赴前方，不久就赶上轰轰烈烈的渡江战役，而我与王元圣（一同来解放区的原金大同学）却无可奈何地搬进了冷冷清清的小四合院——政治研究室，亦即中原大学的教学中心。研究室主任李光灿知道我在闹情绪，耐心地规劝说："全国很快就要解放，我们理论战线的任务极为繁重，特别是中原大学即将为建设新中国正规人民大学而奋斗。"当时我们尽管充满青春浪漫，却已习惯于无条件服从组织分配，很快就调适心态，进入新的角色。但有时也不免自嘲：千辛万苦投奔革命，结果还是成天啃书本。

1949 年中国发生了翻天覆地的变化，那是一段激情燃烧青春似火的岁月，我个人这点"小资"式的感叹很快就无影无踪。这年夏天，我们随军南下，经过大别山时，老区人民用红旗、鲜花、鸡蛋、大枣让我们这些穿着二野军服的准教员亲身体验了军民之间的鱼水情，同时也更加坚定了献身教育事业的决心。

由于铁路尚未恢复通车，我们 7 月初才到达武汉。"七一"社论由毛泽东亲自执笔，一开始就说，阶级和阶级斗争是会消亡的，党和国家也是会消亡的，我们奋斗牺牲的终结目标是全人类的解放（大意如此）。这是何等的气魄！我读得非常痴迷，这些振聋发聩的语言至今仍然刻骨铭心，为我的终极信仰之所寄托。

来武汉首先是参加招生工作，紧接着就被安排到第一分部（即以后的政法学院）第 57 队担任助教，为学员辅导政治课学习，这就是我从教的发端。不久，中原大学结束了以思想改造为主的干部培训，并且正式成立政法、财经、教育、文艺 4 个学院。我被分配到教育学院历史系，仍然担任助教工作，主要是承担中共党史教学工作。但教育学院建立后，并没有立刻进行课堂教学，而是在中南军政委员会教育部统一安排下，分头前往各省、市、县进行教育调查，蒐集资讯作为大区教育决策的参考。我被分配到河南省，并且率领二十几个学员（包括政治、历史等系）前往信阳、淮阳两个专区调查。

记得王自申院长是在 1950 年元旦前后作的动员报告，他以浓厚的湘潭乡音激昂慷慨地鼓励我们到社会中去，在现实生活中学习教育。我们随即冒着风雪严寒，跋涉于中原地区的中小城市乃至穷乡僻壤，一个月之内跑了 11 个县、市，其行程之远（多半是步行）与工作量之大堪称各分队之冠。我们拜访了各级教育领导，特别是深入许多中小学与师生恳谈，了解到基层教育的现状与问题，特别是初步懂得了"师范"二字的深刻意义。尽管只有一个月，但我永远记住这段人生历程，因为这是我与教育学院学生一起上的第一课。

新中国成立以后，高等教育进行全国范围的院系调整。1951 年秋季我们与原华中大学合并，随后又与中华大学、湖北教育学院等校整合成为华中师范学院。我仍然隶属历史系，但职称却变成含糊不清的实习教员，开始时是担任中共党史与新民主主义论等公共课，从 1954 年起，专任本科中国近代史基础课。这才是我正式参与中国近代史学科建设的开始。

"沧桑易使岁月老"。时间过得真快，我在华中师大一干就是 60 年。这60 年世界变化很大，中国变化更大，学校的变化也大。原来的华中大学，学生人数最多时也不过五六百人。改制为师范院校后，很快就发展到五六千人，而现在更猛增为两三万人，从办学规模到学科建设都实现了空前的扩展。每年都为祖国各条战线培养了数以万计的优秀人才。我一手创办的辛亥革命研究中心，也从原来的三五个人发展到现在英才云集，硕果累累，俨然成为处于国内前列的中国近代史学科重镇，而辛亥革命史、商会史、教会大学史等领域的研究，更在不同程度上引领着海内外学术前沿的潮流……

我很幸运能够亲身参与中华人民共和国建国 60 年的隆重庆典。回顾这 60 年，既有辉煌，也有挫折；既有欢乐，也有悲伤。但从总的趋势来说，祖国毕竟是大踏步前进，正在走向富强；学校也在大踏步前进，逐渐成为国内外有较大影响的名校；我个人虽然已年逾八十，精力渐衰，但回首往昔，无怨无悔，这辈子已经尽心尽力献身教育事业。可以说，我们这一代人真是与共和国同行，与祖国与学校荣辱与共，休戚相关，鞠躬尽瘁，死而后已。而世界和平，祖国昌盛，人民幸福，乃是我们为之奋斗终身的崇高理想。

寻梦无痕：史学的远航

附　录

章开沅先生的学问与我

［日］久保田文次

胡永弘　译

我与章开沅先生初识是在 1979 年的 11 月，而章先生使我第一次深铭肺腑的文章，是 1978 年发表于《历史研究》的《论同盟会的性质及其内部分歧》。在这篇文章中，他把中国同盟会定义为资产阶级革命政党，对中国民族资本主义的发展和作为与之相伴随的资产阶级政治思想成长的成果而诞生的中国同盟会，给予了积极的评价，并认可了同盟会领袖孙文的领导作用、同盟会纲领的资产阶级性质。有关辛亥革命的问题，当时我是赞成野泽丰先生、菊池贵晴先生的观点的，并且对中国的实际状况、农村、农民的状况做过些许的研究，因此觉得在章先生的文章中，有同感之处很多。

"文化大革命"时期，"阶级斗争至上论"已达到了巅峰状态，中国学术界，大凡对资本主义的东西及价值皆予以否定，对辛亥革命及孙文的历史评价，不用说也大大降低。由于阶级斗争论及毛泽东思想之观点的影响，就连日本的历史学界，有关中国资本主义的研究，也每每遭到鄙视。有关辛亥革命、中国同盟会、孙文的研究，片面强调其局限性及缺点的论调颇占上风。我承认这些局限性及缺点的存在，但认为这些局限性及缺点应置于当时的历史条件之下来理解。我认为那些主张批判辛亥革命的人们，是把毛泽东思想过于神化了，或者是把欧美的资产阶级革命过于理想化了。当时的我，是崇敬毛泽东的，对他在"文革"初期表明的理想产生过共鸣。我只是觉得不应该神化毛泽东。

这种观点，在当时被批判为"庸俗唯物史观"，但按照古典主义的理论，社会主义的实现，只有在经历了资本主义、民主主义的高度发展之后才会成为可能。因此，我认为，中国资本主义的发展是必然的，是进步的现象。在目前正顺利发展着的苏联及中国的社会主义实现的过程中，它们无论哪一个都支付了"跳越"资本主义阶段的"账单"，预计到头来还是要补上对资本主义的体验或对资本主义进行"补讲"。然而，由于"文革"的影响，提出这种观点是要有勇气的。日本的中国研究者尽管对中国及毛泽东的做法有质疑及批评，但容易受中国的形势及中国学界的影响。因此，大家担心只要中国的形势不变，就不能充分地提出自己的观点，不是吗？

1976 年，"四人帮"被逮捕，1978 年开始实施以"四个现代化"为目标的改革开放政策。十一届三中全会以后的中国历史学界的潮流，不是停滞或回复到"文革"以前的阶段，而是出乎意料地、明显地趋向清新、多元的方向。其中一例子就是《历史研究》发表了章开沅先生的与我的研究范围极为接近的论文《论同盟会的性质及其内部分歧》。我完全赞同这篇文章的主旨。最令人惊讶和高兴的是，这篇文章是刊登在对日本的中国研究者有影响力的中国权威杂志上。只是有些令人担心，会不会又出现反复，一旦那样这篇文章的观点又要受到批判了。

1979 年，得知承蒙东京石田米子先生的邀请，章开沅先生在自美国回国的途中将前往京都，并在东京稍事停留；届时还将赠送发表于《华中师范学院学报》上的《辛亥革命史研究的几个问题》等若干文章的消息。《辛亥革命史研究的几个问题》全面地批评了"文革"时期被歪曲的近代史研究理论，对"文革"以前就存在的"教条主义"的理论也予以尖锐的批评。这是一篇彻底批判只强调辛亥革命的局限性、缺点，而无视时代的条件，否定地理解处于上升期的资本主义及资产阶级的研究以及在任何地方都假设"路线斗争"的研究的文章。这篇文章还强烈呼吁摒弃对黄兴、宋教仁或立宪派或外国人的偏见。中国学界如此无所顾忌地发表了这样的见解，我高兴极了。

仰慕已久的章开沅先生于 11 月在狭间直树先生的陪同下来到东京，下榻神田基督教青年会。我积极地参加与在东京的与章先生对话的交流会。我为自己取得了比预期的更为重大的收获而激动。但是，我也觉得有些不尽人意的地方。日本方面"热烈欢迎"章开沅先生，这一点是不容置疑的。但日本的欢迎者对章先生的研究的视点和研究的问题却不太理解，甚至是有点不太赞成。也可以说是日本人不太在意 1978 年的划时代性。一开始是很难十分融洽地交流的，我认为应该再安排一次坦诚交谈的机会。但是，由于先生离开东京的时间迫近，已没有富裕的时间来磋商召集同志聚会等问题了。

我鼓起勇气，作了单独（其实是全家）与章先生会晤的决定。明知欢迎日程中有自由活动的时间，有时间却不利用会感到遗憾的，这是促成我做出这一决定的重要原因。我给在宾馆的章先生去了个电话，打听他明天是否有什么安排。由于不会说中文，所以决定用简单的英语。又因担心一会儿汉语，一会儿英语，先生所作的说明我们听不懂，于是对章先生说，如果明天有时间的话，希望能见见面，方便与否，请您用简单的 Yes 与 No 来回答。这有点像第二次世界大战时，占领新加坡的日军司令官向英军司令官发出的"投降与否"的质问，这是非常失礼的做法。庆幸的是，章先生宽厚地答应了。11 月 13 日傍晚，我们在目白（译注：地名）的椿山庄招待了章先生。妻子博子和女儿明子也在座，聆听谈话。我们还请了妻子的朋友中村先生担任翻译。章先生爽朗、亲切地说他是章宗祥的同族。我本想创造一个可以更为坦诚地讨论学术问题的机会，结果，开始是两人，后由于妻子的在座，无意中将各自身边的事作为了话题。虽有违初衷，但现在想起来，章开沅先生坦诚的谈吐，使我更好地理解了章先生的研究视点，也成为后来我和中国及外国学者坦率地陈述、听取意见，进行学术交流的重要起点。与章开沅先生那难以忘怀的交谈，至今仍记忆犹新。

之后，自 1981 年纪念辛亥革命 70 周年国际学术会议起，我便在中国召开的几个国际学术会议上，和中国学者亲切地交流。我也在日本与访日的中国学者进行交流。如在东京，就与刘大年先生、章开沅先生亲切地交谈过。最令人高兴的是，自那以后，日中之间的学术交流越来越频繁了。中国的近代史研究也越来越朝着多元化的方向发展了。1978 年，曾担心章先生的文章会受到批判，但那种担心不久便烟消云散了。现在都可以说章先生的提议已成为中国史学界的共识。但有谁知道，在形成这种局面之前，章开沅先生付出了多少的努力和苦心呢？这就是我对章先生表示由衷敬意的原因。另外，我认为，章先生的观点能得到众多人的支持，这证明了中国学界、中国社会的进步，对此我表示祝贺。

章开沅先生在那之后也曾几次访日。1993 年与我们一起参加了"辛亥革命研究会"的研讨会，他身着单衣，作了诙谐的、饶有兴味的演讲。研究会已于今年解散了，但研究会培养的"骨干"，现在正活跃在学界的最前线，这归功于章先生对国际学术交流的积极推进。

与章开沅先生相识的 1979 年，对我的中国研究工作来说，是非常重要的一年。决定实施改革开放政策的中国共产党的历史性的中央委员会全会，已于头年召开，随着改革开放政策的实施，实质上的中国观光旅游得到了认可。这是迄今为止仍必须有中国或日本的某个团体推荐、批准方可成行的中国式旅游。我迅速作出决定，于 1979 年 8 月经香港，第一次踏上了中国的国土，历游了广州、长沙、南昌、吉安、井冈山。这时，中国仍保留着过去的形式，我被指派为以"参观革命史"为目的的"友好参观团"的团长，我的团员中，赞美"无产阶级文化大革命"的人颇多，他们对中国农村这种出人意料的贫穷，也流露出明显的失望感。我是研究历史的，了解大日本帝国时代的农村的贫穷，且对社会主义的理想有着共鸣，但我认为，一种理想的实现，是需要时间的，于是我对参观团一行掩饰地说，江西农村的贫穷状况在我的预料之中。但我的内心的不安却是不能否认的。后来，大概是我再次去中国的事，实现了多年来的愿望，看到中国的巨大发展。这使我至今仍觉得如同做梦一样。当时，我怀有不合时宜的"奢望"，离开香港。

中国进行大规模的经济建设，并认为取得了相当成功，这种贫穷状况为什么依然存在？把这样的问题作为历史学的问题，应怎样具体地研究才好呢？这是我第一次游历中国时提出的问题。我提出了这个问题，却没有提出解决的办法，也没有找到解决问题的关键。那时，我曾打算积极地参加与中国的学术交流活动，后来我觉得这个问题与自己的中国近代史研究课题和活动的成果没有直接的关系。之所以产生这种想法，是由于我自身能力及性格的局限，使我与中国研究者的接触，只是在"活动"的表层上，缺乏个人的、内心的交流。

1979 年，这种遗憾得到了接连的消除。那年的 6 月，也就是在我游历中国之前，黎澍先生来到了日本。黎先生参观东京大学明治文库由我陪同。当看到辛亥革命时期的日本杂志上刊登的黄兴照片时，黎先生不禁感慨地嘟哝道："他是非常勇敢的人"。我对只重视孙文而轻视其他人物的风气，是持批评态度的，因此，当我听到黎先生的嘟哝，便觉得放心了，觉得感受到了"文革"后的中国史学界的新气息。但是，8 月份旅行去长沙时，当我向当地旅行社的人打听去岳麓山黄兴墓的道路时，他们谁也不知道是否有墓，更不用说墓的所在地了。于是我打消了参观墓地的念头。

8 月份访问中国后，10 月份刘大年先生为在东京大学的讲演来到日本。我遵从田中正俊先生的忠告，始终守候在刘先生的演讲会上。我上研究生院的时候，曾听过刘先生在东京教育学院做的演讲。后来在听到他"文革"时期受批判的事时，不胜担心。此番，每当看到他硬朗的身影，便感受到中国历史学的复苏、重建正在稳步地发展，不用说是非常高兴的。陪同刘先生的故事和对刘先生的回忆，就不在这里赘述了。

1978 年的历史性决定做出之时，我尚不能充分地理解其历史意义。1979 年第一次游历中国时，明知问题的存在，却没有找到学术性解决的方法。那年与黎澍先生相识，然后又与刘大年先生重逢，使我确信中国历史学界真的在重建，而与章开沅先生的相识，则好似为我研究工作增添百万援军，对我之后的研究及学术交流是极大的激励。就中国的历史而言，1978 年是划时代的一年，而对我来说，1979 年是划时代的一年。我真诚地祝愿章开沅先生永远健康长寿，永远领导、推进中国近代史的研究和国内外的学术交流，永远提携后进。

谈 老
——我的虎兄章开沅教授

台湾中原大学荣休教授　林治平

　　有句话，我一直非常喜欢，英文原文是这样的："Years may wrinkle your skin, but to give up enthusiasm wrinkles your soul"。翻成中文是："岁月可能会使你的皮肤起皱，但是放弃热情一定会使你的灵魂起皱。"

　　多么有意思的一句话！岁月，的确会不知不觉如飞而逝。等到你我蓦然警觉，它却早已在我们的额头眼角，留下了一道又一道触目惊心的刻痕。当然你也许天生丽质、善于保养，挥挥手把这些皱纹抛诸脑后；甚至于你可花点钱，依赖现代科技，把额头眼角的皱纹消除得干干净净。现代人不喜欢老，现代人逃避老，现代人信心满满的自以为可以永远不老，永葆青春。活在科技发达、医疗药物保健蓬勃兴盛的 21 世纪，年纪老而皮不皱，似乎不是一件难事，岁月的刻痕也就不会必然的留在我们的额头、眼角或身体的其他部位了。

　　然而"岁月"做不到的事，怎么也想不到竟然被一个叫"热情"的做到了。"热情"是什么？为什么"热情"竟然可以刻骨铭心地直攻要害，使人的灵魂无处可逃地爬满皱纹，昭告"老"之翩然降临？原来一个人是否老了，跟他度过的岁月以及原应随着岁月而来的皱纹并非绝对有关，真正让一个人老的，不是他所经历的岁月，也不是岁月刻画下来的皱纹，而是一种心态，把人生中的每一个日子都视之为当然，一切平静无波，没有惊喜、没有赞叹、没有喜悦、没有激情；只是一天一天、一时一时、一分一分、一秒一秒地活下去，拖拖拉拉，苟延残喘的活下去，如此而已。

这样地活着，真是生不如死，又有何意义呢？这种人活着只是因为还没死，外表看也许光鲜亮丽、青春年少，灵魂里却充满了玷污皱纹，老病丛生。放眼看去，在今天的社会中，这种灵魂起皱的"老"小子正不知凡几，诚为可悲可叹。

然而，也有一些外表看来已鸡皮鹤发的老者，却从生命的底层深处，绽放出灿烂光芒，这些人不仅自己熠熠发光，也会用他生命中的光芒点燃起环绕在他周遭的每一个生命的火炬，使其熊熊燃烧，照彻黑暗。我很高兴在我所认识的人中，就有好几位这样火热燃烧自己的人，我越看他们就越不知道什么叫做"老"。一个热情如火的人，是永远也不知道"老"是什么的。

认识章开沅教授总有十年了吧？他一向要言不烦，快言快语，百无禁忌。在史学界他是一位声望卓著的老前辈；在教育界他资望尤高，曾经担任过华中师范大学校长，巡回在世界各大名校讲学研究，真可谓桃李满天下，著作已等身。

然而，章教授令人钦佩的绝不止于这些外面看得见的辉煌成就，而是他的爽朗笑声、他铿锵有力的语言、他横扫千军不畏权势的眼神、他不贪名利怡然自得的心胸，还有那坚持理想、虽万千人吾往矣的气势，让我在他身上怎么也找不到老的蛛丝马迹。

章教授与我一样皆属虎，每次看到我，他都会眯着眼笑嘻嘻的叫我一声"虎弟！"我也毫不客气的称他"虎兄！"

虎兄原先是研究中国近代史的权威。尤其是在辛亥革命史领域中，他深挖细掘，如数家珍，早已奠定了不可动摇的声望与地位。可是谁也没想到在退休之后，他却转而投身研究基督教与近代中国，并以退休之身在华中师大成立中国教会大学史研究中心，推动基督教在中国之研究工作，培育相关专业之硕士博士人才、举办国际学术研讨会，出版论文专书。短短十余年间，章教授以原应退休之身，使基督教研究在中国大陆极其艰困的环境中，快速茁壮成长，绝对不是一件容易的事。

我曾戏称这种现象为"从险学到显学"，不过章教授却不同意我的论述。他在最近的一次学术讨论会中大声说："我的虎弟林教授说基督教研究已从险学到显学，只是我不同意他的看法。中国基督教研究在目前的情势中依然限制重重、困难甚多，离显学还有一大段路要走。"说到这儿，他忽然停了下来，双目炯炯扫视台下，然后提高了半个音，大声宣告："我既不贪财，也不贪色，但是我绝对贪自由，对学术研究的自由，是贪得无厌的。"

掌声在会场中热烈响起，我抬起头看见虎兄昂然地坐在那里，蓄势待发的像一只即将一跃而起的猛虎，我的心深深地被他的气势牵引，也想不顾一切地奋起。

虎兄已经七十六岁了，我看他一点也不老。

与一位普通考生的通信

"现在中国孩子的处境让人担心"
—— 一位普通考生给章开沅教授的信

敬爱的章校长：

您好！

我是湖南省益阳市的一名高中生，非常冒昧地给您写了这封信，希望您在百忙之余能看一看。谢谢！

曾经，老师告诉我，中国人的品质差是因为中国人穷。从那一刻起我就开始明白我以后的路该怎么走。我知道，品质与知识不成正比，与金钱更没有关系，中国人品质差与很多因素有关，其中最重要的是没有健全的人格。……部分有识之士尽管明白这一现实，却又无能为力，教育作为先锋队腐朽不堪，更何况家庭、社会？

学校的经济意识太强了，现在的学校，招收的不仅是一群高分低能的学生，还有一群腰缠万贯的家长。学校的形式主义搞得太火了，造假造得太明目张胆了。为了上省重点，图书室里平白无故多了几十万册没影的图书，发动全校伪造借书卡只为迎接上级检查……急功近利的教育让孩子失去了思考的空间，当孩子被惯得懒得思考，被灌得不愿思考的时候，整个社会又在埋怨这群孩子没有思考的能力。

多元的开放的时代让孩子们接触的太多。这个没有"安全感"的社会用"贞节牌坊"的方式标榜美德却不认清人性的本质，只会让那群不谙世事的孩子鄙视美德。于是，他们无视真善美，承认假丑恶。于是，他们习惯了不匡扶正义，习惯了嘲笑传统美德，习惯了极端自我主义，习惯了在物欲横流之中忽略精神文明的价值。

在如此情况下，孩子们信仰的大厦建得劳（编者注：牢）吗？思想的灵魂铸得硬吗？知识的仓库装得满吗？现在中国孩子的处境让人担心，可现在中国的哪方面又能让人放心？我只是一名普通的高三毕业生，但我也是一名热血青年。我渴望进入华中师范大学完善自我，然后做一名教师，帮助祖国的花朵摆脱"官本位""权本位""钱本位"的思想桎梏，帮助未来的建设者摆脱只求知识不求思想，只求分数不求能力的教育模式，帮助孩子们找到一条合适且正确的人生路。或许我的分数没有别人的高，但我脑袋里的东西绝不比别人少。一个人的精神力量是无法衡量的，一个小小的信念可以支撑起无论多么困苦的生命。

很少人在学生时代就开始思考如何教育学生，很少人在学生时代就开始思考如何管理学生。我的思想中有一些独特的感悟，我相信这些感悟能让我更好地为中国教育事业贡献一份力量。…… 如果您收到了这封信，麻烦您能回一封，让我知道您对我以及我的这种行为的看法，谢谢。

再次谢谢您能在百忙之余看完我的信。非常感谢！

此致
敬礼

张蓉
2007 年 6 月 20 日

"我们的教育已经生病"
——章开沅教授给考生张蓉的复信

张蓉同学：

看到你的信，很受感动。你思考那么多问题，又提出那么多问题。我仿佛自己也变成一个考生，而且还是个交不出满意答卷的考生。作为资深的教育工作者，我感到惭愧，更感到痛苦。我们的教育已经生病，但我却表现出束手无策，无能为力。虽然也不断有所建言，有所呐喊，但收效甚微。我并不悲观，我希望有更多的人醒悟过来，不要轻信那些巧舌如簧的所谓"发言人"的花言巧语，似乎我们的高等教育已经创造出世界教育史上的伟大奇迹。你的信值得学校家长一读，特别是教育部门的领导者一读。我感谢你给我来信，虽然我早已不再是什么校长，现在已成主流之外的闲散人员。你的信已经超越了高考，你应该更为勇敢地向整个社会发表你的见解。

我不知道你的考试成绩如何？但对我来说，分数并非决定一切。我很讨厌那些"状元"之类的炒作，自古以来有多少英雄豪杰拥有"状元"的光环？南通的张謇虽然颇有作为，但他视已经到手的"状元"为微不足道的玩意儿，而且从根本上否定了以考状元为目的的科举制度。他更重视的是做事而不是做官，而且他确实是做了不少有益于国家、社会与人民的大事。人们早已弄不清他是否高中过状元，但至少整个南通地区，至今仍然公认他为乡梓现今的经济起飞奠定过较好的基础，张謇与南通，这两个名字已经紧密连接在一起。

我欢迎像你这样有志于教育改革的年轻人报考我为之终身服务的华师，衷心希望你能成为免交学费的"铁杆"师范生。我就是"铁杆师范"，我自以为荣，很多中外学者也因此对我更加尊敬。哥伦比亚大学的同行这些年热情邀请我为21世纪的世界公民合作编写教育课本。我不是什么"高考尖子"，更不是什么"高考状元"，我实实在在曾是一个高考落榜生，当然这已经是60多年前的往事。

衷心希望你能实现自己报考华师的愿望，但即令未能如愿，也不必灰心。因为一次考试决定不了一个人一生的命运，把命运掌握在自己手中的坚强者，经得起任何挫折与挑战。如果你能够进入华师，当然我非常高兴；如果你未能如愿以偿，也希望能继续保持联系，因为我们至少在教育根本改革方面还有这么多共同的见解与追求。

祝你

好运

章开沅

2007 年 7 月 2 日